FiNALE Prüfungstraining

Zentralabitur 2016
Niedersachsen

Deutsch

Sven Krogoll
Elke Helma Rothämel
Sebastian Struck

westermann

FiNALEonline.de

Liebe Abiturientin, lieber Abiturient,

FiNALEonline.de ist die optimale Ergänzung zu diesem Abiturtrainer. Hier finden Sie:

- die Original-Prüfungsaufgaben 2015 nach Eingabe des Codes: **DE2EB65**
- eine Abi-Checkliste für die effektive Zeitplanung
- allgemeine Tipps zur Prüfungsvorbereitung

Einfach mal reinschauen: www.finaleonline.de

Autoren: Sven Krogoll, Elke Helma Rothämel, Sebastian Struck
sowie Nicole Bretsmann, Marina Dahmen, Katrin Jacobs, Martin Kottkamp,
Helmut Lindzus, Dr. Jens Zwernemann

Druck A[1]/Jahr 2015
Alle Drucke der Serie A sind im Unterricht parallel verwendbar.

Redaktion: omnibooks, Bielefeld
Kontakt: finale@westermann.de
Layout: Druckreif! Sandra Grünberg, Braunschweig
Umschlaggestaltung: Janssen Kahlert Design & Kommunikation, Hannover
Satz: KCS GmbH · Verlagsservice & Medienproduktion, Stelle / Hamburg
Druck und Bindung: westermann druck GmbH, Braunschweig

ISBN 978-3-14-**171633**-7

Inhaltsverzeichnis

Rahmenthema 6: Reflexion über Sprache und Sprachgebrauch

Themenfelder Lesen/Literatur und Medien (länderübergreifende Aufgabe)

Original-Prüfungsaufgaben

Abiturprüfung 2013

Abiturprüfung 2014

Abiturprüfung 2015

Basiswissen

Basiswissen zu den Rahmenthemen

Umgang mit Texten

Arbeiten mit *Finale*

Zum elften Mal findet 2016 in Niedersachsen die schriftliche Abiturprüfung im Fach Deutsch im Rahmen eines Zentralabiturs statt. Vor dem Hintergrund der Erfahrungen aus den vorausgegangenen Jahren sowie unter gewissenhafter Beachtung der offiziellen Vorgaben ist *Finale* speziell für die Vorbereitung auf diese Prüfung konzipiert.

Zur gezielten Vorbereitung auf das Abitur 2016 bietet *Finale*
- präzise und übersichtlich angeordnete Informationen zu den **Vorgaben für das Abitur 2016** im Fach Deutsch,
- vielfältige **Aufgabenbeispiele** zu den Pflichtmodulen des Kerncurriculums, den für diesen Jahrgang als prüfungsrelevant festgelegten Wahlpflichtmodulen und den in den „Fachbezogenen Hinweisen" vorgegebenen Aufgabenarten,
- umfangreiche und klar strukturierte Angebote zur systematischen Wiederholung und zeitökonomischen **Vertiefung des erforderlichen Basiswissens** und der grundlegenden Arbeitstechniken,
- eine detaillierte **Abi-Checkliste** als Word-Datei und PDF zum Herunterladen auf www.finaleonline.de, mit der Sie sich einen Überblick darüber verschaffen können, welchen Wiederholungsbedarf Sie haben und welche Seiten oder Kapitel in *Finale* Sie daher vorrangig bearbeiten sollten, sowie
- als zusätzliche Onlineverlängerung **Original-Prüfungsaufgaben** aus dem aktuellen Abiturjahrgang 2015 sowie eine Klausur von 2013 mit ausformulierten Lösungen. Die Prüfungsaufgaben, die beim Zentralabitur 2015 für beide Anforderungsniveaus gestellt worden sind, können Sie zusammen mit ausführlichen Lösungen kostenlos im Internet herunterladen:

  www.finaleonline.de
  Codewort: DE2EB65

Finale ist so angelegt, dass Sie sich individuell vorbereiten können. Je nach persönlichen Stärken und Schwächen, die Sie auf www.finaleonline.de mithilfe der Abi-Checkliste ermitteln können, kann die Arbeit mit den einzelnen Kapiteln und Teilkapiteln ausgewählt und in der Intensität nach eigenen Erfordernissen dosiert werden.

Der systematische, an den vorgeschriebenen Rahmenthemen orientierte Aufbau und die komprimierte Form fördern eine effektive Abiturvorbereitung. *Finale* empfiehlt sich daher als sinnvolle Begleitung und Ergänzung des Fachunterrichts.

Wir wünschen Ihnen viel Erfolg!

Informationen und Tipps zur Prüfung

Prüfungsvorgaben

Die schriftliche **Abiturprüfung 2016** ist im Fach Deutsch auf erhöhtem wie grundlegendem Niveau für den **21. April** festgelegt. *Die Einheitlichen Prüfungsanforderungen in der Abiturprüfung (EPA, 2002)* und das Kerncurriculum für die gymnasiale Oberstufe von Gymnasium und Gesamtschule, das berufliche Gymnasium, Abendgymnasium und Kolleg *(KC II, 2009)* bilden den inhaltlichen Rahmen. Das *KC II* sieht für die Qualifikationsphase sieben „**Rahmenthemen**" mit je einem „**Pflichtmodul**" vor:

1. Schuljahr der Qualifikationsphase	
Rahmenthemen 1. Semester	**Pflichtmodule 1. Semester**
Rahmenthema 1: Literatur und Sprache um 1800	Aufklärung und Romantik im Vergleich
Rahmenthema 2: Drama und Kommunikation	Gestaltungsmittel des Dramas
Rahmenthemen 2. Semester	**Pflichtmodule** / verpflichtendes **Wahlpflichtmodul**
Rahmenthema 3: Literatur und Sprache um 1900 – neue Ausdrucksformen der Epik	Krise und Erneuerung des Erzählens → verpflichtendes **Wahlpflichtmodul: Literatur als Zeitdiagnose. Der Erste Weltkrieg: literarische Versuche zur Bewältigung der „Urkatastrophe des 20. Jahrhunderts"**
Rahmenthema 4: Vielfalt lyrischen Sprechens	Was ist der Mensch? – Lebensfragen und Sinnentwürfe

2. Schuljahr der Qualifikationsphase	
Rahmenthemen 3. Semester	**Pflichtmodule** / verpflichtendes **Wahlpflichtmodul**
Rahmenthema 5: Literatur und Sprache von 1945 bis zur Gegenwart	Wirklichkeitserfahrungen und Lebensgefühle Jugendlicher – Literatur von der Nachkriegszeit bis in die Gegenwart
Rahmenthema 6: Reflexion über Sprache und Sprachgebrauch	→ besonders hervorgehobenes **Pflichtmodul: Tendenzen in der deutschen Gegenwartssprache** → verpflichtendes **Wahlpflichtmodul: Medienkritik**
Rahmenthemen 4. Semester	**Pflichtmodule**
Rahmenthema 7: Filmisches Erzählen	Muster und Motive filmischen Erzählens

Für die gesamte Zeit der Kursstufe legt das *KC II* „mindestens fünf Ganzschriften und einen Spielfilm“ fest, wobei die Auswahl der Texte und Materialien, die Unterrichtsgegenstand werden, ausdrücklich in die Verantwortung der Lehrkräfte an Ihrer Schule gelegt wird. Das *KC II* gibt Anregungen zu möglichen Texten und Materialien, um das **Pflichtmodul** ebenso wie das von Ihren Lehrern für den Arbeitsplan Ihrer Schule jeweils verabredete **Wahlpflichtmodul** zu gestalten, das sich immer an das Pflichtmodul anknüpft und dies inhaltlich ausschärft. Für jeden Abiturjahrgang werden **zwei Module verbindlich** gesetzt, für Ihren Jahrgang sind dies zwei Wahlpflichtmodule innerhalb des 1. und 3. Semesters, die in der tabellarischen Übersicht mit → markiert sind. In der Gesamtdarstellung sind sie besonders berücksichtigt.
Für das Fach Deutsch sind nach Erlass vom 26.02.2015 wiederum **drei Abiturprüfungsaufgaben** vorgesehen, von denen auf **erhöhtem Anforderungsniveau** eine als „länderübergreifende Abiturprüfungsaufgabe“ **parallel in sechs Bundesländern** gestellt werden wird. Nach Mitteilung des Kultusministeriums ist dafür in diesem Abiturjahrgang die Aufgabenart **„Materialgestütztes Schreiben: Materialgestütztes Verfassen argumentierender Texte“** vorgesehen, die recht neu ist und auf die Sie über Ihren Unterricht hinaus durch eine Musterklausur in diesem Band vorbereitet werden (→ S. 75 ff.). Als „Themenfelder“, die also Gegenstand der länderübergreifenden Abiturprüfungsaufgabe sein können, werden benannt (vgl. Fachbezogene Hinweise des Kultusministeriums, Juli 2013, S. 1):

- „an geeigneter Stelle“ das „Themenfeld Lesen/Literatur vertraut zu machen“
- für das 3. Semester der Kursstufe die zugeordneten Themenfelder
  - „Sprache“ mit dem Pflichtmodul „Tendenzen in der deutschen Gegenwartssprache“ und
  - „Medien“ mit dem verbindlich gesetzten Wahlpflichtmodul „Medienkritik“.

Im Folgenden werden die sieben auf Seite 6 tabellarisch angeführten und für den Deutschunterricht auf grundlegendem wie erhöhtem Anforderungsniveau festgelegten **Rahmenthemen** knapp erläutert und in den **Pflichtmodulen** profiliert. Dem schließt sich eine knappe Skizzierung aller im *KC II* benannten **Wahlpflichtmodule** an, von denen Ihre Lehrer von Schule zu Schule unterschiedlich **eines** ausgewählt haben, ebenso wie die dargelegten Ausgestaltungs- und Erweiterungsmöglichkeiten in Ihrer konkreten unterrichtlichen Umsetzung von Schule zu Schule sowie von Kurs zu Kurs unterschiedlich (gewesen) sein können. Um für Sie in Ihrer Rekapitulation des Gelernten eine inhaltliche Vernetzung zu unterstützen, wird für die verbindlichen Inhalte auf Bezüge zu anderen Rahmenthemen/Pflichtmodulen hingewiesen.

Rahmenthema 1: Literatur und Sprache um 1800

Bei diesem Rahmenthema, das betont nicht allein die *literarische*, sondern darin auch die *sprachliche Gestaltung* hervorhebt, wird ein Jahrhundertwechsel innerhalb der Literaturgeschichte genauer betrachtet.
Mit der unterrichtlichen Umsetzung des **Pflichtmoduls** „Aufklärung und Romantik im Vergleich“ haben Sie einen kontrastiven Zugang zu zwei Epochen bekommen. Beson-

deres inhaltliches Augenmerk liegt auf „Leitideen und Wandel des Menschenbildes (der Auffassungen vom spezifisch Menschlichen)". Anknüpfende Wahlpflichtmodule vertiefen oder kontextualisieren das erworbene Überblickswissen unterschiedlich.
Das **Wahlpflichtmodul 1** bezieht sich auf die Epoche der Aufklärung und insbesondere die „bürgerlichen Figuren als tragische Helden". Das legt die Lektüre eines bürgerlichen Trauerspiels, etwa Lessings „Nathan der Weise" oder „Emilia Galotti", sowie beispielsweise der theatertheoretischen Schriften Lessings nahe. Das **Wahlpflichtmodul 2** rückt den Sturm und Drang und dessen epochalen Wandlungsprozess („Subjektivismus", „Geniebegriff") als Verbundstück zwischen den vorgegebenen Epochen Romantik und Aufklärung in den Mittelpunkt. Mit dem **Wahlpflichtmodul 3** wird das „Weimarer Kunstprogramm" zum inhaltlichen Schwerpunkt. So wird Ihnen ein kontinuierlicher Blick auf die Aufeinanderfolge der Epochen möglich. Der Bogenschlag zurück in die „Idealwelten" von Mittelalter und Antike soll laut **Wahlpflichtmodul 4** geleistet werden. Das **Wahlpflichtmodul 5** ermöglicht bezogen auf die Romantik Ausschärfung, indem „Gegenwelten in der Romantik" zum Unterrichtsgegenstand werden. Heinrich von Kleist und dessen Wahrnehmung der „gebrechlichen Welt", somit dessen episches und dramatisches Werk, ist mit dem **Wahlpflichtmodul 6** gewürdigt. Unter der Überschrift „Autobiographische Selbstentwürfe" wird mit der Behandlung des **Wahlpflichtmoduls 7** die Frage nach gesellschaftlichen Prägungen gestellt, wobei das Spektrum romantischer „Lebensentwürfe zwischen Anpassung und Auflehnung, Gelingen und Scheitern" eine vielschichtige Auseinandersetzung mit Autor(inn)en der Romantik verspricht. Der Schwerpunkt des **Wahlpflichtmoduls 8** liegt auf dem Abschluss einer Entwicklungslinie, dem „Ende der klassisch-romantischen Kunstperiode", und öffnet beispielsweise einen kritischen Blick auf deren Tendenz zur „Idealisierung". Fast kann daran epochenbezogen das auf Seite 9 erläuterte Rahmenthema 3 anknüpfen.

Rahmenthema 2: Drama und Kommunikation

Mit dem *Drama* bildet eine der drei *literarischen Gattungen* und zugleich eine grundlegende Gestaltungsform, die *Interaktion* zwischen literarischen Figuren, daneben aber auch die *Rhetorik* großer Monologe den fachlichen Rahmen, der für das zweite Rahmenthema festgeschrieben ist.
Das **Pflichtmodul** „Gestaltungsmittel des Dramas" bietet mancherlei Anknüpfungspunkte zum Pflichtmodul des Rahmenthemas 1 – etwa, wenn „Elemente und Strukturen ‚klassischer' und ‚moderner' Dramen" als verpflichtender Unterrichtsaspekt genannt werden und sich unter den Hinweisen auf Autoren/Textgruppen Dramen der Antike sowie der Aufklärung finden. Untersucht werden sollen die „Figuren- und Konfliktgestaltung" und die Formen der Kommunikation in offenen/geschlossenen Dramen. Auf e. A. ist eine Rückbindung an die „aristotelische Poetik" gefordert, was bezüglich des Pflichtmoduls mit dem Aspekt „Entstehung des Dramas und Bedeutung des Theaters in der Antike" verknüpft werden kann.
Mit den weiteren vertiefenden Wahlpflichtmodulen werden verschiedene Schwerpunkte dramatischer Ausgestaltung herausgestellt – so im **Wahlpflichtmodul 1** bezogen auf die Weimarer Klassik die Frage der „Staatsräson und Menschlichkeit". Das

Wahlpflichtmodul 2 stellt Goethes „Faust“ als epochenübergreifendes Lebenswerk heraus, **Wahlpflichtmodul 3** thematisiert die literarische Darstellung des Wissenschaftlers und des möglichen Konfliktes zwischen technischem Fortschritt und moralischer Verantwortung. Im **Wahlpflichtmodul 4** wird mit „Familie und Drama“ neben motivischer Ausschärfung von „Ehre und Schande“ der Aspekt der Figurenkonstellation zentral gesetzt, zudem wird die Kommunikationsstruktur zwischen den Geschlechtern zum Analysegegenstand. Bei der Behandlung des **Wahlpflichtmoduls 5** „Jugendliche Protagonisten“ wird die Frage der Figurenzeichnung sowie der entwickelten dramaturgischen Handlung auf die Aspekte „Rebellion gegen Autoritäten“ und die Gratwanderung zwischen „Selbstverwirklichung und Scheitern“ zugespitzt – hier ist ein Bezug zum Rahmenthema 5 gegeben. Wiederum autorenorientiert ist das **Wahlpflichtmodul 6** angelegt, das anregt, den Schritt ins 20. Jahrhundert zu tun: Der aristotelischen Dramaturgie wird Bertolt Brechts Konzept des „epischen Theaters“ gegenübergestellt und dessen Wirken befragt: „Aufklärung oder Agitation?“. Das **Wahlpflichtmodul 7** nimmt die Komödie als spezifische Theater-, aber auch Filmgattung in den Blick. Haben sich Ihre Lehrer für das **Wahlpflichtmodul 8** entschieden, findet das zeitgenössische Theaterschaffen Würdigung, sind „verrückte Welten im experimentellen und absurden Theater“ Unterrichtsgegenstand und können Gegenwartsdramatiker herausgestellt werden.

Rahmenthema 3: Literatur und Sprache um 1900 – neue Ausdrucksformen der Epik

Dieses Rahmenthema legt seinen Schwerpunkt in dem **Pflichtmodul** auf die „Krise und Erneuerung des Erzählens“ um 1900 in Korrelation zu „gesellschaftlichen Verhältnissen und Prozessen“, die sich in dieser Zeit noch einmal deutlicher zeigen als 100 Jahre zuvor (vgl. Rahmenthema 1). Im Rahmen dieser für Ihre **Abiturprüfung 2016** seitens des Kultusministeriums **verbindlich** gesetzten inhaltlichen Arbeit ist ein Vergleich zwischen dem *Realismus* mit seinem Prinzip der „Nachahmung“ und der *Moderne* mit ihrer Absage an bisherige Darstellungskonventionen vorgesehen.

Sie haben die *literarische Moderne* als ein Mit- und Gegeneinander verschiedener Stilrichtungen kennengelernt, die alle eines gemeinsam haben: Sie suchen nach einer neuen Darstellungsform (z. B. Montage), die mit einem atemberaubenden gesellschaftlichen Veränderungsprozess umzugehen hat. Der Fokus auf die *Gattung* der *Epik* wird hin zum Autor erweitert.

Im Deutschunterricht haben Sie sich niedersachsenweit als verbindlicher Lektüre mit Erich Maria Remarques Roman „Im Westen nichts Neues“ (1928/29) und einem Romanausschnitt aus Edlef Köppens „Heeresbericht“ (1930; 2. Teil, 7. Kapitel) befasst. Im Rahmen Ihrer Abiturvorbereitung sollten Sie die folgenden besprochenen, **verbindlichen Unterrichtsaspekte** besonders gewissenhaft wiederholen:

- Sie haben die Darstellung und Deutung des Krieges bei Remarque analysiert und interpretiert und
- die Romanschlüsse von Remarque und Köppen in der Erzählweise, Figurengestaltung sowie der Bewertung des Krieges durch die Autoren verglichen.

Sofern Sie auf e. A. arbeiten, haben Sie darüber hinaus als verbindliche Lektüre von Ernst Jünger „In Stahlgewittern" (1920; in der letzten Edition 1978) und dort das Kapitel „Die Doppelschlacht bei Cambrai" gelesen und mit dem verbindlichen Unterrichtsaspekt „Ernst Jüngers Haltung zum Krieg: Sachlich-distanziertes Registrieren der Kriegswirklichkeit oder Heroisierung?" eine kritische Analyse fordernde Entscheidungsfrage textgebunden erörtert.
Neben der Literatur können Werke der bildenden Kunst und der Musik sowie auf e. A. Texte von Friedrich Nietzsche als prägendem Vertreter des „philosophischen Nihilismus" und Sigmund Freud, dem Erfinder der Psychoanalyse, hinzugezogen worden sein.
Die zugeordneten Wahlpflichtmodule verdeutlichen diese Grundthemen und ermöglichen aspektorientiert intensive Auseinandersetzung. So fokussiert das **Wahlpflichtmodul 1** den Konflikt von „Individuum und Gesellschaft" in der Brüchigkeit tradierter Normen und dem Aufkeimen innerer Konflikte, ermöglicht eine genauere Beschäftigung mit der „Entdeckung des Unbewusssten" und den „Grenzen des Ich-Bewusstseins und Desorientierung" als einem wesentlich literaturprägenden Problemkreis.
Von der Darstellung der weiteren Wahlpflichtmodule wird angesichts dieser kultusministeriellen Festlegung abgesehen.

Rahmenthema 4: Vielfalt lyrischen Sprechens

Das Rahmenthema 4 widmet sich der Lyrik vom Mittelalter bis in die Gegenwart. Mit der *Lyrik* ist neben der Epik und dem Drama die dritte *literarische Gattung* explizit benannt. Die Leitfrage lautet dabei gemäß dem **Pflichtmodul** „Was ist der Mensch? – Lebensfragen und Sinnentwürfe". Diese Frage fordert zur Beschäftigung mit literarisierten Lebensauffassungen und Lebensläufen, Identitätsfragen und Menschenbildern auf. Angeregt ist der Vergleich „zwischen motiv- oder themen- sowie formgleichen Gedichten".
All diese Anforderungen lassen sich unmittelbar mit dem **Wahlpflichtmodul 1** „Liebesauffassungen und Liebeserfahrungen vom Mittelalter bis zur Gegenwart" verknüpfen. Das **Wahlpflichtmodul 2** nimmt thematisch unterschiedliche Naturwahrnehmungen auf. **Wahlpflichtmodul 3** regt an, expressionistische Berlin-Gedichte zu lesen, möglicherweise im kontrastiven Vergleich mit Goethes Rom-Wahrnehmung.
Die folgenden Wahlpflichtmodule nehmen mit unterschiedlichen Schwerpunkten den Aspekt der literarischen Verdichtung politischer Geschehnisse und Gegebenheiten der Zeitgeschichte auf: Im **Wahlpflichtmodul 4** werden Kriegs- und Antikriegsgedichte thematisiert und im **Wahlpflichtmodul 5** Gedichte über die „Erfahrung von Verfolgung und Flucht – Leid und Tod" vor allem während des Nationalsozialismus. Im Rahmen des **Wahlpflichtmoduls 6** wird die politische Prägung lyrischer Texte über die Jahrhunderte hinweg betrachtet. Schließlich wird mit dem **Wahlpflichtmodul 7** die Sprachreflexion als Gegenstand von Gedichten oder, noch einmal anspruchsvoller, mit dem **Wahlpflichtmodul 8** die poetologische Selbstreflexion im Gedicht als möglicher Unterrichtsgegenstand benannt. Besonders zu diesem letzten Wahlpflichtmodul könnte im Rahmen der Abiturprüfung ein Semesterübergriff hergestellt werden.

Rahmenthema 5: Literatur und Sprache von 1945 bis zur Gegenwart

Inhaltlicher Kern aller Module des Rahmenthemas 5, das wiederum *Literatur und Sprache* miteinander verknüpft, ist die „Thematisierung von Wirklichkeitserfahrungen in der Literatur" in dem benannten Zeitraum. Der besondere Reiz der erzählenden Literatur, die Sie in diesem Kurshalbjahr im Rahmen des **Pflichtmoduls** im Unterricht kennengelernt haben, liegt darin, dass sie bei der Zeiterfahrung jugendlicher Protagonisten ansetzt und somit in unmittelbarem Bezug zu Ihrem eigenen Erleben steht. Die an diesen Schwerpunkt anknüpfenden Wahlpflichtmodule schärfen verschiedene Perspektiven aus, von denen Sie sich in Ihrem Kurs mit einer auseinandergesetzt haben dürften. Das **Wahlpflichtmodul 1** erweitert den Blick auf die literarische „Auseinandersetzung mit Krieg, Verfolgung und Vernichtung" während des Nationalsozialismus. Im **Wahlpflichtmodul 2** wird mit dem Titel „Abschied von der DDR" erneut der Schlusspunkt einer literarischen Entwicklung ins Visier genommen. Mit dem **Wahlpflichtmodul 3** wird die gesellschaftliche Funktion von Literatur („Literatur als Protest") in den Fokus gerückt. **Wahlpflichtmodul 4** setzt den Lektüreschwerpunkt mit dem Thema „Auf der Suche nach dem Ich – Identitätsprobleme" auf entwicklungsbedingte Schwierigkeiten der Selbstverortung. Eine bislang wenig berücksichtigte Gattung zieht das **Wahlpflichtmodul 5** „Ein anderer Blick auf die Wirklichkeit: Vom Kabarett zur Comedy" in Betracht. Eine Metaebene wird mit dem **Wahlpflichtmodul 6** betreten, indem unter der Überschrift „Literarisches Leben" professionelles Schreiben von Journalisten und Literaturkritikern sowie die Dynamik des Buchmarktes und die Bedeutung der Medien reflektiert werden. Das **Wahlpflichtmodul 7** weitet den Blick auf das „Leben in verschiedenen Kulturen" aus und würdigt international herausragende Schriftsteller ebenso wie Filmemacher. Im Rahmen des **Wahlpflichtmoduls 8** wird die aktuelle Erzählliteratur seit den 1980er-Jahren bis heute behandelt.

Rahmenthema 6: Reflexion über Sprache und Sprachgebrauch

Nachdem Sie bislang *Sprachanalyse* primär im Kontext der Auseinandersetzung mit Literatur betrieben haben, wird diese nun selbst zum Gegenstand. Als Arbeitsfelder werden „Kommunikationsanalyse", „Sprachkritik", die „Untersuchung des Verhältnisses von Sprache und Gesellschaft" bzw. „Herrschaft", die „sprachgeschichtliche Betrachtung" und bezogen auf die Gegenwartssprache die „Berücksichtigung sprachlicher Vielfalt" sowie die „Bewertung interkultureller Leistungen der Sprache" benannt. Zugleich sollen Sie selber eine sprachkritische Position einnehmen können und mit sprachwissenschaftlichen Ansätzen vertraut gemacht werden. So entwickeln Sie ein „Sprachbewusstsein", das Ihnen letztendlich bei der Textanalyse hilft und Ihnen das Schreiben von Texten erleichtert.

Der übergeordnete Fokus des im Rahmen der **länderübergreifenden Abituraufgabe 2016** als **verbindlich** benannte **Pflichtmoduls „Tendenzen der deutschen Gegenwartssprache"** liegt auf der Untersuchung von nicht fiktionalen und literarischen Texten, die den „Wandel" des Deutschen zum Gegenstand haben; genauere Hinwei-

se werden hier nicht gegeben. Thema könnte angesichts der weiteren verbindlich gesetzten Inhalte jedoch der prägende Einfluss der Medien auf den Sprachgebrauch sein – etwa der Einfluss von Anglizismen oder als weitere Entwicklungstendenz, die aktuell erhoben wird, die Unterschiede zwischen Varietäten, zwischen Schriftlichkeit und Mündlichkeit sowie zwischen Stilebenen.
Auch an dieser Stelle sei die auf eine alle Wahlpflichtmodule umfassende Darstellung verzichtet, soll der Fokus auf dem für die **Abiturprüfung 2016** ebenso **verbindlich** gesetzten **Wahlpflichtmodul 2** liegen, der **Medienkritik**. Unterrichtsrelevant sind auch digital verfügbare Artikel überregionaler Tageszeitungen der Jahre 2012/13: René Donzé nimmt in der Neuen Zürcher Zeitung die These in den Blick: „Was Schüler am Computer lernen, ist Glückssache" (Neue Zürcher Zeitung am Sonntag, 21.10.2012) und stellt das verbreitete Verständnis von „Medienkompetenz und -kritik" im Interesse tiefer gehender Durchdringung infrage, Katja Irle beschreibt in der Frankfurter Rundschau „Facebook auf dem Stundenplan" als schulische Realität (Frankfurter Rundschau, 27.02.2013). Nichtlineare Texte gilt es über diese beiden Sachtexte hinaus zu erschließen, Diagramme und „Schaubilder zur Mediennutzung Jugendlicher", aus verschiedenen deutschen Erhebungen als „Grunddaten Jugend und Medien 2012" (www.br-online.de/jugend/izr/deutsch/GrundddatenJugend_Medien_2012.pdf, S. 33, 38, 41) zusammengestellt und herausgegeben vom Internationalen Zentralinstitut für das Jugend- und Bildungsfernsehen. Ausdrücklich sind Ihre Lehrer aufgefordert: „Aktuelle Schaubilder zur Mediennutzung Jugendlicher sind einzubeziehen."
Verbindliche Unterrichtsaspekte und damit für Sie wiederum in besonderem Maße **abiturrelevant** in Ihrer Vorbereitung sind im Umgang mit diesen Quellentexten und Materialien die

- Frage nach der Einführung des Faches Medienkunde an Schulen sowie die
- Mediennutzung Jugendlicher.

Vertiefend für Unterricht auf erhöhtem Anforderungsniveau ist die verbindliche Lektüre des Beitrags „Always on – Überleben in der Mediengesellschaft" von Lutz Frühbrodt in dem Sammelband „Die zweite Aufklärung – Form für Medienkritik und Gesellschaftsentwürfe von 2012" (www.zweite-aufklaerung.de/?p=2099#more-2099), wobei der verbindliche Unterrichtsaspekt wiederum erörternden Charakter hat, verbunden mit dem Anspruch auf Aktualität:

- Medien: Fluch oder Segen?

Rahmenthema 7: Filmisches Erzählen

Dieses letzte Rahmenthema unmittelbar vor dem Abitur ermöglicht in der *Filmrezeption* eine Vertiefung vorausgegangener Inhalte, aber auch die Erschließung dieser im Deutschunterricht bislang nur punktuell etablierten, ganz eigenen Textsorte *Film* als einem eigenständigen „erzählenden Medium".
Das **Pflichtmodul** fokussiert „Muster und Motive filmischen Erzählens" und führt so in die wesentlichen filmgestalterischen Mittel ein. Im **Wahlpflichtmodul 1** befassen Sie sich mit verschiedenen „Filmgenres", deren Spezifika sowie Wandel. Das **Wahlpflichtmodul 2** würdigt die „Filmkomödie" und bietet damit einen Bogen von Charlie

Chaplin bis Til Schweigers „Keinohrhasen“. Mit dem **Wahlpflichtmodul 3** rücken biografische Bezüge zu bedeutenden Regisseuren ins Zentrum. **Wahlpflichtmodul 4** blickt auf die Anfänge des Films, den „deutsche(n) expressionistische(n) Film“ zurück. Thema des **Wahlpflichtmodul 5** ist die Darstellung des Ersten Weltkrieges in Film und Literatur, bei der die Übergänge von „Dokument und Fiktion“ fließend werden. Dieser Ansatz wird mit dem **Wahlpflichtmodul 6** auf die Zeit des Nationalsozialismus bezogen und mit der Themenstellung „Zum Umgang mit Macht und Ohnmacht – Verfolgung und Vernichtung in der NS-Zeit“ fortgesetzt, bei der noch einmal mehr „existenzielle Erfahrungen“ in ihrer filmischen Umsetzung zum Tragen kommen können. Auch für die Zeit nach 1945, die bereits beim Rahmenthema 5 historischer Bezugsrahmen war, wird mit **Wahlpflichtmodul 7** ein filmbezogener Schwerpunkt möglich, können „unterschiedliche Sichtweisen auf das Leben in der DDR“ als „Perspektivierung von Wirklichkeit“ angesehen werden. Vielfältige Verknüpfungsmöglichkeiten an andere Rahmenthemen und dort von Ihnen gelesene Lektüren hält auch das letzte **Wahlpflichtmodul 8** „Literatur und Literaturverfilmung“ bereit.

Tipps zur Arbeitsorganisation

Die hier zusammengestellten Tipps beziehen sich auf drei unterschiedliche Phasen der Vorbereitung auf das Abitur 2016:

A Phase des gezielten Übens (Beginn einige Monate vor dem Tag der Prüfung)
B Phase der vertiefenden Wiederholung (Beginn ca. 3 – 4 Wochen vor der Prüfung)
C Prüfungsphase (Beginn am letzten Tag vor der Prüfung)

A Phase des gezielten Übens

- Entwickeln Sie rechtzeitig eigene Lernstrategien.
- Konzentrierte Aufmerksamkeit im Unterricht ist die beste Vorbereitung! Mitschriften und Arbeitsblätter sollten Sie jetzt, sofern Sie dies nicht von Anbeginn der Kursstufe an getan haben, gewissenhaft und systematisch geordnet sammeln.
- Besorgen Sie sich über die oben gegebenen Informationen hinaus Hinweise über den Verlauf und die Aufgabenstellungen im Abiturjahrgang 2015 (bei Lehrkräften, ehemaligen Schülerinnen und Schülern, im Internet unter www.finaleonline.de).
- Erstellen Sie spätestens im Dezember 2015 einen möglichst genauen Arbeitsplan für die vertiefende Wiederholung. Beachten Sie dabei auch die Arbeitsbelastungen, die sich aus der Vorbereitung auf die anderen Prüfungsfächer ergeben!
- Laden Sie sich auf www.finaleonline.de die Abi-Checkliste zu diesem Buch herunter. Mit dieser detaillierten Übersicht über die in *Finale* behandelten Prüfungsinhalte können Sie schnell und präzise planen, welche Themen Sie zu welchem Zeitpunkt in den nächsten Monaten bearbeiten möchten.
- Lernen in Zusammenhängen erweist sich als besonders nachhaltig. Dies gelingt, wenn Vernetzungen zwischen den einzelnen im Unterricht behandelten Themen hergestellt werden. Das Arbeiten in Gruppen unterstützt diesen Prozess.

B Phase der vertiefenden Wiederholung

- Nehmen Sie eine sinnvolle Verteilung der Übungsphasen vor: Mehrere regelmäßige und kurze Übungsphasen sind erwiesenermaßen günstiger als wenige und dafür sehr umfangreiche.
- Ihre genauen Textkenntnisse zu den Texten, die zur Obligatorik im Abitur 2016 gehören, sollten Sie durch nochmaliges, gründliches Lesen und Ihre Durchsicht der Unterrichtsmitschriften auffrischen.
- Vergewissern Sie sich der möglichen Aufgabenarten und wiederholen Sie die Liste der Operatoren (www.nibis.de), damit Ihnen an Sie gestellte Schreiberwartungen vertraut sind; Ihre vorab geschriebenen Klausuren und Kommentare dazu sollten Sie daraufhin überprüfen.
- Durch Schreibübungen sollten Sie Ihre Sicherheit in grundlegenden Arbeitstechniken (→ S. 15 ff.) festigen. Offene Fragen sollten Sie frühzeitig im Unterricht klären.

Sorgen Sie in den letzten Tagen unmittelbar vor dem ersten Prüfungstag trotz aller Anspannung für ausreichend Entspannung und Schlaf, damit Sie nicht schon erschöpft die Prüfungsphase beginnen.

C Am Tag der Prüfung

- Entlasten Sie den Tag möglichst weitgehend:
  - Stellen Sie gewissenhaft Ihre Arbeits- und Schreibutensilien zusammen, um Stress zu vermeiden.
  - Sie sollten sogar rechtzeitig überlegen, was Sie an diesem Tag anziehen wollen. Wählen Sie Kleidung aus, die bequem ist und in der Sie sich wohlfühlen.
- Nehmen Sie etwas zum Trinken und zum Essen mit.
- Gestalten Sie den Beginn des Prüfungstages so, dass ein rechtzeitiges Erscheinen ohne zeitlichen Stress sichergestellt ist.
- Prüfen Sie zu Beginn der Bearbeitungszeit gründlich die Vorschläge und Aufgabenstellungen, bevor Sie eine endgültige Entscheidung treffen. Lassen Sie sich nicht allein vom ersten flüchtigen Eindruck lenken. Lesen Sie auch die gegebenen Texte!
- Machen Sie sich einen Schreibplan: Erstellen Sie eine Mindmap oder eine Gliederung und einen Zeitplan für die Bearbeitung der Teilaufgaben, damit Ihnen genügend Zeit für die Erledigung aller Arbeitsschritte bleibt (→ S. 15).
- Planen Sie am Ende der Klausur ausreichend Zeit (mindestens 15 Minuten) für die Kontrolle der inhaltlichen und sprachlichen Richtigkeit ein, weil auch die Darstellungsleistung bewertet wird.

Basiswissen

Grundlegende Arbeitstechniken

Arbeitsschritte zur Lösung von Abituraufgaben

Arbeitsschritte	Handlungen
Zeit einteilen und effektiv nutzen	– Auswahlzeit nutzen – Zeitkontingent für Texterschließung festhalten – Zeitkontingent für die schriftliche Bewältigung der Teilaufgaben festlegen – Zeitkontingent für die Überarbeitung einplanen
Aufgabenvorschläge lesen, verstehen und auswählen	– Aufgabenvorschläge gründlich lesen – inhaltlichen und methodischen Schwerpunkt klären – eigenes fachliches Vorwissen abrufen – Operatoren und das damit geforderte methodische Vorgehen klären – sich für einen Aufgabenvorschlag entscheiden (die meisten Lehrer sammeln den nicht gewählten Vorschlag nach der Auswahlzeit wieder ein)

Text bzw. Texte mit Blick auf die Aufgabenstellung analysieren	• Lesestrategien nutzen
	  – 5-Schritt-Lesemethode
	  – Fragen an den Text stellen
	• Schreibstrategien verwenden
	• Interpretationsverfahren berücksichtigen
	• Textanalyse entzerren
	  – Vorwissen festhalten
	  – äußere Textmerkmale kennzeichnen
	  – Interpretationshypothese aufstellen
	  – Inhalt erschließen
	  – Argumentationsweg bzw. Gedankenführung herausstellen
	  – sprachliche Mittel und ihre Funktion für die inhaltliche Aussage erarbeiten
	• Erschließungsergebnisse schriftlich festhalten

	– Gliederung oder Schreibplan aufstellen – einzelne Gliederungspunkte ausformulieren

Klausur überarbeiten	• Text überarbeiten in Hinsicht auf
	  – die inhaltlichen Vorgaben der Aufgabenstellung
	  – die Logik der Gedankenführung
	  – die formale Richtigkeit (Textsorte erfasst?)
	  – die sprachliche Korrektheit

Aufgabenstellungen lesen, verstehen und auswählen

Bei der schriftlichen Abiturprüfung im Fach Deutsch muss von zwei verschiedenen Aufgabenvorschlägen einer ausgewählt werden. Die Bearbeitungszeit beträgt im Kurs auf grundlegendem Anforderungsniveau 220 Minuten und im Kurs auf erhöhtem Anforderungsniveau 300 Minuten. Hinzukommen jeweils 20 Minuten Einlese- und Auswahlzeit. Die Aufgabenvorschläge entsprechen den Aufgabenarten, die insbesondere in den Klausuren der letzten beiden Jahrgangsstufen und in entsprechenden schriftlichen Übungen eingeübt worden sind. Schwerpunkte bilden dabei die Analyse von literarischen Texten, die Analyse von Sachtexten sowie die Erörterung eines fachspezifischen Sachverhalts.
Bei der Auswahl der Aufgabe können Sie sich an folgenden Fragen orientieren:

- Verstehe ich den Text bei einem ersten überfliegenden Lesen? (→ S. 19)
- Bezieht sich der Text auf ein Thema, das ich gut vorbereitet habe?
- Verstehe ich die Aufgabenstellung? Weiß ich, was die Operatoren, die in den Aufgabenstellungen erwähnt sind, für Handlungsanweisungen geben?

Sie wählen am besten den Vorschlag aus,
- dessen Textvorlage Sie insgesamt problemlos verstehen bzw. zu dem Sie schnell einen Zugang finden;
- zu dessen Thema Sie genügend Fachkenntnisse haben und das Sie in einen größeren Zusammenhang einordnen können;
- dessen Aufgabenstellung für Sie klar verständlich ist, sodass Sie sie bewältigen können.

Vorwissen aktivieren, Vorarbeiten durchführen

Trotz der Besonderheiten der jeweiligen Gattung ist das systematische Herangehen an einen Dramenauszug oder an zwei zu vergleichende Gedichte in den Arbeitsschritten anderen Analyseaufgaben vergleichbar (→ S. 15). Der Verstehensvorgang erfordert dabei einen besonders intensiven Blick auf die unterschiedlichen Deutungsmöglichkeiten (→ S. 17).
Im Rahmen der Vorüberlegungen empfiehlt es sich, das bereits Bekannte wachzurufen, denn die Aktivierung von Vorwissen hilft, sich in das Thema einzudenken und einen ersten Zugang zu finden: Was weiß ich bereits über das in dem Text angesprochene Thema? Sie sollten daher u. a. stichwortartig
- Ihre Leseerwartung,
- Ihre ersten Leseeindrücke und Titelassoziationen,
- Ihre Beobachtungen zur gattungspezifischen Gestaltung,
- Ihr Sachwissen über die Gattung, die Autorin/den Autor, die jeweiligen historischen Hintergründe sowie
- eventuelle Unklarheiten und weitere Fragen an den Text

notieren.

Texte erschließen

Mit Interpretationsverfahren arbeiten

Für fiktionale Texte – seien sie lyrisch, episch oder dramatisch – gilt grundsätzlich, dass deren Analyse oder Deutung (Interpretation) keine Allgemeingültigkeit beanspruchen kann. Vielmehr ist es nötig, sich der jeweiligen Lesart des Ansatzes, der die Deutung leitet, bewusst zu sein.
Grundsätzlich unterscheidet man zwei Interpretationsansätze:
- die *werkimmanente* (auch: textimmanente) und
- die *werkübergreifende* (auch: textexterne) Interpretation.

Interpretationsverfahren im Überblick

Werkübergreifende Interpretationen

Biografische Interpretation

Geistes- und literaturgeschichtliche Interpretation

Werkimmanente Interpretation
Inhalt, Aufbau, Form } Deutungsbasis

Psychologisch orientierte Interpretation

Literatursoziologische Interpretation

Rezeptionsästhetische Interpretation

Die werkimmanente Interpretation

Die werkimmanente oder auch textimmanente Interpretation lässt alles Wissen um historische Bedingtheit, soziale Kontexte oder biografische Bezüge außer Acht und sieht den Text als Kunstwerk geradezu autonom. Ohne über den Text hinausgehende Information werden hier möglichst umfassend Inhalt und Form untersucht und interpretiert. Dabei geht es um direkte Aussagen, Verschlüsseltes, bewusst nicht Formuliertes, aber Gemeintes, um den Text in Aufbau und Gestaltung.
Der Schweizer Germanist Emil Staiger prägte diese Richtung des Interpretierens. Sie war in den fünfziger und sechziger Jahren des 20. Jahrhunderts dominant in der Germanistik und im Deutschunterricht.
Dass das Bedingungsgeflecht, in dem ein literarischer Text entstanden ist – und rezipiert wird –, bei dessen Deutung stets mitzudenken ist, gehört heute zum selbstver-

ständlichen Denken im Zusammenhang mit Interpretationen. Die werkimmanente Betrachtung ist daher inzwischen eher ein Ausgangspunkt oder eine Vorarbeit für die Deutung.

Werkübergreifende Interpretationen

- Eine *biografisch orientierte Interpretation* untersucht den Text vor allem mithilfe der Lebensgeschichte einer Autorin bzw. eines Autors und deren Selbstaussagen. Ausgangspunkt ist die These, dass sich im Kunstwerk persönliche Erfahrungen in vielfältiger Weise spiegeln.

- Leitender Aspekt einer *psychologisch orientierten Interpretation* ist die Vorstellung, dass eine Autorin / ein Autor oft auch unbewusst die Verarbeitung der eigenen psychischen Situation im Kunstwerk leistet. Modelle der Psychoanalyse, beginnend mit Sigmund Freud (1856 – 1939), können nach dieser Auffassung zur Entschlüsselung dienen. Wissen um die Biografie ist dafür unerlässlich.

- Eine *geistes- und literaturgeschichtliche Interpretation* versteht den Text als Produkt seiner Zeit, der Strömungen in Philosophie, Kunst, Naturwissenschaften sowie Politik und Gesellschaft. Die jeweilige literarische Epoche (→ Sturm und Drang, → Naturalismus, → Expressionismus usw.) wird zum Einordnungsrahmen der Untersuchung.

- Bei einer *literatursoziologisch angelegten Interpretation* steht das Verhältnis von literarischem Werk und Gesellschaft im Mittelpunkt. Die Frage, ob und wie der Text die politischen und sozialen Konflikte seiner Entstehungszeit aufgreift, ist zentral. Darüber hinaus wird nach dem Zusammenhang von Textproduktion und Textwirkung gefragt. Als dialektisch-materialistischen Ansatz bezeichnet man die literatursoziologische Interpretation, wenn bestimmte Grundannahmen des Marxismus (z. B. das Geschichtsbild: Die Geschichte als Geschichte von Klassenkämpfen) als erkenntnisleitend angenommen werden.

- Bei einer *rezeptionsästhetischen Interpretation* liegt der Schwerpunkt auf der Frage, wie der jeweilige Leser oder das Lesepublikum den Text verstanden bzw. rezipiert hat. Ausgangspunkt ist die Überlegung, dass jeder Leser den Text unterschiedlich auffasst und daher keine „gültige" Interpretation möglich ist. Die Wirkung beim Leser ist abhängig von seiner Herkunft, seinem Alter usw. und ermöglicht daher eine jeweils neue Sicht des Werks.

Als geeignetes Vorgehen für eine Interpretation wird heute in der Regel die **kritisch-hermeneutische Methode** angesehen, die die genannten Ansätze vereinigt und von einem sich sukzessiv entwickelnden Deutungsfortschritt ausgeht. Dabei soll sich der Erkenntnisprozess von einem ersten, noch wenig reflektierten Vorverständnis bis hin zu einer Kontexte unterschiedlichster Art einbeziehenden Interpretation entwickeln (hermeneutischer Zirkel).

Lesestrategien einsetzen

Der gezielte Einsatz von Lesestrategien hilft sowohl bei der Erschließung von Sachtexten als auch bei der Analyse von fiktionalen Texten.

Die 5-Schritt-Lesemethode

1. Schritt	**antizipierendes Lesen** – Über welches Vorwissen verfügen Sie bereits? – Welche ersten Informationen erhalten Sie durch Titel, Untertitel, Zwischenüberschriften und Layout? *Ziel:* Aufbau eines Erwartungshorizonts
2. Schritt	**überfliegendes Lesen** – Welche Informationen geben die äußeren Textmerkmale im Hinblick auf Thema und Intention des Textes? (Autor, Titel, Textsorte, Erscheinungsort, und -jahr) – Welche Informationen geben erste innertextliche Signale? (z. B. Anfang und Ende des Textes, Absatzanfänge, Hervorhebungen …) *Ziel:* grober Überblick über Inhalt und Machart des Textes
3. Schritt	**klärendes Lesen** – Welche Begriffe bzw. Textstellen müssen geklärt werden? – Welches sind die zentralen Aussagen des Textes? – Wie ist der Text gedanklich aufgebaut? An welchen Textsignalen lässt sich der argumentative Aufbau erkennen? *Ziel:* detaillierte Klärung von Textinhalt und Textaufbau
4. Schritt	**vertiefendes konzentriertes Lesen** – Welche sprachlichen Mittel verwendet der Autor, um seine Aussageabsicht deutlich zu machen? – Welche Aspekte des Layouts unterstützen die Textaussagen? *Ziel:* Verknüpfung von inhaltlichen Aussagen und sprachlicher sowie formaler Gestaltung des Textes
5. Schritt	**reflektierendes und beurteilendes Lesen** – Inwieweit wird der Text inhaltlich, sprachlich und formal seiner Aussageabsicht gerecht? – Welche Aspekte sprechen für, welche gegen die Position bzw. die einzelnen Aussagen des Textes? – Welche Schlussfolgerungen lassen sich aus dem Text entwickeln? *Ziel:* Entwicklung einer eigenen Position

Trainieren Sie die einzelnen Schritte zunächst systematisch. Bei mehr Routine gehen sie automatisch ineinander über.

Fragen an den Text stellen

- Wer hat den Text, wann und zu welchem Zweck verfasst?
- An wen wendet sich der Text?
- Worum geht es in dem Text?
- In welchem thematischen Zusammenhang steht der Text?
- Welches sind – bezogen auf das Thema – die zentralen Aussagen des Textes?
- Welche Position vertritt die Autorin oder der Autor?
- Wie ist der Text gedanklich aufgebaut?
- Mit welchen sprachlichen und formalen Mitteln wird die Aussageabsicht deutlich gemacht?
- Wie beurteile ich den Text vor dem Hintergrund meiner fachlichen Kenntnisse zu diesem Thema?

Es ist hilfreich, die Fragen auf einzelne Blätter, etwa in Form einer Mindmap, zu notieren und die Antworten stichwortartig zu formulieren. Auf diese Weise erhalten Sie ein Schreibgerüst, auf dessen Basis Sie den Klausurtext verfassen können.

Ergebnisse der Texterschließung festhalten

Die Ergebnisse der Texterschließung sollten für die weitere Verarbeitung schriftlich festgehalten werden. Dazu bieten sich folgende Verfahren an:

- <u>Stichpunkte</u> zu den einzelnen Arbeitsschritten der gewählten Lesemethode festhalten.
- Erschließungsergebnisse in einer <u>Mindmap</u> zusammenstellen.
- Ein <u>Schaubild</u> anfertigen, das den gedanklichen Aufbau eines Textes zeigt.
- Die Erschließungsergebnisse in ein <u>Fluss- oder Strukturdiagramm</u> umsetzen (insbesondere für die Erschließung argumentativer Texte geeignet).
- <u>Schlüsselwörter</u> (Wörter, die die zentralen Textaussagen enthalten, d.h. den Text aufschließen) herausschreiben und mit Pfeilen und Symbolen logisch miteinander verbinden.

Diese unterschiedlichen Verfahren sollten im Vorfeld der Prüfung erprobt werden. So können Sie feststellen, welche Verfahren für welche Textsorten besonders geeignet sind und mit welchen Verfahren Sie selbst am besten zurechtkommen.

Typische Schwierigkeiten bei der Texterschließung

Schwierigkeit	Tipps
Ich kann die zentralen Aussagen eines Textes nicht herausarbeiten.	– inhaltlichen Schwerpunkt der Aufgabenstellung klären – Thema formulieren – Text mit Blick auf das Thema lesen – Schlüsselwörter, d. h. immer wieder auftretende Begriffe oder Wörter, die zu einem Wortfeld gehören, markieren – zu jedem Textabschnitt einen Satz formulieren
Ich habe Probleme im Umgang mit schwierigen Textstellen.	– unbekannte Wörter mithilfe eines Wörterbuchs klären – unbekannte Wörter oder schwer zu verstehende Formulierungen aus dem Kontext heraus klären – den Satzbau ändern, Nebensätze in Hauptsätze auflösen, Satzverbindungen herstellen – die Textstelle mit eigenen Worten umschreiben – Fragen an den Text stellen
Ich kann den Aufbau eines Textes nicht erkennen.	– Thema und zentrale These des Textes klären (Hinweise enthalten oft Titel, Untertitel, erster und letzter Abschnitt eines Textes) – These, Argumente, Beispiele mit unterschiedlichen Farben oder Symbolen kenntlich machen – Konnektoren (Satzverbindungen) heraussuchen wie z. B. *dennoch, trotzdem, im Unterschied dazu, obwohl …* und Bezüge zwischen den Aussagen markieren – Überschriften für Absätze formulieren und mit entsprechenden Satzverbindungen logisch verknüpfen – Textgerüst in Form eines Schaubildes aufzeichnen
Ich gebe den Textinhalt immer nur wieder und analysiere den Text nicht.	– Texterschließung entzerren, nacheinander folgende Fragen beantworten: *Was steht im Text?* *Was bedeutet die Aussage für den gesamten Text bzw. das Thema?* – Textstellen mit eigenen Worten umschreiben, nicht nur Zitate aus dem Text aneinanderreihen
Ich kann keine eigene Position zu einem Text entwickeln.	– sich das eigene Vorwissen vor der Lektüre des Textes klarmachen (thematisches Wissen, Kenntnisse zu Textsorte oder Autor), Cluster oder Mindmap anlegen – Bezugspunkte aus dem Text notieren, auf die ich konkret eingehen will; Vortext in Ich-Form schreiben: *Der Autor schreibt …, ich meine …*

Texte schreiben

Schreibstrategien verwenden

Das Schreiben der schriftlichen Abiturarbeit kann durch die Berücksichtigung folgender Schreibstrategien erleichtert werden:

Die 5-Schritt-Schreibmethode

1. Schritt	**Den Schreibprozess organisieren** Vor Arbeitsbeginn wird überlegt: – Wie viel Arbeitszeit steht mir insgesamt zur Verfügung? – Wie viel Zeit setze ich für die einzelnen Arbeitsschritte an?
2. Schritt	**Den Schreibprozess vorbereiten** – Die Aufgabenstellung wird geklärt. – Der Text wird mithilfe geeigneter Lesestrategien (→ S. 19) erschlossen. – Eine Arbeitshypothese wird formuliert, z. B. *Der Text handelt von … In dem Text geht es um … Der Autor vertritt die Position …* – Eigene Ideen zu Text, Thema, Unterthemen usw. werden notiert.
3. Schritt	**Arbeitsergebnisse strukturieren** – Die Ergebnisse der Texterschließung werden nach Oberthemen sortiert. – Die einzelnen Unterthemen werden in eine logische Abfolge gebracht, z. B. in Form einer linearen Gliederung bzw. einer Mindmap. – Die eigenen Ideen aus Schritt 2 werden zugeordnet.
4. Schritt	**Die Klausur schreiben** – Die Klausur wird auf der Basis der Vorarbeiten geschrieben. Dabei entspricht jeder Gliederungspunkt einem Abschnitt. – Eine Teilaufgabe der Klausur sollte in einem Zug ohne Unterbrechung verfasst werden, damit der Gedankengang nicht gestört wird.
5. Schritt	**Die Klausur überarbeiten** Die Klausur wird überarbeitet im Hinblick – auf das verwendete Textmuster und dessen Merkmale, – den sachlogischen Aufbau, – die schlüssige Verknüpfung der einzelnen Teile, – die Korrektheit von Rechtschreibung, Zeichensetzung und Grammatik.

Typische Schwierigkeiten beim Schreiben

Schwierigkeit	Tipps
Ich weiß häufig nicht, wie ich mit der „eigentlichen" Klausur anfangen soll.	– Einleitungssatz bzw. -sätze mit Blick auf die bekannten Textmuster vorbereiten – den möglichen Verlauf der Arbeit in einem Schaubild skizzieren (Begriffsnetz, Flussdiagramm usw.) – einen Gliederungspunkt, bei dem ich mich sicher fühle, als ersten ausformulieren
Ich gebe immer nur den Text wieder, ohne ihn zu analysieren; oft verbinde ich einfach nur Zitate miteinander.	– die Textanalyse mittels Fragen staffeln, z. B. *Was sagt der Autor?* (Informationen entnehmen) *Welche Aussageabsicht hat der Autor?* (Intentionen erkennen) *Welcher Zusammenhang besteht zwischen Inhalt und Form?* (reflektieren) *Welche Position vertrete ich?* (bewerten) – sich von der Textvorlage lösen, eigene Formulierungen finden – Zitate so knapp wie möglich halten
Meine Klausuren werden häufig sehr lang; ich werde kaum mit der Aufgabe fertig.	– das Konzept in wenigen Sätzen skelettartig entwerfen, in welchen die Grundgedanken der Klausur enthalten sind – die Sätze im Sinne von Überschriften für die einzelnen Textabschnitte nutzen – den Text im Hinblick auf Wiederholungen kontrollieren
Ich weiß manchmal gar nicht, was ich zu einem Gliederungspunkt alles schreiben soll. Häufig fällt mir nur ein Satz ein.	– zu einem Gliederungspunkt, der zu knapp ausgefallen ist, ein Cluster anlegen – die Perspektive wechseln: *Was müsste ein Adressat wissen, um meine Gedanken möglichst präzise zu verstehen?* – den Klausurtext mit Beispielen veranschaulichen
Mir fällt es schwer, meine Gedanken so miteinander zu verbinden, dass der logische Aufbau der Klausur deutlich wird.	– den Klausurtext in Sinnabschnitte gliedern – sich logische Zusammenhänge klar machen und entsprechende Satzverknüpfungen verwenden, z. B. *im Hinblick auf, darüber hinaus, im Gegensatz zu, anders als …*
Ich weiß nicht, was eine knappe Zusammenfassung sein soll.	– knapp auf Hauptthese(n) bzw. zentralen Interpretationsansatz eingehen – die eigene Position nochmals verknappt formulieren

Mit Zitaten und Textbelegen arbeiten

Zitate und Textbelege haben die Funktion, die eigenen Aussagen durch Verweise auf den Ausgangstext abzusichern und nachvollziehbar zu machen.

Regeln für die Arbeit mit wörtlichen Zitaten

- Eine Textstelle, d.h. eine Formulierung, ein Satz oder auch mehrere Sätze, wird wortwörtlich aus einer Vorlage übernommen; das gilt auch für Besonderheiten der Rechtschreibung und Zeichensetzung (z. B. Textvorlagen in alter Rechtschreibung).
- Zitate werden durch Anführungszeichen deutlich gemacht.
- Auslassungen in einem Zitat – unabhängig davon, ob es sich um ein einzelnes Wort, eine Formulierung oder mehrere Sätze handelt – werden durch eckige Klammern mit drei Punkten gekennzeichnet: [...]. Ein Zitat darf nicht soweit gekürzt werden, dass die Aussage verfälscht wird.
- Zitate, die man in den eigenen Text einpasst, müssen in einigen Fällen inhaltlich (z. B. durch ein erklärendes Wort) oder grammatisch (z. B. durch eine Veränderung des Kasus) dem eigenen Satzbau angepasst werden. Die Eingriffe kennzeichnet man durch die Verwendung eckiger Klammern, z. B. *„Er wirft ihm [Danton] vor, dass [...].“*
- Zitate in Zitaten kennzeichnet man mit einfachen Anführungszeichen, z. B. *„wenn Törless die besondere Wirklichkeit immer wieder mit dem Wort ‚es‘ zu fassen sucht.“*
- Zitate werden mit einem Hinweis auf den Fundort beendet. Dies geschieht in Form von Seiten-, Zeilen- oder Versangaben, z. B. *„Er [Törless] hatte jetzt einen ganz neuen Respekt vor der Mathematik“* (S. 75, Z. 3).

TIPP

– Zitate sollten sparsam verwendet werden.
– Jedes Zitat muss ausgewertet werden, d. h. die eigenen Aussagen absichern.

Regeln für die Arbeit mit sinngemäßen Zitaten

Gibt man die Gedanken eines anderen wieder, verwendet man

- eine einleitende Formulierung, z. B. *Nach Meinung von ...*, bzw. einen entsprechenden Einleitungssatz, z. B. *Der Autor hebt hervor, dass ...* Durch die einleitende Formulierung wird auch das eigene Textverständnis deutlich.
- indirekte Rede (Konjunktiv I), z. B. *Der Gebrauch von Anglizismen <u>habe</u> in Frankreich nicht in gleichem Ausmaß zugenommen.*

Sinngemäße Zitate werden wie wörtliche Zitate mit einem Verweis auf die Textstelle in Form von Seiten-, Zeilen- oder Versangaben beendet.

Texte überarbeiten

Klausurtexte überarbeiten

Klausurtexte sollten im Hinblick auf inhaltliche und formale Anforderungen überarbeitet werden. Die Überarbeitung sollte in zwei Schritten erfolgen:

CHECKLISTE zur inhaltlichen Überarbeitung

- ✓ Habe ich die Vorgaben der Aufgabenstellung entsprechend berücksichtigt?
  - inhaltliche Vorgaben: Texte, Thema, weiterführende Schreibaufgabe
  - methodische Anweisungen (Operatoren)
- ✓ Hat meine Arbeit einen roten Faden?
  - klare Gliederung
  - präzise Zuordnung der Ergebnisse zu den einzelnen Gliederungspunkten
  - keine Ausführungen, die nicht zum Thema gehören
- ✓ Ist meine Arbeit widerspruchsfrei?
  - sachliche Richtigkeit
  - schlüssige Argumentation
- ✓ Habe ich mein fachliches Vorwissen eingebracht und logisch mit den neu gewonnenen Untersuchungsergebnissen verknüpft?
  - allgemeine Kenntnisse zum Thema
  - (literarische) Fachkenntnisse zu Thema, Epoche, Autor, Vergleichstexten

CHECKLISTE zur formalen Überarbeitung

- ✓ Entspricht meine Arbeit den Vorgaben der vorgegebenen Textsorte (Textanalyse, Textvergleich, Texterörterung, Stellungnahme usw.)?
  - Einleitung, Hauptteil, Schluss
  - Einteilung in Abschnitte, die aufeinander Bezug nehmen
  - logische Verknüpfungen zwischen den einzelnen Abschnitten durch verbindende Wörter oder Formulierungen
- ✓ Entspricht meine Arbeit den sprachlichen und formalen Erwartungen an eine Abiturklausur?
  - präzise Wortwahl
  - Verwendung von Fachvokabular
  - verständlicher, abwechslungsreicher Satzbau
  - Vermeidung von Umgangssprache
  - korrektes Arbeiten mit Zitaten und Textbelegen
  - sprachliche Korrektheit in Bezug auf Grammatik, Rechtschreibung und Zeichensetzung

Die Ausarbeitung einer persönlichen Checkliste zur Textüberarbeitung hilft Ihnen, den Blick gezielt auf Ihre individuellen Problemfelder zu lenken.

Fehlerquellen ausschalten

Wie im Kapitel *Informationen und Tipps zur Prüfung* erläutert (→ S. 6 ff.), wird die Darstellungsleistung in der schriftlichen Prüfung gesondert bewertet. Auf den folgenden Seiten werden Tipps und Hinweise gegeben, wie häufige Fehlerquellen ausgeschaltet werden können, um Abstriche bei der Bewertung zu vermeiden. Erfahrungsgemäß treten Fehler vor allem in diesen Bereichen auf: Schreibweise von *das* und *dass*, Zeichensetzung, indirekte Rede, Zitieren und Angeben von Textstellen.
Überprüfen Sie Ihre Klausuren der letzten Halbjahre daraufhin, ob es (diese oder andere) Fehlertypen gibt, die gehäuft vorkommen.

Schreibweise von *das* und *dass*

Bei *das* handelt es sich entweder um
- den bestimmten Artikel *das: das Haus, das Auto, das Erfolgsrezept* oder
- das Relativpronomen *das*. Es leitet einen Nebensatz ein: *Das Buch, das ich lese, ist spannend.* Es kann zur Probe durch *welcher, welches, welches* ersetzt werden.

Man schreibt *dass*, wenn es sich um eine Konjunktion handelt, die Teilsätze miteinander verbindet. Das ist sehr häufig nach Verben des Sagens, Meinens, Glaubens und Denkens der Fall: *Am Ende glaubt die Hauptfigur, dass sie richtig gehandelt hat.*
Die Nichtbeachtung dieser Regel führt zu doppelten Fehlern, weil *dass* nicht richtig geschrieben wird und das erforderliche Komma vor der Konjunktion fehlt.
Ich denke, dass das Buch, das auf dem Tisch liegt, spannend ist.
Konjunktion Artikel Relativpronomen

Zeichensetzung

Infinitivgruppen

In den folgenden drei Fällen müssen bei Infinitivgruppen Kommas gesetzt werden:
- Die Infinitivgruppe wird mit *um, ohne, anstatt* oder *als* eingeleitet: *Der Erzähler schildert die Ereignisse, ohne sie zu kommentieren.*
- Die Infinitivgruppe hängt von einem Substantiv ab: *Karl Moor gibt den Befehl, endlich aufzubrechen.*
- Die Infinitivgruppe wird durch ein hinweisendes Wort angekündigt: *Karl Moor denkt daran, seine Geliebte noch einmal zu treffen.*

Satzreihen und Satzgefüge

- Bei *Satzreihen*, die aus zwei oder mehreren Hauptsätzen bestehen und durch Konjunktionen wie *und, oder, beziehungsweise/bzw., entweder – oder, nicht – noch* oder durch *weder – noch* verbunden sind, *kann* man ein Komma setzen. Bei längeren Sätzen sollten der besseren Lesbarkeit wegen Kommas gesetzt werden.
- *Satzgefüge*, die mindestens aus einem Hauptsatz und mindestens einem Nebensatz bestehen, werden durch Kommas abgetrennt. Die meisten Fehler werden gemacht, wenn ein Nebensatz in einen Hauptsatz eingeschoben ist, da dieser dann durch zwei Kommas abgetrennt werden muss: *Der Leser, der unmittelbar ins Geschehen einbezogen wird, kann die Gefühle gut nachvollziehen.*

Indirekte Fragesätze

Häufig wird das Komma vor indirekten Fragesätzen vergessen.
Alle Anwesenden fragten sich, warum es zu dem Konflikt kommen musste.
Sie wussten nicht, wie diese Auseinandersetzung zu vermeiden war.

Indirekte Rede

Zur Kennzeichnung der Übernahme dessen, was ein anderer wörtlich gesagt hat, verwendet man die indirekte Rede: *Der Verfasser der Rezension stellt heraus, dass ihm der Film nicht gefalle, weil er von der literarischen Vorlage zu weit entfernt sei.*
Die indirekte Rede wird mit Formen des Konjunktivs I (Präsensstamm) gebildet: *er komme, sie gehe.*
Wenn dabei eine Übereinstimmung mit der Indikativform vorliegt, werden Formen des Konjunktivs II (Präteritalstamm) verwendet: *er käme, sie ginge.*
Sollte es dabei immer noch zu Übereinstimmungen mit den Indikativformen kommen, ist auf die Umschreibung mit der Ersatzform „würde" auszuweichen: *er würde fragen.*

TIPP

Eine häufige Verwendung der Umschreibung mit *würde* ist zwar grammatikalisch nicht falsch, gilt aber als stilistisch unschön und kann zu gewissen Abwertungen im Bereich der Darstellungsleistung führen.

Zitieren und Angeben von Textstellen

Ein offizielles Bewertungskriterium für die Beurteilung der Darstellungsleistung lautet: „Der Prüfling belegt Aussagen durch angemessenes und korrektes Zitieren". „Angemessenes Zitieren" bedeutet, dass nicht zu viel, aber auch nicht zu wenig zitiert wird und die ausgewählten Zitate funktional sind, d. h. die eigenen Aussagen belegen. Demgegenüber meint „korrektes Zitieren", dass allgemeingültige Regeln bei der formalen Gestaltung der Zitate beachtet werden (→ S. 24).

Tipps zum angemessenen Zitieren

- Zitate sollten nicht verwendet werden, nur um überhaupt etwas zu zitieren, sondern müssen einen deutlichen Bezug zum eigenen Text haben. Vor allem erklärende, deutende bzw. beurteilende und bewertende Aussagen erfordern eine gründliche Textarbeit.
- Zitate sollten nicht zu lang sein, sondern auf die wirklich notwendigen Textpassagen konzentriert werden. Das Abschreiben von längeren Textstellen stellt keine eigene Leistung dar und ist meistens funktionslos.
- Zitate sollten nicht wiederholen, was bereits mit eigenen Worten gesagt wurde. Also nicht: *Innerlich sehr erregt ruft Karl Moor, dass er der Hauptmann der Räuberbande sein will: „So wahr meine Seele lebt, ich bin euer Hauptmann!"*

Rahmenthema 1: Literatur und Sprache um 1800

Joseph von Eichendorff: Aus dem Leben eines Taugenichts / Rüdiger Safranski: Romantik

erhöhtes Anforderungsniveau

Aufgabenarten: Textanalyse / Literarische Erörterung

Aufgabenstellung

1. Analysieren Sie den vorliegenden Auszug aus Joseph von Eichendorffs Novelle „Aus dem Leben eines Taugenichts". Berücksichtigen Sie dabei insbesondere den Protagonisten und die Bedeutung der Natur.

2. Erschließen Sie epochenspezifische Merkmale und ordnen Sie den Text literaturhistorisch ein, indem Sie die Darstellungsweise mit anderen Ihnen bekannten Werken vergleichen.

3. Beurteilen Sie aufgrund Ihrer Kenntnisse und ausgehend von M1 und M2, ob und gegebenenfalls inwiefern die romantische Literatur als Gegenentwurf zur „Rationalisierung der Welt" gelesen werden kann.

Materialgrundlage

- Joseph von Eichendorff: Aus dem Leben eines Taugenichts. Aus: Ders., Werke. München: Hanser 1977, S. 748 f.
- Rüdiger Safranski: Romantik. Eine deutsche Affäre. München: Hanser 2007, S. 193

M1 Aus dem Leben eines Taugenichts *Joseph von Eichendorff*

Text in alter Rechtschreibung

Erstes Kapitel

Das Rad an meines Vaters Mühle brauste und rauschte schon wieder recht lustig, der Schnee tröpfelte emsig vom Dache, die Sperlinge zwitscherten und tummelten sich dazwischen; ich saß auf der Türschwelle und wischte mir den Schlaf aus den Augen; mir war so recht wohl in dem warmen Sonnenscheine. Da trat der Vater aus dem Hause; er hatte schon seit Tagesanbruch in der Mühle rumort und die Schlafmütze schief auf dem Kopfe, der sagte zu mir: «Du Taugenichts! da sonnst du dich schon wieder und dehnst und reckst dir die Knochen müde und läßt mich alle Arbeit allein tun. Ich kann dich hier nicht länger füttern. Der Frühling ist vor der Tür, geh auch einmal hinaus in die Welt und erwirb dir selber dein Brot.» – «Nun», sagte ich, «wenn ich ein Taugenichts bin, so ists gut, so will ich in die Welt gehen und mein Glück machen.» Und eigentlich war mir das recht lieb, denn es war mir kurz vorher selber eingefallen, auf Reisen zu gehen, da ich die Goldammer, welche im Herbst und Winter immer betrübt an unserm Fenster sang: «Bauer, miet mich, Bauer, miet mich!» nun in der schönen Frühlingszeit wieder ganz stolz und lustig vom Baume rufen hörte: «Bauer, behalt deinen Dienst!»

Ich ging also in das Haus hinein und holte meine Geige, die ich recht artig spielte, von der Wand, mein Vater gab mir noch einige Groschen Geld mit auf den Weg, und so schlenderte ich durch das lange Dorf hinaus. Ich hatte recht meine heimliche Freude, als ich da alle meine alten Bekannten und Kameraden rechts und links, wie gestern und vorgestern und immerdar, zur Arbeit hinausziehen, graben und pflügen sah, während ich so in die freie Welt hinausstrich. Ich rief den armen Leuten nach allen Seiten stolz und zufrieden Adjes zu, aber es kümmerte sich eben keiner sehr darum. Mir war es wie ein ewiger Sonntag im Gemüte. Und als ich endlich ins freie Feld hinauskam, da nahm ich meine liebe Geige vor und spielte und sang, auf der Landstraße fortgehend:

Wem Gott will rechte Gunst erweisen,
Den schickt er in die weite Welt,
Dem will er seine Wunder weisen
In Berg und Wald und Strom und Feld.
Die Trägen, die zu Hause liegen,
Erquicket nicht das Morgenrot,
Sie wissen nur vom Kinderwiegen,
Von Sorgen, Last und Not um Brot.
Die Bächlein von den Bergen springen,
Die Lerchen schwirren hoch vor Lust,
Was sollt ich nicht mit ihnen singen
Aus voller Kehl und frischer Brust?
Den lieben Gott laß ich nur walten;
Der Bächlein, Lerchen, Wald und Feld
Und Erd und Himmel will erhalten,
Hat auch mein Sach aufs best bestellt!

Indem, wie ich mich so umsehe, kömmt ein köstlicher Reisewagen ganz nahe an mich heran, der mochte wohl schon einige Zeit hinter mir drein gefahren sein, ohne daß ich es merkte, weil mein Herz so voller Klang war, denn es ging ganz langsam, und zwei vornehme Damen steckten die Köpfe aus dem Wagen und hörten mir zu. Die eine war besonders schön und jünger als die andere, aber eigentlich gefielen sie mir alle beide. Als ich nun aufhörte zu singen, ließ die ältere stillhalten und redete mich holdselig an: «Ei, lustiger Gesell, Er weiß ja recht hübsche Lieder zu singen.» Ich nicht zu faul dagegen: «Euer Gnaden aufzuwarten, wüßt ich noch viel schönere.» Darauf fragte sie mich wieder: «Wohin wandert Er denn schon so am frühen Morgen?» Da schämte ich mich, daß ich das selber nicht wußte, und sagte dreist: «Nach Wien»; nun sprachen beide miteinander in einer fremden Sprache, die ich nicht verstand. Die jüngere schüttelte einige Male mit dem Kopfe, die andere lachte aber in einem fort und rief mir endlich zu: «Spring Er nur hinten mit auf, wir fahren auch nach Wien.» Wer war froher als ich! Ich machte eine Reverenz und war mit einem Sprunge hinter dem Wagen, der Kutscher knallte, und wir flogen über die glänzende Straße fort, daß mir der Wind am Hute pfiff.

Hinter mir gingen nun Dorf, Gärten und Kirchtürme unter, vor mir neue Dörfer, Schlösser und Berge auf, unter mir Saaten, Büsche und Wiesen bunt vorüberfliegend, über mir unzählige Lerchen in der klaren blauen Luft – ich schämte mich, laut zu schreien, aber innerlichst jauchzte ich und strampelte und tanzte auf dem Wagentritt herum, daß ich bald meine Geige verloren hätte, die ich unterm Arme hielt. Wie aber denn die Sonne immer höher stieg, rings am Horizont schwere weiße Mittagswolken aufstiegen und alles in der Luft und auf der weiten

Fläche so leer und schwül und still wurde über den leise wogenden Kornfeldern, da fiel mir erst wieder mein Dorf ein und mein Vater und unsere Mühle, wie es da so heimlich kühl war an dem schattigen Weiher, und daß nun alles so weit, weit hinter mir lag. Mir war dabei so kurios zumute, als müßt ich wieder umkehren; ich steckte meine Geige zwischen Rock und Weste, setzte mich voller Gedanken auf den Wagentritt hin und schlief ein.

M2 Rüdiger Safranski, Romantik (Auszug)

Mit ihrem Unbehagen an der Normalität nehmen die Romantiker jenes Unbehagen an der *Entzauberung der Welt durch Rationalisierung* vorweg, das Max Weber ein Jahrhundert später in seiner berühmten Münchener Rede über den »Beruf zur Wissenschaft« (1919) kritisch zur Sprache bringen wird.

Die *Entzauberung der Welt* bedeutet nach Max Weber zweierlei. Zum ersten, daß mit dem Siegeszug der empirischen Wissenschaften wachsende Anteile der Wirklichkeit als *prinzipiell* erklärbar, also als rational, zu gelten haben. Zum zweiten, daß die Lebens- und Arbeitsbereiche zunehmend *rationell* organisiert sind. Das Rationale und das Rationelle zusammen verdichten sich zu dem, was Weber das *stahlharte Gehäuse* der Moderne nennt.

Was wird bei dieser Aufgabenstellung von Ihnen erwartet?

Anhand dieser Aufgabenstellung sollen Sie zeigen, dass Sie:
- unterschiedliche Begriffe und Methoden zur Erzähltextanalyse anwenden können;
- formale und sprachliche Besonderheiten eines epischen Textes beschreiben und aspektorientiert erschließen können;
- epochenspezifische Merkmale identifizieren und im Vergleich mit anderen Epochen abgrenzen können;
- eine Position zu einem literarischen Thema in Form einer Erörterung begründet darlegen können.

Inhaltliche Teilleistungen

Teilaufgabe 1

1. | AFB I | Einleitung

- Einstiegssatz, Nennung der äußeren Textmerkmale: Autor: Joseph von Eichendorff; Titel: Aus dem Leben eines Taugenichts; Textart: Novelle; Erscheinungsjahr: 1826
- Thema des Textes/Überblick: Eichendorff thematisiert mit diesem Anfang der Novelle den Auszug eines Jünglings in die Welt. Der Protagonist löst sich vom Vater und der Heimat, lässt gewohnte soziale Kontexte hinter sich, bricht ins Unbekannte auf.
- Darstellung des Inhalts: Ein Jüngling vertreibt sich seine Zeit auf der Mühle des Vaters mit Müßiggang, bis dieser ihn mit etwas Handgeld ausstattet und auffordert,

seinen Lebensunterhalt eigenständig zu erwerben, ihn somit auffordert, die heimische Mühle zu verlassen. Der Jüngling verlässt seine Heimat zunächst ziellos und drückt seine heitere Stimmung aufgrund der neuen Situation in einem Lied aus, in dem diejenigen bedauert werden, die sich mit ihren Alltagsgeschäften plagen. Er hingegen sieht sich im Wohlwollen Gottes reisen. Er trifft auf zwei Damen in einer Kutsche und wird aufgefordert mitzufahren, als er aus Verlegenheit heraus angibt, nach Wien zu wollen, was zufällig das Reiseziel der Damen ist. In der Mittagshitze an die heimische Mühle denkend, schläft der Jüngling auf der Kutsche ein.

2. | AFB II | Hauptteil und Überleitung: Aufbau und Inhalt analysieren

Aspekte der Analyse, mit besonderer Berücksichtigung des Protagonisten und der Natur:

- Aufforderung zum Aufbruch: Im Kontrast zum Vater, der seiner Erwerbsarbeit offenkundig pflichtbewusst nachgeht, bleibt der Protagonist untätig, geht keiner Erwerbsarbeit nach, ist ein Müßiggänger und „Taugenichts“, wird vom Vater aufgefordert, eigenständig sein Leben zu bestreiten.
- Aufbruchssituation wird mehrfach akzentuiert: Der Taugenichts ist ein Jüngling, trägt kindlich naive Züge, ist frei von Alltagssorgen, unausgebildet, unbekümmert und abenteuerlustig, er will „in die Welt gehen“ (Z. 21) und sein „Glück machen“ (Z. 21 f.). Der Aufbruch vollzieht sich am Morgen, an einem Frühlingstag, womit Tages- und Jahreszeit symbolisch die Aufbruchsstimmung, den Neuanfang unterstreichen.
- Abgrenzung des Taugenichts von der Gesellschaft, die pflichtbewusst ihrer Arbeit in der Heimat nachgeht, Sonderstellung und Ungebundenheit des Reisenden gegenüber der Sphäre des Bürgerlichen
- Besonderheiten des Wandermotivs: Taugenichts bricht auf ins Unbekannte, zunächst ohne Reiseziel, ohne Kenntnisse der Wege, ausgestattet mit geringen ökonomischen Mitteln, jedoch mit großem Gottvertrauen und Optimismus.
- In der Begegnung mit den Damen in der Kutsche zeigt sich der Taugenichts aufgeschlossen für Neues und begeisterungsfähig.
- positive Darstellung der Natur und Landschaft, „schöne[] Frühlingszeit“ (Z. 28), zwitschernde Sperlinge, „unzählige Lerchen in der klaren blauen Luft“ (Z. 105 f.), Gärten, Dörfer, Schlösser, Wiesen und Berge korrespondieren mit der Hochstimmung des Protagonisten
- Natur als Spiegel der Seele und als Ausdruck des Göttlichen
- Gesang und Geige sind Ausdrücke der Musikalität, die durch die freie Natur und das Gottvertrauen inspiriert ist.
- Vermischung der Gattungen: Lied ist in den Prosatext integriert, thematische Spiegelung und Kommentierung der Handlung durch den Liedtext
- Erzähler und Sprache: Der Ich-Erzähler berichtet in einfacher, emotional gefärbter Sprache; märchenhafte Züge (Aufbruch des armen Helden in die weite Welt, Sprache der Tiere – vgl. die Goldammer –, Szenerie der Mühle und des Dorfes)
- Überleitungssatz: Die Analyse des Novellenanfangs hat Licht auf eine Fülle von epochenspezifischen Aspekten geworfen, die im Folgenden näher eingeordnet und abgegrenzt werden sollen.

Teilaufgabe 2 | AFB II |

- These: Eichendorffs „Taugenichts“ kann aufgrund der epochenspezifischen Themenwahl, der formalen Gestaltung, vor allem jedoch aufgrund der Figurenzeichnung des Helden als repräsentativer Text der Romantik gelten.
- Der märchenhafte Ton des Textauszugs sowie die Motivik des aufbrechenden, armen Jünglings entsprechen dem romantischen Interesse an Märchen, das sich in den Sammlungen der Gebrüder Grimm oder auch im „Wunderhorn“ Brentanos und Arnims zeigt. In diesen Kontext gehört auch der volksliedhafte Gesang des Helden im vorliegenden Auszug. Die Hinwendung der Romantik zum Märchen, die sich z. B. auch in den Texten E. T. A. Hoffmanns oder A. Chamissos zeigt, ist eine Hinwendung zum „einfachen“ Volk und setzt somit auch einen Kontrapunkt zur Aufklärung, die vor allem dem gebildeten Bürgertum verpflichtet war.
- Das Gottvertrauen des Jünglings, verbunden mit der Idee der von Gott geschaffenen Natur, ist ein weiterer Verweis auf die Romantik. Die Hinwendung zum Katholizismus bei Eichendorff, aber auch die religiösen Bezüge bei Novalis sind Ausdruck der Suche nach Orientierung, eine Hinwendung zur Einheit der alten überkommenen Ordnung des religiös geprägten Mittelalters. Dieser Bezugspunkt der Romantik findet seine Gegensätze in der Kirchenkritik und dem Toleranzgedanken der Aufklärung (Lessing) und der Säkularität der Moderne, deren Texte – etwa bei Kafka oder Benn – im Christentum keinen Identifikationsrahmen finden.
- Typisch romantisch sind zudem die Motivik des ziellosen Wanderns und der Müßiggang, die sich dem Nützlichkeitsdenken der Aufklärung entziehen, aber auch von der Nüchternheit des Realismus abheben. Im Wandern bricht sich das Motiv der Sehnsucht Bahn, hier die Abkehr vom prosaischen Leben hin zum poetischen (vgl. hierzu auch die poetologischen Texte von Schlegel und Novalis). Zwar findet sich im Auszug nicht das romantische Symbol der blauen Blume des Heinrich von Ofterdingen, die Aufbruchssituation des Jünglings ist jedoch als Variation des Themas, das sich etwa auch in Eichendorffs Lyrik vielfach wiederfindet (vgl. „Die zwei Gesellen“), zu lesen.
- Typisch romantisch sind auch die Naturauffassung sowie der Zusammenhang von innerem Erleben und äußerer Natur, der sich hier im Lied spiegelt und vielfach auch bei anderen Autoren zu finden ist, etwa bei Eichendorff im „Marmorbild“.
- Fazit: Die epochenspezifischen Themen und Motive weisen Eichendorffs Geschichte als paradigmatischen Text der Romantik aus, der vielfältig der romantischen Poetik folgt und sich von Texten der Aufklärung ebenso abhebt wie von Texten spätererer Epochen wie dem Realismus oder der Moderne.

Teilaufgabe 3 | AFB II und III |

Hier sollen Sie zeigen, dass Sie Ihre Kenntnisse zur Literatur der Romantik und die Ergebnisse der anderen Teilaufgaben fundiert zu literaturwissenschaftlichen Thesen in Beziehung setzen und eine eigenständige Position begründet formulieren können.

- Eigenständige Zusammenfassung der Aussagen Safranskis, der sich auf Max Weber bezieht: Das romantische Unbehagen an der Normalität sei ein Unbehagen an der

Rationalisierung der Welt. Aufnahme der Fragestellung: Inwiefern ist die romantische Literatur als Gegenentwurf zu lesen?

- Anknüpfungspunkte aus dem Taugenichts-Auszug:
  Der Vater arbeitet bereits am frühen Morgen fleißig, während der Protagonist ein Müßiggänger ist und vom Vater als „Taugenichts" beschimpft wird. Das Erwerbsstreben steht hier im Kontrast zur Haltung des Taugenichts, der eine „heimliche Freude" dabei empfindet, als er seine „Kameraden [...] wie gestern und vorgestern und immerdar, zur Arbeit hinausziehen, graben und pflügen" (Z. 38ff.) sieht, während er „so in die freie Welt" (Z. 42f.) hinausstreicht. Am „Taugenichts" zeigt sich in dieser Szene das „Unbehagen an der Normalität": die Abwertung des Nützlichkeitsdenkens, die Aufwertung des ziellosen Wanderns. Dem sorgenvollen Philister, dem die Kritik der Romantiker gilt, wird der begeisterungsfähige, musikalische, (nahezu) besitzlose Wanderer entgegengestellt. Gemäß der romantischen Ideenwelt wird das Prosaische abgelehnt, das Poetische erhöht.
- „Dem Gemeinen einen hohen Sinn, dem Gewöhnlichen ein geheimnisvolles Ansehen" zu geben, bedeutet nach Novalis die Romantisierung. Dieses Romantisieren lässt sich als Gegenentwurf zu einer Realität lesen, die sozial, politisch sowie ökonomisch als krisenhaft erfahren wird (hist. Hintergrund).
- die Hinwendung zur Phantastik, zur Religion, zum Traum und zur Nachtseite als Reaktion gegen die „Entzauberung" der Welt durch die Aufklärung
- Safranski attestiert den Romantikern eine Vorwegnahme von Reflexionen der Moderne. Das romantische „Unbehagen an der Normalität" spiegelt sich auch in modernen Texten wider. So kann man dieses Unbehagen als zentralen Aspekt in vielen Texten Kafkas erkennen. Seine Hauptfiguren sind Außenseiter, sie leiden an den Zuständen einer Welt, die von anderen als Normalität begriffen wird. Den Protagonisten widerfährt Unerklärliches, z.B. in der „Verwandlung", sie selbst zeigen vielfach eine eigentümliche Weltsicht. Besonders eindringlich schildert später Alfred Döblin in „Berlin Alexanderplatz" das Scheitern seiner Figur Biberkopf an der Normalität der modernen Großstadt. In ihrer Unbestimmtheit und Orientierungslosigkeit unterscheiden sich die modernen Texte freilich deutlich von den romantischen.
- Kritisch anzumerken wäre, dass die Hinwendung zum Mittelalter, die Variationen der Sehnsuchts- und Wandermotivik, die Auseinandersetzung mit dem Phantastischen etwa bei Novalis, Eichendorff, Hoffmann oder Chamisso als Gegenentwürfe ohne realistische politische oder sozio-ökonomische Verbesserungsaspekte zu verstehen sind. Abgesehen von den Bemühungen um die Sprache und die Idee der Nation zeigen sich eher eskapistische Tendenzen, der romantische Gegenentwurf wird zur Flucht aus der Welt.
- Fazit: Vielfältige literarische Texte lassen sich als Beleg der These anführen; die programmatischen Texte fordern das Poetische ein und kritisieren die zum puren Nützlichkeitsdenken verblasste Rationalität der Aufklärung, doch auch der romantische Entwurf ist in seinen unterschiedlichen Ausprägungen der Kritik zu unterziehen.

Rahmenthema 2: Drama und Kommunikation

Samuel Beckett: Endspiel (1956)

grundlegendes Anforderungsniveau

Aufgabenarten: Textanalyse / Textinterpretation

Aufgabenstellung

1. Analysieren und interpretieren Sie den vorliegenden Auszug aus Samuel Becketts Theaterstück Endspiel (1956).

2. Überprüfen Sie, insbesondere hinsichtlich der Kommunikationsstruktur, inwiefern Becketts Stück einer der beiden von Volker Klotz aufgestellten Kategorien der „geschlossenen" bzw. der „offenen" Dramenform zuzuordnen ist. Ziehen Sie dafür als Vergleichspunkte auch andere Ihnen bekannte Dramenexte mit hinzu.

Materialgrundlage

Samuel Beckett: Endspiel / Fin de partie / Endgame. Suhrkamp: Frankfurt am Main (1974), S. 7–18

Endspiel. *Samuel Beckett*

Innenraum ohne Möbel.

Trübes Licht.

An der rechten und linken Wand im Hintergrund je ein hoch angebrachtes Fensterchen mit geschlossenen Vorhängen.

Vorne rechts Tür. In der Nähe der Tür hängt ein umgedrehtes Gemälde an der Wand.

Vorne links stehen zwei mit einem alten Bettuch verhüllte Mülleimer nebeneinander.

[...] CLOV *mit starrem Blick und tonloser Stimme:* ... Ende, es ist zu Ende, es geht zu Ende, es geht vielleicht zu Ende. *Pause.* Ein Körnchen kommt zum anderen, eins nach dem anderen, und eines Tages, plötzlich, ist es ein Haufen, ein kleiner Haufen, der unmögliche Haufen. *Pause.* Man kann mich nicht mehr strafen. *Pause.* Ich gehe in meine Küche, drei Meter mal drei Meter mal drei Meter, warten, bis er mir pfeift. *Pause.* Es sind hübsche Dimensionen, ich werde mich an den Tisch lehnen, ich werde die Wand betrachten und warten, bis er mir pfeift.

Er verharrt einen Augenblick regungslos. Dann geht er hinaus, kommt alsbald wieder, holt die Leiter und trägt sie hinaus. Pause. [...]

HAMM: ... Ah! ... *Er gähnt* ... Ich bin dran. *Pause.* Jetzt spiele ich! *Er hält das Taschentuch mit ausgestreckten Armen ausgebreitet vor sich.* Altes Linnen! *Er nimmt seine Brille ab, wischt seine Augen, das Gesicht, putzt die Brille, setzt sie wieder auf, faltet sorgsam das Taschentuch und steckt es bedächtig in die obere Tasche seines Morgenrocks. Er hustet sich frei und legt die Fingerspitzen aneinander.* Kann es überhaupt ... *er gähnt* ... ein Elend geben, das ... erhabener ist als meines? Wahrscheinlich. Früher. Aber heute? *Pause.* Mein Vater? *Pause.* Meine

Mutter? *Pause.* Mein … Hund? *Pause.* Oh, ich kann mir wohl denken, daß sie soviel leiden, wie solche Wesen leiden können. Soll das aber heißen, daß unsere Leiden gleichwertig sind? Wahrscheinlich. *Pause.* Nein, alles ist … *er gähnt* … absolut, stolz je größer man ist, um so voller ist man. *Pause.* Trübsinnig. Und um so leerer! *Er schnauft.* Clov! *Pause.* Nein, ich bin allein. *Pause.* Welche Träume! … Diese Wälder! *Pause.* Schluß damit, es wird Zeit, daß es endet, auch in dem Unterschlupf. *Pause.* Und doch zögere ich, ich zögere noch zu … zu enden. Ja, das ist es, es wird Zeit, daß es endet, und doch zögere ich noch zu … *er gähnt* … enden. *Er gähnt.* Oh je, oh je, was hab ich bloß, ich sollte mich lieber schlafen legen. *Er pfeift einmal kurz. Clov kommt sofort herein. Er bleibt neben dem Sessel stehen.* Du verpestest die Luft! *Pause.* Mach mich fertig, ich will mich schlafen legen.

CLOV: Ich habe dich gerade aufstehen lassen.

HAMM: Na und?

CLOV: Ich kann dich nicht alle fünf Minuten aufstehen lassen und wieder schlafen legen, ich habe zu tun.

Pause

HAMM: Hast du je meine Augen gesehen?

CLOV: Nein.

HAMM: Hat dich niemals verlangt, während ich schlief, meine Brille abzunehmen und meine Augen zu betrachten?

CLOV: Indem ich die Lider hochzöge? *Pause.* Nein.

HAMM: Eines Tages werde ich sie dir zeigen. *Pause.* Sie sollen ganz weiß geworden sein. *Pause.* Wieviel Uhr ist es?

CLOV: Soviel wie gewöhnlich.

HAMM: Hast du nachgeschaut?

CLOV: Ja.

HAMM: Und?

CLOV: Nichts.

HAMM: Es müßte regnen.

CLOV: Es wird nicht regnen.

Pause

HAMM: Und sonst, wie geht's?

CLOV: Ich beklage mich nicht.

HAMM: Fühlst du dich in deinem normalen Zustand?

CLOV *gereizt:* Ich sagte doch, daß ich mich nicht beklage.

HAMM: Ich fühle mich etwas komisch. *Pause.* Clov.

CLOV: Ja.

HAMM: Hast du es nicht satt?

CLOV: Doch *Pause.* Was denn?

HAMM: Dieses … alles.

CLOV: Seit jeher schon. *Pause.* Du nicht?

HAMM *trübsinnig:* Es gibt also keinen Grund dafür, daß sich etwas ändert.

CLOV: Es kann zu Ende gehen. *Pause.* Das ganze Leben dieselben Fragen, dieselben Antworten.

HAMM: Mach mich fertig. *Clov rührt sich nicht. Pause.* Hol das Tuch. *Pause.* Clov!

CLOV: Ja.

HAMM: Ich werde dir nichts mehr zu essen geben.

CLOV: Dann werden wir sterben.

HAMM: Ich werde dir gerade soviel geben, daß du nicht sterben kannst. Du wirst die ganze Zeit Hunger haben.

CLOV: Dann werden wir nicht sterben. *Pause.* Ich hole das Tuch. *Er geht zur Tür.*

HAMM: Nicht der Mühe wert. *Clov bleibt stehen.* Ich werde dir einen Zwieback pro Tag geben. *Pause.* Anderthalb Zwieback. *Pause.* Warum bleibst du bei mir?

CLOV: Warum behältst du mich?

HAMM: Es gibt sonst niemand.

CLOV: Es gibt sonst keine Stelle.

Pause […]

Beispiellösung

Beispiellösung Teilaufgabe 1

Im vorliegenden Auszug aus Samuel Becketts Theaterstück „Endspiel" aus dem Jahr 1956 werden die beiden Figuren Clov und Hamm eingeführt und der Rezipient erfährt etwas über deren Beziehung zueinander.

In einem befremdlich anmutenden Zimmer, in dem sich zwar keine Möbel befinden, dafür aber ein umgekehrtes Bild an der Wand hängt und zwei mit Betttüchern bedeckte Mülleimer stehen, tritt zunächst Clov in Erscheinung und spricht davon, dass etwas zu Ende gehe, womit möglicherweise bereits auf den Titel des Dramas angespielt wird. Doch schon seine erste Aussage relativiert er beim Sprechen dahingehend, dass er zunächst sagt, etwas sei bereits zu Ende, dann feststellt, etwas gehe zu Ende und abschließend einschränkt, dass etwas „vielleicht" (Z. 13 f.) zu Ende gehe. Dadurch wird sprachlich ein Gefühl der Verunsicherung erzeugt, das zuvor beim Rezipienten sicherlich auch schon durch die Unbestimmtheit des ungewöhnlichen Bühnenbilds hervorgerufen wurde.

Clov weist darauf hin, dass er nun in die Küche gehe und darauf warte, dass „er [ihm] pfeift" (Z. 22), woraus sich schlussfolgern lässt, dass Clov offenbar bei jemandem angestellt ist, auf dessen Anweisungen er nun wartet. Während Clov eine Leiter hinaus trägt, erwacht Hamm und kommentiert sein Erwachen mit den Worten, dass nun er dran sei und jetzt spiele. Diese Worte verweisen zum einen erneut auf den Titel des Dramas, können zum anderen aber auch als direkter Kommentar des Schauspielers verstanden werden, der nun beginnt zu spielen. In diesem Falle würden die Worte die Illusion einer realistischen Dramenhandlung durchbrechen.

Hamm spricht von seinem Elend und Leiden und fragt sich, ob sein Leid größer sei als das anderer, wobei unklar bleibt, worin sein Leid eigentlich besteht. Auch Hamm spricht nun davon, dass etwas enden solle, er jedoch noch zögere, es auch enden zu lassen. Worin der eigentliche Inhalt des Stücks besteht, lässt sich zu diesem Zeitpunkt noch nicht bestimmen, da die Figuren zwar durchaus über sich sprechen, es für den Rezipienten aber kaum möglich sein dürfte, ihren Worten auch tatsächlich Sinn zuzuschreiben. Schließlich pfeift Hamm nach Clov, wodurch nun zumindest deren Verhältnis zueinander klar wird – offenbar ist Clov bei Hamm als Bediensteter angestellt. Doch kaum ist Clov erschienen,

Hinweise

Einleitungssatz: Angabe des Autors, der Textsorte, des Veröffentlichungsjahres sowie Angabe des zentralen Inhalts

Wiedergabe des Inhalts in textchronologischer Abfolge

Wiedergabe des Inhalts im Präsens

Wiedergabe wörtlicher Rede im Konjunktiv I

beschimpft ihn Hamm und fordert ihn auf, wieder zu gehen, damit er sich schlafen legen könne. Insbesondere in Anbetracht der Tatsache, dass er gerade erst aufgewacht ist, erscheint dieser Wunsch ausgesprochen absurd. Nicht weniger absurd ist allerdings Clovs Aussage, dass er Hamm gerade erst habe aufwachen lassen und er ihn nicht ständig einschlafen und aufwachen lasse könne - dadurch erscheint Hamm wie eine Marionette Clovs.

Das nun zwischen den beiden sich entwickelnde Gespräch lässt den Schluss zu, dass Hamm blind sein könnte („[Meine Augen] sollen ganz weiß geworden sein", Z. 84) und er deshalb auf Clovs Hilfe angewiesen ist. Doch während hier ein relevantes Detail der Beziehung der beiden deutlich wird, zeichnet sich das folgenden Gespräch schon bald wieder durch seine relative Zusammenhangslosigkeit aus: Erst sprechen die beiden über die Uhrzeit, ohne dass diese auch tatsächlich genannt wird, dann über das Wetter und das Befinden der beiden, erneut jedoch ohne dass es für die Rezipienten nennenswerte Informationen gäbe. Dies resultiert zum einen aus der relativen Belanglosigkeit der Kommunikationsthemen, zum anderen aber auch aus der Tatsache, dass Clov und Hamm kaum auf die Redebeiträge des anderen eingehen. Relevanz scheint ihr Gespräch in der Frage Hamms „Hast Du es nicht satt?" (Z. 103) zu gewinnen, die Clov sofort bejaht, um anschließend nachzufragen, wovon er überhaupt spreche. Obgleich es in der Folge zu einer Klärung dieser Frage kommt - „Dieses ... alles" (Z. 105) - bleibt die Kommunikation zwischen den beiden Figuren jedoch über weite Strecken befremdlich und nur wenig konkret.

Interpretation relevanter Textpassagen unter Angabe von ZItaten

Clovs und Hamms eigentliches Verhältnis zueinander wird nun in den folgenden Gesprächsbeiträgen deutlicher, obgleich es nach wie vor absurd erscheint. Hamm droht Clov damit, ihm nichts mehr zu essen zu geben, woraus sich schlussfolgern lässt, dass offenbar nur Hamm Zugang zu Nahrung hat. Clovs Replik, dass dann aber beide sterben müssten, zeigt wiederum die Abhängigkeit Hamms von Clov und unterstützt die Annahme, dass Hamm ohne Clov völlig hilflos ist. Dass beide anscheinend dazu verdammt sind, miteinander zu leben, obwohl sie sich augenscheinlich nicht verstehen, wird in den letzten Sätzen des Ausschnitts deutlich. Clov kann Hamm nicht verlassen, weil es sonst keine weiteren Stellen für ihn gibt. Hamm kann Clov nicht gehen lassen, weil es sonst niemanden gibt, der sich um ihn kümmern könnte. Fast scheint es, als seien die beiden die einzigen Menschen in der

zusammenfassendes Fazit

ansonsten menschenleeren, kargen und trostlosen Umgebung. Das Verhältnis der beiden lässt sich als eine Mischung aus Verachtung und gegenseitiger Abhängigkeit beschreiben - ein Verhältnis, das auch in der Kommunikationsstruktur deutlich wird.

Beispiellösung Teilaufgabe 2

Anhand der von Volker Klotz aufgestellten Unterscheidung zwischen der geschlossenen und der offenen Form des Dramas lassen sich Dramentexte hinsichtlich ihres allgemeinen Aufbaus, der Kommunikationsstruktur innerhalb der Dialoge und der Figurengestaltung kategorisieren. Im Hinblick auf den vorliegenden Ausschnitt aus Becketts Theaterstück „Endspiel" stellt sich nun die Frage, inwiefern es sich dabei um ein Drama der offenen bzw. der geschlossenen Form handelt.

Ein zentrales Merkmal des Dramas der geschlossenen Form ist nach Klotz das Einhalten der sogenannten „drei Aristotelischen Einheiten", d.h. der Einheit von Zeit, Ort und Handlung. Soweit sich dies aus dem vorliegenden Ausschnitt ablesen lässt, scheint Becketts Stück zumindest den ersten beiden dieser Einheiten zu folgen: Das Geschehen findet an einem Ort und in einer klaren, sich entwickelnden chronologischen Abfolge statt. Inwiefern die Einheit der Handlung eingehalten wird, ist schwieriger festzustellen, da sich bislang kaum gesicherte Aussagen über den eigentlichen Gegenstand derselben machen lassen.

Vergleicht man den Ausschnitt aus Becketts Theaterstück jedoch mit einem Drama der geschlossenen Form, wie etwa Schillers „Maria Stuart", so werden mehr Unterschiede als Gemeinsamkeiten deutlich. Insbesondere die Gestaltung des Dialogs ist dabei von zentraler Bedeutung - so sprechen die Figuren in Schillers Drama nicht nur in Blankversen, sondern sie gehen darüber hinaus vor allem auch direkt auf die Redebeiträge der anderen Figuren ein, wodurch der Dialog jeweils auf ein klares Ziel hin zuläuft. Dabei ist das - oftmals mit einer Vielzahl von rhetorischen Figuren versehene - Rededuell, die sogenannte „Stichomythie", ein Merkmal des Dramas der geschlossenen Form. In Becketts Stück hingegen scheint der Dialog nicht auf ein bestimmtes Ziel hin zuzulaufen, sondern vielmehr zwischen unterschiedlichen Themen und Inhalten zu springen, ohne dass Clov und Hamm intensiv auf die Redebeiträge des jeweils anderen eingehen, um dadurch das Gespräch zu entwickeln. Darin ähnelt Becketts

Hinweise

kurze Darstellung der zu überprüfenden Kategorien

Überprüfung der ersten Kategorie

Überprüfung der zweiten Kategorie anhand Verweisen auf den zu überprüfenden Text sowie auf Vergleichstexte

Herausstellen der zentralen zu untersuchenden Kategorie

Stück viel eher Büchners „Woyzeck", in dem die Unfähigkeit der Figuren, miteinander zu kommunizieren, Ausdruck einer Gesellschaft ist, die dem Individuum - insbesondere der geschundenen Einzelnen, repräsentiert durch die Titelfigur Woyzeck - feindlich gegenübersteht. Dies scheint auch auf Becketts Stück zuzutreffen: Die absurd-leere Umgebung, in der das Stück spielt, ebenso wie die durch klare Abneigung bei gleichzeitiger gegenseitiger Abhängigkeit geprägte Beziehung von Clov und Hamm schafft eine unwirkliche und feindliche Atmosphäre, die durch die Unmöglichkeit der erfolgreichen Kommunikation zwischen den Protagonisten noch verstärkt wird.

Somit lässt sich - vor allem anhand der Kommunikationsstrukturen - feststellen, dass Becketts Stück im Sinne Volker Klotzs ein Drama der offenen Form ist, da eine geordnete, erfolgreiche Kommunikation zwischen den Figuren kaum stattfindet - darin ist die Sprache jedoch ein Symptom einer deutlich gestörten Beziehung zwischen den Akteuren.

abwägendes Fazit und Einordnung des vorliegenden Textauszugs in eine der beiden Kategorien

Rahmenthema 3: Literatur und Sprache um 1900 – neue Ausdrucksformen der Epik

Alfred Döblin: Berlin Alexanderplatz

grundlegendes Anforderungsniveau

Aufgabenarten: Textanalyse / Erörterung

Aufgabenstellung

1. Interpretieren Sie den vorliegenden Romananfang.

2. Vergleichen Sie den vorliegenden Romanauszug mit einem Ihnen bekannten Prosatext des 19. Jahrhunderts und überprüfen Sie vor dem Epochenhintergrund, ob und ggf. inwiefern in Döblins Text eine Erneuerung der Erzählweise vorliegt.

Materialgrundlage

Alfred Döblin: Berlin Alexanderplatz. Die Geschichte vom Franz Biberkopf. Aus: Ders., Ausgewählte Werke in Einzelbänden, Berlin Alexanderplatz. Hrsg. v. W. Stauffacher, Walter-Verlag: Zürich, Düsseldorf 1996, S. 15 f.

Berlin Alexanderplatz *Alfred Döblin (1878–1957)*

Mit der 41[1] in die Stadt

Er[2] stand vor dem Tor des Tegeler Gefängnisses und war frei. Gestern hatte er noch hinten auf den Äckern Kartoffeln geharkt mit den andern, in Sträflingskleidung, jetzt ging er im gelben Sommermantel, sie harkten hinten, er war frei. Er ließ Elektrische auf Elektrische vorbeifahren, drückte den Rücken an die rote Mauer und ging nicht. Der Aufseher am Tor spazierte einige Male an ihm vorbei, zeigte ihm seine Bahn, er ging nicht. Der schreckliche Augenblick war gekommen (schrecklich, Franze, warum schrecklich?), die vier Jahre waren um. Die schwarzen eisernen Torflügel, die er seit einem Jahre mit wachsendem Widerwillen betrachtet hatte (Widerwillen, warum Widerwillen), waren hinter ihm geschlossen. Man setzte ihn wieder aus. Drin saßen die andern, tischlerten, lackierten, sortierten, klebten, hatten noch zwei Jahre, fünf Jahre. Er stand an der Haltestelle.

Die Strafe beginnt.

Er schüttelte sich, schluckte. Er trat sich auf den Fuß. Dann nahm er einen Anlauf und saß in der Elektrischen. Mitten unter den Leuten. Los. Das war zuerst, als wenn man beim Zahnarzt sitzt, der eine Wurzel mit der Zange gepackt hat und zieht, der Schmerz wächst, der Kopf will platzen. Er drehte den Kopf zurück nach der roten Mauer, aber die Elektrische sauste mit ihm auf den Schienen weg, dann stand nur noch sein Kopf in der Richtung des Gefängnisses. Der Wagen machte eine Biegung, Bäume, Häuser traten dazwischen. Lebhafte Straßen tauchten auf, die Seestraße, Leute stiegen ein und aus. In ihm schrie es entsetzt: Achtung, Achtung, es geht los. Seine Nasenspitze vereiste, über seine Backe schwirrte es. „Zwölf-Uhr-Mittagszeitung“, „BZ“, „Die neue Illustrierte", „Die Funkstunde neu", „Noch jemand zugestiegen?" Die Schupos haben jetzt blaue Uniformen. Er stieg unbeachtet wieder aus dem Wagen, war unter Menschen. Was war denn? Nichts. Haltung, ausgehungertes Schwein, reiß dich zusammen, kriegst meine Faust zu riechen. Gewimmel, welch Gewimmel. Wie sich das bewegte. Mein Brägen[3] hat wohl kein Schmalz mehr, der ist wohl ganz ausgetrocknet. Was war das alles. Schuhgeschäfte, Hutgeschäfte, Glühlampen, Destillen. Die Menschen müssen doch Schuhe haben, wenn sie so viel rumlaufen, wir hatten ja auch eine Schusterei, wollen das mal festhalten. Hundert blanke Scheiben, laß die doch blitzern, die werden dir doch nicht bange machen, kannst sie ja kaputt schlagen, was ist denn mit die, sind eben blankgeputzt. Man riß das Pflaster am Rosenthaler Platz auf, er ging zwischen den andern auf Holzbohlen. Man mischt sich unter die andern, da vergeht alles, dann merkst du nichts, Kerl. Figuren standen in den Schaufenstern in Anzügen, Mänteln, mit Röcken, mit Strümpfen und Schuhen. Draußen bewegte sich alles, aber – dahinter – war nichts! Es – lebte – nicht! Es hatte fröhliche Gesichter, es lachte, wartete auf der Schutzinsel gegenüber Aschinger zu zweit oder zu dritt, rauchte Zigaretten, blätterte in Zeitungen. So stand das da wie die Laternen – und – wurde immer starrer. Sie gehörten zusammen mit den Häusern, alles weiß, alles Holz.

Schreck fuhr in ihn, als er die Rosenthaler Straße herunterging und in einer kleinen Kneipe ein Mann und eine Frau dicht am Fenster saßen: Die gossen sich Bier aus Seideln in den Hals, ja was war dabei, sie tranken eben, sie hatten Gabeln und stachen sich damit Fleischstücke in den Mund, dann zogen sie die Gabeln wieder heraus und bluteten nicht. Oh, krampfte sich sein Leib zusammen, ich kriege es nicht weg, wo soll ich hin? Es antwortete: Die Strafe.

Er konnte nicht zurück, er war mit der Elektrischen so weit hierher gefahren, er war aus dem Gefängnis entlassen und mußte hier hinein, noch tiefer hinein.

Das weiß ich, seufzte er in sich, daß ich hier rin muß und daß ich aus dem Gefängnis entlassen bin. Sie mußten mich ja entlassen, die Strafe war um, hat seine Ordnung, der Bürokrat tut seine Pflicht. Ich geh auch rin, aber ich möchte nicht, mein Gott, ich kann nicht.

Er wanderte die Rosenthaler Straße am Warenhaus Tietz vorbei, nach rechts bog er ein in die schmale Sophienstraße. Er dachte, diese Straße ist dunkler, wo es dunkel ist, wird es besser sein. Die Gefangenen werden in Einzelhaft, Zellenhaft und Gemeinschaftshaft untergebracht. Bei Einzelhaft wird der Gefangene bei Tag und Nacht unausgesetzt von andern Gefangenen gesondert gehalten. Bei Zellenhaft wird der Gefangene in einer Zelle untergebracht, jedoch bei Bewegung im Freien, beim Unterricht, Gottesdienst mit andern zusammengebracht. Die Wagen tobten und klingelten weiter, es rann Häuserfront neben Häuserfront ohne Aufhören hin. Und Dächer waren auf den Häusern, die schwebten auf den Häusern, seine Augen irrten nach oben: Wenn die Dächer nur nicht abrutschten, aber die Häuser standen grade. Wo soll ick armer Deibel[4] hin, er latschte an der Häuserwand lang, es nahm kein Ende damit. [...]

Anmerkungen

1 41: Straßenbahnlinie in Berlin
2 Er: Franz Biberkopf, ehemaliger Transportarbeiter, Totschläger, nach 4 Jahren Haft entlassen
3 Brägen: umgangssprachlich/derb für Hirn, Verstand
4 Deibel, Deiwel: umgangssprachlich für Teufel

Was wird bei dieser Aufgabenstellung von Ihnen erwartet?

Anhand dieser Aufgabenstellung sollen Sie zeigen, dass Sie:
- einen interpretierenden Text angemessen strukturieren und zielgerichtet formulieren können;
- erzählerische Aspekte unter Verwendung der Fachsprache analysieren und im Kontext deuten können;
- auf der Basis des eigenständigen literaturhistorischen Wissens einen Vergleich aufbauen und durchführen können, indem Sie die traditionelle Erzählweise von der modernen abgrenzen;
- epochespezifische Merkmale analysieren und im historischen Kontext erläutern können.

Beispiellösung

Beispiellösung Teilaufgabe 1

„Er stand vor dem Tor des Tegeler Gefängnisses und war frei" (Z. 1f.). So beginnt Alfred Döblin seinen 1929 erschienenen Roman „Berlin Alexanderplatz". Der Einstieg zeigt den entlassenen Totschläger Franz Biberkopf, der nach der Haft vor dem Gefängnis steht und den Schritt in die Freiheit wagen soll, was ihn zu überfordern scheint. Nur mit Mühe findet der Protagonist den Weg in die Straßenbahn und irrt schließlich überwältigt von den Eindrücken der Großstadt durch die Straßen Berlins. Döblin stellt die Handlungen seines Helden im Romaneinstieg inhaltlich wie formal in besonderer Weise dar. Diese Darstellungsweise soll hier interpretiert werden.

Nach der Haftentlassung harrt Biberkopf aus und will zunächst nicht in die Straßenbahn einsteigen. Nachdem er sich überwunden hat, erlebt er die Straßenbahnfahrt als bedrohliche Fülle wechselnder Eindrücke, er muss sich vom Gefängnis lösen, das außer Sicht gerät. In ihm schreit es auf: „Achtung, Achtung, es geht los." (Z. 39f.) Entsetzt steigt Biberkopf aus und erlebt sich unter Menschen, die er als Gewimmel wahrnimmt. Sein Entsetzen, sein psychisches Empfinden wird zur übersteigerten physischen Erfahrung: „Seine Nasenspitze vereiste" (Z. 40f.), „der Schmerz wächst, der Kopf will platzen" (Z. 30f.).

Hinweise

Motivierender Einstiegssatz mit Zitat; Nennung von Titel, Autor, Erscheinungsjahr, prägnanter Textüberblick und Darstellung des Vorhabens.

Absatz verdeutlicht die Gliederung

Linearer Ansatz, inhaltliche Darlegung, Zitate zur Fundierung der Aussagen

Obschon als Gewimmel wahrgenommen, erkennt Biberkopf eine Leblosigkeit der Menschen, seine Verzweiflung wächst. Ziellos geht er durch die Großstadt, beschimpft und bedroht sich selbst, sucht schließlich Zuflucht in der Dunkelheit, doch auch dies bringt keine Entlastung, der „arme[] Deibel" (Z. 123) weiß nicht wohin, die bedrohliche Situation nimmt „kein Ende" (Z. 124 f.).

Zeilenangaben belegen die Aussagen.

Die Leser lernen Franz Biberkopf zu Anfang des Romans als zutiefst zerrissene, hilf- und orientierungslose Person kennen. Selbstverachtung und aggressive Versuche der Selbstdisziplinierung werden deutlich, wenn Biberkopf sich als „ausgehungertes Schwein" (Z. 48) beschimpft und sich droht: „kriegst meine Faust zu riechen" (Z. 49 f.). Hervorgehoben wird die Zerrissenheit der Figur durch ein Paradoxon, das die gesamte Anfangspassage dominiert: Das Ende der Haft, der Moment der Freiheit wird umgewertet. Die Freiheit wird zur Bedrohung. Im Moment der Haftentlassung stellt Biberkopf fest: „Die Strafe beginnt" (Z. 23).

Benennen der zentralen Auffälligkeit / Analyse der Figurenkonzeption

Die Wirkung der Figurenkonzeption auf die Leser wird durch die besondere Erzählweise verstärkt. Der personale Erzählstil ermöglicht eine große Nähe zur Figur, sodass die bedrohlichen Eindrücke der Großstadt, die auf den frisch Entlassenen einprasseln, unmittelbar spürbar werden. Unterschiedliche Darbietungsformen stehen übergangslos nebeneinander: Durch Montagetechnik eingefügte Ausrufe eines Zeitungsjungen und die Frage des Schaffners, ob „[n]och jemand zugestiegen" (vgl Z. 44) sei, lösen den inneren Monolog ab. Bewusstseinsstrom, Figurenrede und Erzählerbericht führen zu einem vielschichtigen Erzählgefüge, das auf die Leser einwirkt. Das Erzählte zersplittert in Sequenzen, die teilweise an einen Film erinnern. Das Stadtleben wirkt authentisch, Biberkopfs Bedrängnis wird für die Leser greifbar und sie sehen, wie der Held am Alltäglichen scheitert, wenn er Essende beobachtet und erstaunt feststellt, „sie hatten Gabeln und stachen sich damit Fleischstücke in den Mund" (Z. 84 ff.), ohne anschließend zu bluten. Biberkopfs drängende Fragen nach einem Ausweg werden nur von einem entpersonalisierten „Es" beantwortet: „Es antwortete: Die Strafe." (Z. 90) Damit wird das grundlegende Paradoxon erneut aufgegriffen: Die Freiheit wird zur Strafe.

Erzählweise – Hinweis auf Modernität: Montagetechnik

Die zitierte Gefängnisordnung (Z. 106 ff.) zeigt einerseits noch einmal exemplarisch das Fehlen eines strukturierenden, ordnenden Erzählers, andererseits die Sehnsucht nach dem sicheren Ort hinter den Gefängnismauern. Doch die Erinne-

Erneute Gewichtung des erzählerischen Grundmusters

rung bringt Biberkopf keine Erlösung, seine Orientierungslosigkeit kommt der Wahnvorstellung nahe, wenn er am Ende des Auszugs angesichts der Stadthäuser nur noch hoffen kann, dass „die Dächer nur nicht abrutschten" (Z. 121).

Fazit

Döblin schickt mit diesem Romananfang die Leser an der Seite eines zutiefst verunsicherten, haltlosen gesellschaftlichen Außenseiters, an der Seite eines Antihelden in die facettenreiche, kaleidoskophaft dargestellte, überwältigende Großstadt.

Beispiellösung Teilaufgabe 2

Hinweise

Zitat mit anschließender These, die Bezug auf die Fragestellung nimmt

„Oh, krampfte sich sein Leib zusammen, ich kriege es nicht weg, wo soll ich hin?" (Z. 88 f.) Verunsichert und orientierungslos ist Döblins Held Biberkopf in die Großstadt entlassen. Sein Scheitern ist idealtypisch für den (Anti-)Helden des modernen Erzählens.

Darstellung des Vergleichsvorhabens, Begründung der Wahl des Vergleichstextes mit dem Verweis auf die Abgrenzbarkeit von traditioneller und moderner Erzählweise

Neben der Figurenkonzeption werden in der Folge noch weitere Aspekte für einen Vergleich herangezogen, der überprüfen soll, inwiefern man mit Blick auf den 1929 erschienenen Roman von einer Erneuerung des Erzählens sprechen kann.
Um das Neue näher in den Blick zu nehmen, bietet sich zunächst die Betrachtung des traditionellen Erzählens an, wie Eichendorff es in seiner Erzählung „Aus dem Leben eines Taugenichts" aus dem Jahre 1826 umgesetzt hat. In frühlingshafter Stimmung verlässt der Taugenichts die väterliche Mühle, um in der Welt sein Glück zu suchen. Obwohl vom Vater zum Weggehen genötigt, freut sich der Taugenichts über die neugewonnene Freiheit angesichts der schönen Natur, die er durchwandert. Die Menschen auf den Äckern und der fleißige Vater stellen das Gegenbild des Helden dar. Die in den Alltag eingebundenen Menschen handeln mit Blick auf den Nutzen, ökonomisch orientiert. Dieser Typus wurde von den Romantikern als Philister kritisiert. Der Taugenichts hingegen ist der poetische Held, musiziert mit der Geige, preist Gott und dessen Natur in seinen fröhlichen Liedern. Die göttliche Offenbarung zeigt sich in idyllischen Naturbeschreibungen mit Bergen, Tälern und zwitschernden Vögeln. Das innere Empfinden spiegelt sich in der Naturerfahrung und -darstellung. Der Jüngling kann sich reisenden Damen auf ihrer Fahrt nach Wien anschließen, verliebt sich, durchlebt einige Irrungen und Wirrungen und ist am Ende der Erzählung gereift und glücklich.

Knapper inhaltlicher Abriss mit Akzentuierung wesentlicher Merkmale

Beide Hauptfiguren müssen sich – in sehr unterschiedlicher Weise – bewähren. Während der Taugenichts Kraft und

Ermutigung aus der äußeren Welt bezieht, da ihm die Natur als Gottes Schöpfung Halt gibt und in seinem Gottvertrauen bestätigt, leidet Biberkopf an seiner Umgebung. Die Großstadt nimmt er als bedrohliches Gewimmel wahr und dennoch auch als leblos. Eichendorffs Held fühlt sich in der Welt geborgen, Döblins Held fühlt sich der modernen Welt ausgeliefert. Eine typische Erfahrung der Moderne, in der alte Gewissheiten verloren gehen und politisch wie sozial neue Ordnungen entstehen. Ein traditioneller Ich-Erzähler präsentiert bei Eichendorff eine geschlossene Handlung, begleitet berichtend die Leser durch die Erzählung, die konsequent den Erlebnissen des herausgehobenen Individuums folgt.

Kontrast der Figuren hervorgehoben

Vergleich der Darbietungsformen

Die Fülle der Darbietungsformen in Döblins Roman durchbricht dieses traditionelle Erzählverhalten. Montage und assoziativer Bewusstseinsstrom bilden die Hektik der modernen Metropole ab. Den Lesern bietet sich so das Gefühl der Unmittelbarkeit. Sie gewinnen Einblicke in die Psyche der Hauptfigur, die versucht, in der Masse zu bestehen. Auch dies ist eine Erfahrung der Moderne, die sich bei Döblin in der fragmentierten Erzählweise niederschlägt. Der Mensch erfährt sich als Teil der Masse.

Bezug zur (Literatur-) Geschichte

Ob Figurenkonzeption oder Erzählperspektive, Thematik oder Darbietungsweise – jeder Aspekt, den man an Eichendorffs „Taugenichts" und Döblins „Alexanderplatz" heranträgt, verweist auf die grundlegende Differenz der Werke. Erklärbar wird die Differenz der Werke durch die differente Wirklichkeit der jeweiligen Epochen und der daraus resultierenden Reaktionen der Dichter. Die Krisenerfahrung der Romantik führte zum progressiven Rückzug ins Poetische, der Blick richtete sich auf das Volksgut, die Märchen und das Mittelalter mit seiner religiösen Ordnung. Dieser Weg der Dichtung trägt nicht mehr in der Moderne: Die Wahrnehmung der Krise ist umfassender geworden, die Welt brüchiger, und hieraus erwächst die Erneuerung des Erzählens. Dies zeigt Döblins Roman exemplarisch. Vielleicht ist Franz Biberkopf auch ein Taugenichts – aber ein moderner.

Zusammenfassung der Ergebnisse und Schlussbeurteilung

Rückführung zum Einstieg, Abrundung der Argumentation, Verweis auf die Vergleichbarkeit trotz bestehender Differenz

Rahmenthema 3: Literatur und Sprache um 1900 – neue Ausdrucksformen der Epik

Hans Herbert Grimm: Schlump

erhöhtes Anforderungsniveau

Aufgabenarten: Textinterpretation / Textvergleich / Stellungnahme

Aufgabenstellung

1. Analysieren und interpretieren Sie den vorliegenden Romanauszug.

2. Vergleichen Sie auf Basis von M1 und M2 und Ihrer Lektüreerfahrung die Einstellungen zum Krieg, die in den Texten von Grimm, Jünger und Remarque deutlich werden und beurteilen Sie, auch mit Blick auf Werte der Aufklärung, ob es für heutige Schüler sinnvoll ist, sich mit den Texten Jüngers zu befassen.

Materialgrundlage

- Hans Herbert Grimm: Schlump. Geschichten und Abenteuer aus dem Leben des unbekannten Musketiers Emil Schulz, genannt „Schlump". Von ihm selbst erzählt. Köln: Kiepenheuer & Witsch 2014, S. 158–160
- Ernst Jünger: Kriegstagebuch 1914–1918. Hrsg. v. Helmuth Kiesel. Stuttgart: Klett-Cotta 2010, S. 48

M1 Schlump (1928) *Hans Herbert Grimm (1896–1950)*

Zur Einführung: *Schlump dient als junger, kriegsfreiwilliger Frontsoldat im Schützengraben an der Westfront des 1. Weltkrieges. Im Vorfeld des vorliegenden Handlungsausschnitts hat Schlump mit einem vermeintlich stärkeren, missgünstigen und streitsüchtigen Kameraden gerungen und sich durch seinen Sieg Respekt verschafft.*

Text in alter Rechtschreibung

Schlump war gar nicht stolz auf seinen Sieg. Er lag auf den Brettern und dachte darüber nach. Ihm war es unbehaglich zumute, so als hätte er sich irgendwie besudelt, als hätte er etwas Unehrenhaftes begangen. Und er dachte an den ganzen gestrigen Tag. Am Nachmittag wollte er Brot stehlen, ja sogar mir Gewalt rauben, und in der Nacht prügelte er sich mit seinem Kameraden. Soweit war es mit ihm gekommen, so geht es los, wenn man herunterkommt. Und da fiel ihm ein, was damals der Trainwachtmeister in Loffrande gesagt hatte, kurz ehe er abrückte: „Im Schützengraben sind doch bloß die Dummen oder solche, die irgendetwas ausgefressen haben." Sollte er recht haben? Aber irgendetwas Wahres mußte doch daran sein, denn so wie der werden manche denken. Vielleicht denken sie alle so? Bloß wir merken es nicht, wir, die armen Frontschweine? Ja, das stimmt, ja, so ist es auch. Wir werden ja von allen mit einer Verachtung behandelt, die ein Blinder merken muß. Gestern die zwei Bumber auf dem Brotwagen, mit welcher Verachtung haben denn die einen ausgelacht! Zwei dreckige Infanteristen, die Brot betteln! Und der Vizefeldwebel, für den sie neulich das Holz gehackt hatten, um eine Scheibe Brot zu kriegen. Der muß doch das Brot im Überfluß haben! „Die armen Schweine“, wird er gedacht haben. Und dabei waren es schwere Stollenhölzer, die sie zerhackt hatten, für eine Scheibe Brot. Und sie durften sich nicht einmal erwischen lassen, denn der Leutnant hatte es verboten. Außerdem schossen die Tommies immer dazwischen und streuten die ganze Gegend mit ihren Schrappnells ab! Für eine Scheibe Brot! Und damals, als sie in Ruhe lagen, als die erste Kompagnie aus der Stellung kam – die armen Kerle sahen entsetzlich aus, aschfahl im Gesicht, mit eingefallenen, matten Augen und hohlen Backen, mit dreckigem weißen Kalk in den Bartstoppeln, ausgemergelt, in gebückter Haltung, abgekämpft bis aufs letzte, dreckig, furchtbar dreckig, verlaust und blutig, und nur noch zwanzig Mann von den sechzig, die in Stellung gegangen waren – ja, also die standen vor den Quartieren, und der fette Feldwebel kam, der die ganzen zwölf Nächte in der Kantine gespielt und gesoffen hatte, dieser Feldwebel, Kompagniemutter, kam und schnauzte sie an, wie die Verbrecher. War das nicht Verachtung? Und wenn man im Schützengraben manchmal beim Leutnant vorbeikommt, da strömt ein Geruch heraus, ein Geruch nach Gebratenem und Geschmortem! Hast du schon einmal gesehen, daß ein Offizier mit dir aus einem Kessel frißt? Nein, niemals, genau so, wie man niemals mit einem Hund aus einem Napfe fressen will! Also so war es wirklich, es ist also wahr, was der Trainfritze gesagt hat, wer ein bißchen auf sich hält, der kommt nicht in den Schützengraben. Schlump redete sich immer mehr hinein in diese Erbitterung, er sah plötzlich alles mit anderen Augen an. Er regte sich auf und war zum ersten Male in seinem Leben unglücklich. Es war ihm, als sei er aus einem tiefen Schlaf erwacht, er dachte zum ersten Male in seinem Leben nach über sich und die Welt. Er hatte einen Augenblick lang seine goldene, kindliche Harmlosigkeit verloren. Aber es hielt nicht lange an.

M2 **Kriegstagebuch (1914–1918)** *Ernst Jünger (1895–1998)*

Text in alter Rechtschreibung

8.x.15.

Gestern wollte Leutnant Eiwald von dem Schützenstand, den ich immer benutze, den feindlichen Sappenkopf[1] fotografieren. Als er sich grade umdrehte, um herunterzusteigen, traf ihn ein Querschläger in den Hinterkopf und riß eine furchtbare Wunde. Er starb in wenigen Augenblicken. Als ich heut vormittag zum Stand ging, lagen noch Stücke von der Schädeldecke dort. Ein großes Stück war ganz weiß ohne Haare und Hirn, nur etliche kleine Äderchen waren zu sehen. Ein Mann hob es auf und meinte, daß es aussähe wie ein Stück Käse. Die Gleichgültigkeit dem Tode gegenüber ist klotzig, kaum haben die Sanitäter einen um die nächste Brustwehr geschafft, wird schon wieder gescherzt und gelacht. Am Morgen machten wir uns das Vergnügen, die Engländer nach der Scheibe schießen zu lassen und mit einer Stange die Schüsse anzuzeigen. Ein Mann von der Kompagnie, Freise bekam einen „Salon“[2] durch die Schulter. Beim Kaffeetrinken bedachten uns die Englishmen mit 12 cm Granaten, wir ließen uns aber nicht stören.

Anmerkungen

1 Sappenkopf: Kopf des Annäherungsgrabens
2 Salon: Schussverletzung, i. d. R. im Gesicht, hier Schulterschuss

Was wird bei dieser Aufgabenstellung von Ihnen erwartet?

Anhand dieser Aufgabenstellung sollen Sie zeigen, dass Sie:
- fachsprachliche Begriffe und Methoden der Erzähltextanalyse anwenden können
- formale und sprachliche Besonderheiten eines epischen Textes beschreiben und aspektorientiert erschließen können
- literarische Texte aspektorientiert vergleichen können
- eine Position zu einem literarischen Thema begründet darlegen können

Beispiellösung

Beispiellösung Teilaufgabe 1

„Im Schützengraben sind doch nur die Dummen, oder solche, die irgendetwas ausgefressen haben." (Z. 15ff.) Im vorliegenden Ausschnitt des 1928 erschienenen Romans „Schlump" von Hans Herbert Grimm sind es diese Worte eines anderen, die den Protagonisten zur Reflexion seiner eigenen Position und seiner Einstellung zum Krieg führen. Nach einer körperlichen Auseinandersetzung mit einem missgünstigen Kameraden fühlt sich der Protagonist Schlump nicht wohl in seiner Haut und denkt zunächst über die Auswirkungen des Krieges auf seine Persönlichkeit, zunehmend jedoch generell über das Verhalten von Vorgesetzten und den Stellenwert einfacher Frontsoldaten nach. Er gewinnt kritische Einsichten, die scheinbar wirkungslos bleiben. Grimm zeigt seinen Helden in diesem Auszug in einem besonderen Moment seiner Entwicklung, der hier analysiert und interpretiert werden soll.

Obschon Schlump die Auseinandersetzung mit dem Kameraden gewinnt, fühlt er sich „irgendwie besudelt" (Z. 4f.), seine Tat hat für ihn etwas „Unehrenhaftes" (Z. 5f.). Er verknüpft dieses Ereignis mit einem vorausgegangenen: Er habe Brot „ja sogar mit Gewalt" rauben wollen (Z. 8f.).
Offenkundig erkennt Schlump an sich Handlungen, die mit seinem Werteverständnis, seinen Vorstellungen von Ehre nicht vereinbar sind. Er ist an einem Wendepunkt angelangt, zu dem ihn der Krieg geführt hat. Der auktoriale Erzähler rückt in Er-Erzählweise ganz nah an die Gedanken Schlumps: „Soweit war es mit ihm gekommen, so geht es los, wenn man herunterkommt." (Z. 10ff.) Auffällig ist, dass es keine möglicherweise grausame Kampfhandlung oder Kampferfahrung ist, nicht etwa das Töten eines Feindes, eines Menschen, was hier zum

Hinweise

motivierender Einstiegssatz mit Zitat: Nennung von Titel, Autor, Erscheinungsjahr, prägnanter Textüberblick und Darstellung des Vorhabens

Besonderheit der Textstelle

Der Absatz verdeutlicht die Gliederung.

Erwähnung der Erzählhaltungen: auktoriale Er-Erzählung und …

Anlass der Selbstreflexion im inneren Monolog wird, sondern Handlungen, die scheinbar mit Schlumps Vorstellungen vom ehrenhaften Soldaten kollidieren.

So fragt Schlump in dieser Szene auch nicht weiter, was der Krieg mit ihm als Person, als Menschen macht, sondern seine Gedanken lenken in andere Bahnen: weg vom Individuum, hin zur Gruppe, zu der er sich zählt. Unwillkürlich erinnert er sich an die Worte eines „Trainwachtmeister[s]" (Z. 14f.), demzufolge nur Dumme und Bestrafte in die Schützengräben kämen. An diesem Punkt betrachtet sich Schlump als Zugehöriger der „armen Frontschweine" (Z. 22). Der Leser wird Zeuge eines Reflexionsprozesses, an dessen vorläufigem Ende eine scheinbare Gewissheit steht. Schlumps Gedanken werden zeitdeckend erzählt, keine Raffung verstellt den Blick. Fragt er zunächst zögerlich, ob der Trainwachtmeister recht habe, erweitert er seine Frage kurz darauf: „Vielleicht denken Sie alle so? Bloß wir merken es nicht, wir, die armen Frontschweine?" (Z. 20ff.) Mit Nachdruck beantwortet er seine Frage: „Ja, das stimmt, ja, so ist es auch." (Z. 22f.) Die Repetitio verstärkt das Entschiedene seiner Einsicht und markiert einen Wendepunkt. Schlump entwickelt eine dichotome, fast holzschnittartige Sicht: Er zählt sich zum Wir, der Gruppe der Frontsoldaten, und unterscheidet diese Gruppe von den anderen, die nicht im Graben kämpfen und scheinbar mit Verachtung auf die Grabenkämpfer herunterschauen. Nun sucht er Belege für seine neue Sicht des Krieges und findet sie in seinen Erfahrungen. Der Erzähler verzichtet auf jegliche moderne Erzählweise, er montiert nicht und erzählt auch nicht in Rückblenden. Er berichtet Schlumps Erinnerungen an die Versorger, die gelacht haben, als er nach Brot fragte. Genannt wird der Vizefeldwebel, für den Schlump trotz offiziellen Verbotes unter Gefahr Holz hacken musste, was mit einer Scheibe Brot entlohnt wurde, doch sprachlich wird besonders seine Erinnerung an Frontkämpfer hervorgehoben, die er nach einem Einsatz beobachtet hat: „arme[...] Kerle" (Z. 44), die „entsetzlich" (Z. 45) aussehen, „mit eingefallenen, matten Augen und hohlen Backen [...], ausgemergelt, in gebückter Haltung, abgekämpft bis aufs letzte, dreckig, furchtbar dreckig, verlaust und blutig" (Z. 45ff.). Schlump erinnert sich hier an die restlichen 20 Überlebenden einer ehemals 60 Mann starken Kompanie.

Betont wird immer wieder das Dreckige der Soldaten, gesteigert zur Klimax, die das Blutige hervorhebt. Hier scheint nichts mehr übrig zu sein von den Erwartungen des Kriegs-

... innerer Monolog

Absätze gliedern die Sinnabschnitte und demonstrieren das Textverständnis.

Zeilenangaben belegen die Aussagen.

freiwilligen Schlump: Der Mensch ist hier kein glorifizierter Kriegsheld, er ist gebückt, gleichsam ein Schatten seiner selbst. Die realistische Erzählweise dieser Passage kontrastiert den Untertitel des Textes, der eher an einen Schelmenroman des Barock erinnert: „Geschichten und Abenteuer aus dem Leben des unbekannten Musketiers Emil Schulz, genannt ‚Schlump'. Von ihm selbst erzählt".

Deutung des Untertitels

Dieser Moment in Schlumps Leben scheint frei zu sein von jeder Militärromantik.

Schlumps dichotome Sicht stellt die Vorgesetzten auf die Seite der anderen. Im Kontrast zu den verelendeten Frontkämpfern habe die „Kompagniemutter" (Z. 57), der Feldwebel, „zwölf Nächte in der Kantine gespielt und gesoffen" (Z. 55f.). Schlumps Überlegungen ranken sich die militärische Hierarchie empor. Dem empörten Blick auf den Feldwebel, den seine Fürsorgepflicht nicht interessiert, folgt der Blick auf die Offiziere. Neid und Verbitterung brechen sich Bahn. Während Schlump sich die hungernden Kämpfer vor Augen führt, erinnert er sich an die vermeintliche Völlerei des Leutnants, aus dessen Stellung ein Geruch nach „Gebratenem und Geschmorten" (Z. 62f.) ströme. Er unterstellt dem Offizier grundlegende Ablehnung des einfachen Frontkämpfers. Ein gemeinsames Essen könne es aus dessen Sicht nicht geben, „genau so, wie man niemals mit einem Hund aus einem Napfe fressen will" (Z. 65ff.). Das Frontschwein, das arme Schwein, der Hund – Schlump empfindet in allem Abwertungen, die ihn verbittern.

Entwicklung der Position des Protagonisten

Obschon hier kontrastiv und recht eindringlich entfaltet, dürfte den Leser die Differenz vom einfachen kämpfenden Soldaten und seinen Vorgesetzten nicht überraschen. Für die Soldaten ist es zudem scheinbar eine gewöhnliche Erfahrung, schließlich erinnert sich Schlump an verschiedene Situationen. Für Schlump aber wirkt dies erst jetzt. Erst nach dem Ringen mit seinem Kameraden scheint die Reflexion des Erlebten einzusetzen. Erst jetzt resümiert Schlump: „[E]s ist also wahr, [...] wer ein bißchen auf sich hält, der kommt nicht in den Schützengraben." (Z. 68ff.) Es ist, so kommentiert der Erzähler, „als sei [Schlump] aus einem tiefen Schlaf erwacht" (Z. 75f.), er habe seine „goldene, kindliche Harmlosigkeit" verloren und sei „zum ersten Male in seinem Leben unglücklich" (Z. 74f.).

Differenz von Leseerwartung und Figurengestaltung

Dass dies nur für den Augenblick gilt, wie der Erzähler versichert, nicht lange anhält (vgl. Z. 78ff.), wirft ein eigenartiges Licht auf den Protagonisten dieses Romanauszugs.

Deutung des Erzählerkommentars

Wie können die menschlichen Grenzerfahrungen, das Erleben von Brutalität, Leid und Tod den Protagonisten in einem „Schlaf" belassen? Wie kann der Reflexionsprozess scheinbar so spät einsetzen, zu einer so energisch deutlichen Erkenntnis führen, nur um dann den Augenblick nicht zu überdauern und scheinbar wirkungslos zu bleiben?

kritische Fragen zur Deutung der Figurenzeichnung

Die bis zur Fragwürdigkeit gesteigerte Ambivalenz des Protagonisten ist musterbildend für den gesamten Romanauszug und spiegelt sich in der Erzählweise wider.

Der naive Jüngling, der „Musketier", erlebt „Abenteuer" wie im „Traum", alles erzählt in traditionellem Stil und einfacher Sprache, Inhalt und Stil verweisen auf das Märchenhaft-Romantische. Doch die „goldene, kindliche Harmlosigkeit" wird kontrastiert durch die Modernität der Materialschlacht und die realistisch erzählte Brutalität des Krieges. Der Leser des Auszugs bleibt ernüchtert zurück, weil er diese Seite kennengelernt hat, und er bleibt irritiert zurück, denn im Gegensatz zu ihm fällt der Protagonist offenbar zurück ins Naive: „[...] es hielt nicht lange an." (Z. 80f.)

erneuter Bezug auf Untertitel

Fazit mit Blick auf die Wirkung

Beispiellösung Teilaufgabe 2

An dieser Stelle folgt der Vergleich der Einstellungen zum Krieg, die in den Texten von Grimm, Jünger und Remarque deutlich werden, und die Beurteilung mit Blick auf Werte der Aufklärung, ob es für heutige Schüler sinnvoll ist, sich mit den Texten Ernst Jüngers zu befassen.

Hinweise

Überleitung zur zweiten Aufgabe

Erst die Auseinandersetzung mit dem eigenen Kameraden führt Schlump zur bitteren Sicht auf den Krieg. Dabei zeigt der vorliegende Ausschnitt einen Helden, dessen Verbitterung sich aus der empfundenen persönlichen Herabsetzung speist. Es ist das Verhältnis zu den Vorgesetzten und die scheinbar fehlende Achtung des Frontkämpfers, die den Zweifel nähren. Der Krieg, das große Ganze, wird von Schlump im vorliegenden Romanauszug einzig aus dieser Perspektive betrachtet. Sein Denken kreist nicht um die Frage nach dem Sinn oder Unsinn des Krieges, des Tötens, seine Frage ist deutlich egoistischer formuliert. Doch auch dies gilt nur für den Augenblick. Schlump, der Kriegsfreiwillige, lernt im vorliegenden Auszug keine „Lektion", aus der eine grundsätzliche Ablehnung des Krieges erwüchse. Es obliegt dem Leser, seine eigenen Schlüsse über das Wesen des Krieges zu ziehen, das den kämpfenden Menschen offenkundig in die Vernichtung oder aber in das physische und psychische

inhaltliche Bezugnahme zu Aufgabe 1, Thematisierung Grimms

Differenz von Dargestelltem und Figurenzeichnung

Elend treibt. Schlump scheint mit nachhaltigen Reflexionen überfordert, der Held verharrt in der Naivität, er behält seine „goldene, kindliche Harmlosigkeit" (Z. 79 f.).

Einen ganz anderen Charakter lernt der Leser in Erich Maria Remarques Roman „Im Westen nichts Neues" kennen. Es ist insbesondere die reflexive Kraft des Protagonisten, des jungen Frontsoldaten Paul Bäumers, die zu tiefen Einsichten über den Krieg führt. Der 1929 erschienene Roman fiktionalisiert authentische Fronterlebnisse, die anhand einer kleinen Gruppe junger Soldaten erzählt werden. Angestachelt von den nationalistischen, pathosgetränkten Reden des Lehrers hat sich Bäumers Schulklasse freiwillig gemeldet, um bereits in der Ausbildung zu erleben, wie groß die Kluft zwischen angepriesenen Idealen und militärischer Realität tatsächlich ist. Die realistischen Darstellungen der industrialisierten Vernichtung in der Materialschlacht sowie die grenzenlose Brutalität des Grabenkrieges wirken unmittelbar auf den Leser. Gespiegelt wird dies jedoch auch in der Entwicklung der Figuren: Die Desillusionierung, die permanente, existenzielle Angst, die Bedrohung durch den Tod, herbeigeführt durch Granaten, Maschinengewehre, den Nahkampf im Graben oder Hunger und Krankheit – alles zerstört das Menschliche. Zurück bleiben Individuen, die, dem Tierhaften nahe, um ihre Grundbedürfnisse kämpfen müssen. Sind sie auf Heimaturlaub, finden sie nicht ins Leben zurück; sind Sie zurück im Krieg, finden Sie vor allem Leid und Tod. Die Gruppe der Männer um Paul Bäumer ist sehr unterschiedlich. Unterschiedlich sind ihre Ansichten, ihr Schicksal ist gleich: Der Leser sieht, wie die Gruppe fast vollständig aufgerieben wird, fast alle sterben, zuletzt Paul Bäumer. Er erkennt sich einer verlorenen Generation zugehörig, zerstört vom Krieg.

Mag Remarque sein Werk auch als unpolitisch und neutral bezeichnet haben, in der Wirkung ist es ein Antikriegsroman, dem Pazifismus deutlich näher als jedem militärischen Pathos.

Ernst Jüngers Texte zum Ersten Weltkrieg zeigen unterschiedliche Grade der Fiktionalisierung. Vielleicht gehören Tagebucheinträge wie der vorliegende zu den authentischsten, doch hier zeigt sich das Spezifische Jüngers wie in seinem Text „In Stahlgewittern". Ähnlich wie Remarque, punktuell auch bei Grimm zu erkennen, schildert Jünger die Brutalität der modernen Kriegsführung und seiner Folgen für die Menschen. Gänzlich verschieden jedoch ist seine Haltung: „[K]lotzig" (Z. 16) sei die Todesverachtung, formuliert Ernst

Thematisierung Remarques

Nutzung von Vorwissen, Verweis auf wesentliche Inhalte

Entwicklung der Figuren bei Remarque

Verweis auf verlorene Generation

Wirkung des Textes

Thematisierung Jüngers

Gemeinsamkeiten und Unterschiede

Jünger im vorliegenden Tagebucheintrag. Es ist der Stil des „Stoßtruppführers" Jünger, der sich immer wieder in seinen Schriften zeigt. Betont Remarque die zermürbende Angst, die den Menschen von sich selbst entfremdet, so ist es bei Jünger der herausgehobene Gleichmut im Umgang mit Tod und Elend. Das Anekdotische, wie die Zielübungen mit den Engländern (vgl. Z. 20ff.), steht neben dem erzählten Grauen. Anders als Grimms verbitterter Schlump erkennt Jünger den ganz eigenen Typ des Grabenkämpfers und die Gemeinschaft der Grabenkämpfer, zu der er sich zählt. Er sieht die Generation nicht als verloren an, er sieht sie gewachsen am und geformt durch den Krieg. In späteren Schriften wird er Visionen des Künftigen auf die Erfahrung des Krieges gründen.

Kontrastierung der Ansätze

Sind Jüngers Texte für Schüler geeignet? Ermöglicht nicht Remarques Text realistische Einblicke und vermittelt gleichzeitig eine angemessene, antikriegerische Einstellung? Die Aufklärung hat uns gelehrt, genau hinzusehen, Fragen zu stellen. Das Licht ist die Leitmetapher dieser Epoche. Kants Aufforderung, sich seines Verstandes ohne die Anleitung eines anderen zu bedienen, hat uns gegen Einschränkung und Zensur geimpft. Warum soll Schülern die Möglichkeit der eigenständigen Analyse und Urteilbildung genommen werden? Kann es einen besseren Ort geben, sich mit Jüngers Kriegsbild zu befassen, als die Schule? Natürlich ist Jünger einzubetten, historisch, biografisch und vor allem literarisch. Die Aufklärung hat Werte gelehrt, ein kritisches Bewusstsein und aufklärerische Ideale verlangen von uns stets, das vorhandene Wissen mit den Mitteln der Vernunft zu nutzen. Setzt man sich in diesem Rahmen mit Jüngers Texten kontrastiv auseinander, zerrt man sie ins Licht, statt sie ins Dunkel zu stellen, so kann dies eine interessante Facette sein, vielleicht einen Beitrag dazu leisten, den Ersten Weltkrieg, diese „Urkatastrophe" des 20. Jahrhunderts, besser zu begreifen.

begründete Stellungnahme mit Bezug zu markanten Aspekten der Aufklärung

indirektes Argument als Fragestellung formuliert

Fragestellungen wenden sich direkt an den Adressaten und zeigen die Argumentationsrichtung auf.

abschließende Stellungnahme

Rahmenthema 4: Vielfalt lyrischen Sprechens

Gryphius: Menschliches Elende / Fontane: Effi Briest

erhöhtes Anforderungsniveau

Aufgabenarten: Textanalyse / Gestaltendes Erschließen eines literarischen Textes

Aufgabenstellung

1. Analysieren Sie das vorliegende Gedicht „Menschliches Elende" von Andreas Gryphius.

2. a) Am Ende des Romans „Effi Briest", 1894/95 erschienen, lässt Theodor Fontane den Protagonisten Innstetten ein freudloses Dasein fristen. Ruhm und Ehre, denen er sein Leben gewidmet hat, konnten ihn nicht glücklich machen und erkennt er als letztlich wertlos. Stellen Sie sich vor, dass er in dieser Situation das Gedicht „Menschliches Elende" von Andreas Gryphius liest. Verfassen Sie einen inneren Monolog, in dem Innstetten das Gedicht zu seiner Befindlichkeit in Bezug setzt.
   b) Begründen Sie die inhaltliche und sprachliche Gestaltung Ihres Monologtextes von der zugrunde liegenden Lektüre her.

Materialgrundlage

Andreas Gryphius: Menschliches Elende. Aus den Lissaer Sonetten, Lissa 1637. Abgedruckt in: Das große deutsche Gedichtbuch. Neu herausgegeben und aktualisiert von Karl Otto Conrady. 4. Auflage Zürich/Düsseldorf 1995, S. 40

Menschliches Elende (1637) *Andreas Gryphius*

I Was sind wir Menschen doch! Ein Wohnhaus grimmer Schmerzen,
Ein Ball des falschen Glücks, ein Irrlicht dieser Zeit,
Ein Schauplatz aller Angst und Widerwärtigkeit,
Ein bald verschmelzter Schnee und abgebrannte Kerzen.

II Dies Leben fleucht davon wie ein Geschwätz und Scherzen.
Die vor uns abgelegt des schwachen Leibes Kleid
Und in das Totenbuch der großen Sterblichkeit
Längst eingeschrieben sind, sind uns aus Sinn und Herzen.

III Gleich wie ein eitel Traum leicht aus der Acht hinfällt
Und wie ein Strom verfleußt, den keine Macht aufhält,
So muss auch unser Nam, Lob, Ehr und Ruhm verschwinden.

IV Was itzund Atem holt, fällt unversehns dahin.
Was nach uns kommt, wird auch der Tod ins Grab hinziehn.
So werden wir verjagt gleich wie ein Rauch von Winden.

Beispiellösung

Beispiellösung Teilaufgabe 1

In seinem Sonett „Menschliches Elende" aus dem Jahre 1637 bringt Andreas Gryphius das in der Zeit des Barock prägende kollektive Lebensgefühl der Vergänglichkeit, damit der Nichtigkeit alles Erreichten und zugleich der ängstlichen Zerrissenheit, zum Ausdruck.

In Bildern und durch sprechende Vergleiche sucht Gryphius das Unbedeutende, ja Leidvolle des Lebens hin zum allgegenwärtigen Tode zu umschreiben, dem sich die Menschen zu entziehen wünschen, das sie aber auch darin prägt. Dies gestaltet der Autor sprachlich antithetisch, indem er Lebensgier und Todesbewusstsein, Schein und Sein, somit das barocke „carpe diem" und „vanitas", einander gegenübergestellt. Dass diese Grundbefindlichkeit von vielen geteilt wird, unterstreicht Gryphius durch das Personalpronomen „wir", das wie ein Rahmen umschließend in allem Fomulierten den Dichter wie Leser mit einbezieht (I,1; IV,3).

Auch der gewählte umarmende Reim in den Quartetten und die gewählten männlichen und weiblichen Kadenzen sowie der Schweifreim, der die Terzette verbindet, stützen den allumfassenden Anspruch. Das Versmaß des sechshebigen Jambus, der im Barock häufig gewählte Alexandriner, wirkt wie das Ticken einer Lebensuhr, die mit den weiblichen Kadenzen am Ende jeder Strophe jeweils auszuklingen, am Ende des Sonetts zum Stillstand zu kommen scheint.

Der Titel überschreibt das Sonett mit einer unmissverständlichen Schlüsselformulierung. „Menschliches Elende" wird als Thema angekündigt, wobei eine christlich geprägte Vorstellung mitschwingt, die das leidvolle Hier und Jetzt als „Elend" – „Exland, Ausland" – versteht, ohne dass im Rahmen des Gedichttextes jedoch die Perspektive einer paradiesischen Heimat entwickelt würde.

Das Sonett lässt sich entsprechend der Strophengliederung in vier Abschnitte untergliedern:

Mit dem ersten Quartett reflektiert Gryphius die Grundbedingungen der leidvollen menschlichen Existenz, um im zweiten Quartett den Aspekt der Vergänglichkeit auszuschärfen, dabei den Aspekt des Vergessenwerdens radikalisierend. Im ersten Terzett stellt Gryphius als Konsequenz heraus, dass in der Welt Wesentliches über das Leben hinaus bedeutungslos wird, mit dem zweiten Terzett kontrastiert er Leben und Sterben und schreibt diesen Kreislauf des Werdens und Vergehens in alle Zukunft fort.

Hinweise

Einleitung

Angaben zum Text und Thema des Sonetts

Blick auf das Sonettganze, stilistische Auffälligkeiten, geknüpft an die Wirkung

barocktypische Antithetik

an die sprachliche Form geknüpfter erster Deutungsansatz für das Sonett

Reimform

Metrum

überblicksstiftende Untersuchung der Gedankenführung

Überschrift in Ankündigungscharakter

Gliederung

Formulieren des jeweiligen Kerngedankens für jeden Gliederungspunkt, im Sinne einer Überschrift für die Gliederungsabschnitte, hier identisch mit den Strophen

Ausgangspunkt des Sonetts, mit dem sich Gryphius zum Sprecher existenzieller Erfahrung macht, ist eine Formulierung, die als rhetorische Frage verstehbar, hier aber als Ausruf gesetzt ist. Gryphius stellt mit dem Fragepronomen „Was" die Seinsweise des Menschen grundsätzlich infrage. Der Leser ist für Gryphius' Antworten offen, und schon mit demselben ersten Vers beginnend, zeigt dieser auf, was den Menschen nach seinem Verständnis ausmacht. Gryphius umschreibt mit einer Aufzählungskette fünf bildhaft verdichtete Verstehensangebote, die jeweils mit dem unbestimmten Artikel „ein" versehen sind, seine Sicht der grundmenschlichen Befindlichkeit. Es fällt auf, dass jeweils Konkreta und Abstrakta ungewöhnlich miteinander verbunden sind: Das Leben ist als „Wohnhaus" (I,1) beschrieben und fokussiert in diesem Substantiv als Allegorie den menschlichen Körper, angefüllt mit „grimme[n] Schmerzen" (I,1), wobei das Adjektiv den empfundenen Schmerz noch einmal steigert.
Gryphius schreibt dem Menschen zu, sich zu vergnügen, wobei das „Glück" allerdings „falsch" sei, so das klar wertende Adjektiv. Ausgeweitet wird dies auf den Zeitgeist insgesamt in der Gefahr, auf der Suche nach Orientierung einem „Irrlicht" zu folgen (I,2).
Im Kontrast dazu steht der nächste Vers, in dem die eigentliche Natur des Menschen drastisch als „Schauplatz aller Angst und Widerwärtigkeit" (I,3) bezeichnet wird. Öffentlich sichtbar also ist das, was den Menschen ausmacht, das unbestimmte Numerale „aller" steigert das diffuse Gefühl der „Angst" stilistisch durch die Alliteration und inhaltlich in dem Bedrängenden. Im letzten Vers des ersten Quartetts wird der Blick in die nahe Zukunft gewandt: „[B]ald" schreibt Gryphius unbestimmt und macht damit die Grenzen menschlichen Wissens deutlich. Den genauen Zeitpunkt eigenen Sterbens kennen wir nicht; und doch lässt die wiederum an zwei Metaphern geknüpfte Formulierung keinen Zweifel daran, dass dem Leser sein Ende gewiss ist: „bald verschmelzter Schnee" und „abgebrannte Kerzen" (I,4) sind jedem Leser aus dessen Alltag zur Zeit des Barock wie auch heute noch vertraute Bilder voller Symbolkraft für das Leben zum unausweichlichen Tode hin.
Den Aspekt der Vergänglichkeit erweitert Gryphius mit dem zweiten Quartett, in dem er das „Leben" an sich reflektiert und durch das Verb „fleucht" (II,1) bis hinein in die Lautung die als atemberaubend empfundene Geschwindigkeit verdeutlicht, in der das Leben vergeht, ja vorbeifliegt. Der

genaue Analysearbeit: sprachliche Besonderheiten und deren Deutung

1. Quartett
allgemeine Einordnung, detailgenaue Aufnahme der Textgestaltung, dabei …

Leserperspektive einbringen,

mögliche Schreibstrategie des Autors verdeutlichen,

Auffälligkeiten bündeln sowie

Schlüsselwörter und -formulierungen durchweg zitieren

2. Quartett
in Fortsetzung des bislang entfalteten Gedankengangs hier neuen Aspekt ein-

angefügte doppelte vom „sch"-Laut geprägte Vergleich mit „Geschwätz und Scherzen" (II,1), also zwei oberflächlichen Handlungsweisen, lässt den Leser eine Urteilsperspektive einnehmen.

Das Sterben ist in der Metapher des Kleidablegens (II,2) an ein selbstverständliches alltägliches Tun gebunden, wodurch ein Verständnis des Menschen zum Tode hin und das Leben etwas Äußerliches, den Leib Bedeckendes als existenziell verstehbar wird.

Die Unausweichlichkeit, sterben zu müssen, fasst Gryphius im Weiteren in dem eindrücklich symbolbehafteten Begriff des „Totenbuch[es]" (II,3), in das alle Menschen „längst eingeschrieben" seien (II,4). Dass er diesen Gedanken versübergreifend in einem Enjambement anlegt, unterstreicht die Bedeutsamkeit für jeden Einzelnen auch in Zeiten, in denen dieser subjektiv empfunden dem Tod noch fern sein mag. Und als sollte kein einziger Trost bleiben, den die Vorstellung des Weiterlebens zumindest in der Erinnerung anderer bedeuten könnte, steigert Gryphius seine Aussage schließlich, indem er sich selber und den Lesern den Spiegel vorhält, in einem Substantivpaar ein völliges Vergessen konstatiert, die Verstorbenen seien „aus Sinn und Herzen" (II,4), also weder gedanklich noch emotional über ihr Leben hinaus in „uns" präsent.

Was dies konkret in der Konsequenz heißt, ist eng verwoben in den beiden Terzetten formuliert.

Im ersten Terzett stellt Gryphius den abschließenden Vers verdeutlichend gleich zwei Vergleiche voran: Zunächst wählt er metaphorisch gehalten den eines „eitel Traum[s]", der nicht mehr beachtet werde (III,1). Im wertenden Adjektiv signalisiert der Autor Kritik an der menschlichen Eitelkeit. Den zweiten Vergleich knüpft er an das einprägsame Sinnbild des dahinfließenden Lebens-„Strom[s]" an, den „keine Macht aufhält" (III,2), wodurch Gryphius vermittelt, dass dem völligen Vergehen einer Naturgewalt gleich nichts entgegengesetzt werden kann. Die Formulierung „So muss ..." (III,3) des dritten Verses betont in dem gewählten Hilfsverb das Zwingende der auf den Menschen bezogenen Schlussfolgerung, in die sich Gryphius mit dem Possessivpronomen „unser" wiederum ebenso wie den Leser mit einschließt, wenn er in der Bedeutung gesteigert vier Substantive aufzählt. Rückgebunden an das zweite Quartett und bedeutungssteigernd nun an das Verb „verschwinden" geknüpft, wird dem Leser die Radikalität des Vergessens unabhängig von dem im Leben Erreichten deutlich: nichts — nicht der jedem gegebene

ordnen; wiederum Gesamteinordnung des Quartetts, um den Duktus herauszustellen

sprachliche Ausgestaltung der Grundhaltung Gryphius' in deren Steigerung als Spannungsbogen nachzeichnen

Lesewahrnehmung heute

Terzette

1. Terzett
Analogie in der sprachlichen Ausformung

Beim Zitieren können entsprechend dem heutigen Sprach-

„Nam[e]“ und auch nicht darüber hinaus Erworbenes, weder das „Lob“, das einem durch andere wegen besonderer Taten zuteil wird, noch erworbene „Ehr[e]“, selbst großer „Ruhm“ hat über den Tod hinaus auch nur irgendeinen Bestand (III,3).

gebrauch in eckige Klammern zu setzende Ergänzungen vorgenommen werden.

2. Terzett

Das erste Wort „Was“ des Sonetts nimmt Gryphius mit dem Verspaar des zweiten Terzetts gedoppelt wieder auf (I,1; IV,1.2). Der Leser hat sich nun so sehr auf die elementare Denkweise Gryphius' eingelassen, dass ihn das daran geknüpfte materielle Menschenbild nicht mehr irritiert. Beide Verse umschreiben als Parallelismus gestaltet die Lebenden und im Kontrast dazu deren Bestimmung zum Tode hin, womit Gryphius die barocktypische antithetische Gestaltung besonders einprägsam gestaltet. Im Sinne eines Pars pro Toto fokussiert Gryphius mit dem ersten Vers deren lebenserhaltende Körperfunktion des Atemholens (vgl. IV,1), um dann das Sterben metaphorisch als unerwartetes Umfallen zu umschreiben, als kleinen Schritt vom Leben zum Tod. Im zweiten Vers weitet Gryphius dies auf alle zukünftig Kommenden hin aus, wiederum kontrastierend wird der Tod nun personifiziert, schreibt Gryphius ihm in der gewählten Metapher „ins Grab hinziehn“ fast magische Kräfte zu (IV,2). Mit der im letzten Vers passivisch schlussfolgernden Formulierung „So werden wir verjagt“ wird der Mensch zum Getriebenen. Der abschließende Vergleich „wie ein Rauch von Winden“ hebt hervor, wie wenig Substanz der Mensch Gryphius' Vorstellung zufolge letztendlich hat.

abschließende Stellungnahme
mit bündelndem Rückbezug auf die Analyseergebnisse; soweit bekannt, treffende biografische Bezüge herstellen

Das Sonett beeindruckt mich in seiner sprachlichen Dichte, dabei vor allem durch viele dem Alltag entlehnte und so auch uns Heutigen zugängliche Vergleiche, und in seiner Bildsprache. Das Lebensgefühl der Vergänglichkeit damals im Barock angesichts des Dreißigjährigen Krieges und vieler Krankheiten, die auch Gryphius selber mit 12 Jahren zu einem Vollwaisen gemacht, zudem alle seine Geschwister dahingerafft haben, ist fast bedrängend gefasst.

eigene Leserperspektive, um sich des persönlichen Erkenntnisgewinns zu vergewissern und diesen hier einzubringen

In der heutigen Zeit, in der wir zwar wissen, dass wir sterben müssen, dies aber aus unserem Alltag verdrängen, erinnert das Gedicht daran, sich in seinem Alltag nicht durch vordergründigen Aktivismus und persönliche Eitelkeit leiten zu lassen, dabei Illusionen nachzujagen, die keinen Bestand haben. Stattdessen sind auch wir als Leser heute aufgefordert, das Wissen um die Vorläufigkeit und Vergänglichkeit zum Maßstab unseres Handelns und damit einer nach Wesentlichem fragenden Lebensgestaltung werden zu lassen.

Beispiellösung Teilaufgabe 2a)

„Was sind wir doch! Ein Wohnhaus grimmer Schmerzen ..." Wie anders ich doch über diese Verse gedacht habe, als ich sie, freilich inhaltlich ablehnend und kritisierend, zu Zeiten meines Literaturstudiums und zu Schulzeiten einst habe auswendig lernen müssen. Ich war gefangen in meiner Illusion von einer mustergültigen Karriere, in einer tugendhaften, feinen Gesellschaft, wo das Glück auf mich warten sollte. Doch nun, mit der geballten Schrecklichkeit meiner Erfahrung, bleibt mir nur zu fragen: Wo ist das Glück?

Ganz recht hatte er, Gryphius, dieser lebenskluge Dichter, wenn er von „falschem Glück", von „Angst", von „abgebrannten Kerzen" und gar von „Widerwärtigkeit" schreibt. So lange ich dieses Sonett auch kenne und immer gemocht habe, weil es so gut verfasst ist, in einem wohlgeformten Reimschema und mit den geschicktesten Metaphern — ich lese es jetzt doch ganz anders, weil ich die bittere Wahrheit nun erfahre, wo sich mein Herz früher an einem Stück Literatur, das mir so viel zu bedeuten schien, erfreut hat — früher, in einer Zeit, in der ich mit meiner geliebten Frau beisammen war und ihr daraus vorlas ... einzige helle Stunden in einer Zeit voll Düsternis ... eine Zeit, in der ich meinte, sie belehren und ihr Neues beibringen, ihr Herz erquicken zu können.

Mit meiner Karriere habe ich das Glück nicht gefunden, obschon ich von einem besseren Verlauf nicht hätte zu träumen wagen können. Furchtbar fühle ich mich, schon seit Längerem zerschmettert und niedergeschlagen. Das, was mir den „Atem" zu holen ermöglicht hat, meine liebe Effi, musste ich fortschicken, wegen eines frechen, respektlosen Don Juans, der sich mein Freund nannte. Zugegeben, es ist lange her, wie auch der ehrliche Wüllersdorf schon bemerkte, dennoch konnte ich nicht statt zwingender Rechtschaffenheit Nachsicht walten lassen. Der Druck der Gesellschaft war allzu groß. Dass sie — wie so häufig — versagt, ich es hätte ertragen können, weil ich Effi aufrichtig liebte und ihr hätte verzeihen müssen, wird mir erst jetzt deutlich.

Heute weiß ich, dass das alles mein Fehler war, eben bloß auf einem „Ball des falschen Glücks, ein Irrlicht dieser Zeit". Genauso fühlte ich mich in der mich vor sich herpeitschenden Gesellschaft. Man musste es all den feinen, oberflächlichen Leuten recht machen und für sie da sein, obwohl sie ja doch über einen spotteten! Aber ich war ein Karrieremensch, ich sah das „Irrlicht" nicht als dieses, sondern als Ziel. Ich wurde angezogen von ihr wie eine Motte durch ein Licht in

Hinweise

in den Monologtext die Lektüre des Sonetts derart einbinden, dass ihr Charakter und ihre Befindlichkeit deutlich werden sowie was für die angebotene Figur zentral ist

dabei betont subjektive Deutung

Schlüsselformulierungen zitieren

an Situationen anknüpfen, die im Roman erzählt sind

Wandel der Figuren in Verständnis des Sonetts einbringen

Selbstreflexion

der Nacht. Ich sah es nicht als „Schauplatz aller Widerwärtigkeit", sondern als meinen wichtigsten Lebensinhalt. Darüber vernachlässigte ich mein Heim, brütete bis in die Nacht über meinem Beruf. Wie zutreffend die Redewendung „abgebrannte Kerzen" dazu doch passt.

Weshalb hat sie mich dennoch betrogen? Natürlich vieles ausgelöst von Crampas – ich dachte so viel über meine Frau nach, dass ich ihn vollkommen vergaß, wie einen Menschen, der hinfortzieht und sich nicht mehr blicken lässt, wie es im Gedicht heißt „aus Sinn und Herzen". Faktisch ist der Kerl tot. Ich habe ihn umgebracht. Schließlich, so tröstete ich mich damals, war es nicht mein Vergehen, sondern das der armen, naiven Effi ... die freilich immer nur Gutes wollte.

Selbst die Tat Crampas' findet hier in der Wendung „Totenbuch der Sterblichkeit" Verwendung. Ich mochte ihn nie, seine gegen alle Konventionen verstoßende Art war mir stets zuwider. Er war ein Lüstling, der sich um nichts scherte, auch nicht um die Zukunft Effis. Deshalb verführte er sie. Aber hätte ich mich trotzdem mit ihm duellieren müssen? Dies Frage quält mich, seit ich das erste Mal diese teuflischen, zerstörenden Briefe las, die meinen Lebenssinn zerstörten: Meine Frau, die ich in Berlin vollkommen zu lieben lernte, die anfing, mich auch auf Dinge jenseits der Gesellschaft aufmerksam zu machen, hatte eine Affäre. Natürlich war es lange her, aber dennoch musste ich es tun. Eben wegen „Geschwätz" und „Scherzen", die ich nicht ertragen zu können meinte, und wegen meines Rufes, nicht zuletzt meiner Ehre. Denn ich dachte, diese sei in der Gesellschaft das Höchste, was einem Ansehen verleiht. Heute weiß ich, dass ich in einem „eitlen Traum" lebte, der durch meine Tat hinweggefegt wurde wie ein Luftschloss durch den eisigen Meerwind, der blies, als ich Crampas erschoss.

expliziter Bezug auf Handlungselemente des Romans

Hier steht, dass „Nam, Lob, Ehr und Ruhm" verschwinden wie ein „Strom". Auf den ersten Blick traf dies natürlich nicht zu und tut es immer noch nicht. Aber erst nach meiner Entscheidung wurde mir bewusst, dass es Dinge höherer Prioritäten gibt, wie zum Beispiel die Liebe. Ja, die Liebe, die ich Effi all die Zeit nie wirklich zeigen konnte. Oder doch wollte? Hat die Gesellschaft mich zu dem gemacht, was ich bin, oder habe ich sie doch nur als Schild meiner eigenen Kälte verwendet? Eines ist gewiss: Ich bin ein gebrochener Mann, selbst wenn ich die Karriere machte, die ich immer erstrebte, und das Geld verdiente, das ich mir immer erträumte. Mich bezeichnete Herr von Briest als „Stamm",

Selbsterkenntnis, im Roman so mittelbar angelegt

Standortbestimmung des Protagonisten

Metaphorik des Romans dem Kontext entsprechend umgedeutet

und so bin ich auch gewesen: starr, auf Altes bedacht und ohne jene Regung. Vielleicht bekam nun jeder die Strafe, die er verdiente: Ich erschoss Crampas, den niederträchtigen Verführer, als Strafe für sein ungebührliches Vergehen. Effi jagte ich davon. „So werden wir verjagt gleich wie ein Rauch von Winden" steht hier geschrieben und es trifft sehr gut darauf zu: Eigentlich sind wir auch in unserem Leben nun schon tot. Nicht nur, weil Effi immer wie ein Kind der Luft ungreifbar war, sondern auch, weil ich sie nie sah, nie mit ihr sprach, bevor die Scheidung eingeleitet und durchgeführt wurde. Ja, ich habe sie verjagt. Diese Vorstellung quält mich stets und ich werde sie mit ins „Grab hinziehn". Dafür und für meine Entscheidung, Crampas zu töten und die Affäre nicht verjähren zu lassen, sondern meinem Freund die Geschichte in dem Wissen zu erzählen, dass ich dadurch keine andere Möglichkeit haben würde, eine andere Entscheidung als das Duell zu wählen ... und dafür, dass ich mich von der Gesellschaft, dem „Strom", leiten ließ, den tatsächlich „keine Macht aufhält", dafür wurde auch ich bestraft. Ich habe alles erreicht: Ich habe Ansehen, Ehre, Lob, Ruhm und Karriere.

bündelnder Rückbezug auf den Grundkonflikt

Wiederholtes Zitieren zeigt das innere Kreisen um einen gedanklichen Kern.

Und doch empfinde ich dieses Geworfensein in die Welt, dieses Ausgeliefertsein in einer Welt mit einer eisig kalten Tugend- und Ehrenhaftigkeitsmoral, wo eitle Träume und Hoffnungen zu Schanden werden, wo alles Schöne vor uns flieht und wir ganz glücksverdurstet und lastverhungert sind, verbittert in einer Gasse verelenden wie ein Hund. Was mir früher nichts ausmachte, mich aber jetzt quält: Einsamkeit.

Beispiellösung Teilaufgabe 2b)

Das Sonett von Gryphius löst nach meinem Verständnis bei Innstetten viele schmerzhafte Gedanken aus, die er sonst nicht auszusprechen gewagt hätte. Er verfällt in eine für ihn ungewöhnliche Erregung und redet mit der Welt, die ihm so viel Schmerzen zugefügt hat. Um die Authentizität zu bewahren, habe ich versucht, stilistisch Fontane zu imitieren. Als ich den Monolog Innstettens schrieb, habe ich darauf geachtet, dass Innstetten ein rationaler, seine Gefühle zurückhaltender „Karrieremensch" ist, dem die Ehre mehr bedeutet als die Beziehung zu seiner Frau. Deshalb ist das Sonett für ihn auch eher bedrängend, weil es all die Fehler aufzeigt, die Innstetten begangen hat: Es lässt sich die Abhängigkeit von Gesellschaft, zurückgehaltene Liebe, der Spuk als Erziehungsmittel, die Verjährung der Affäre und seine

Hinweise

Erläuterung aller schreibstrategischen Entscheidungen auf inhaltlicher und stilistischer Ebene

Grundbefindlichkeit und so eingenommene Deutungsperspektive des Protagonisten benennen

eigene Karriere daraus ableiten. Zwar reflektiert Innstetten viele Aspekte, wie zum Beispiel seine Abhängigkeit von der Gesellschaft, obwohl er dieser gegenüber eher abgeneigt ist, wie er es schon in Kessin gestanden hat. Aber andere Punkte, wie die Beziehung zu Effi, leuchtet er nicht weiter aus, weil sein Charakter und seine rationale Art dies nicht zulassen. Wahrscheinlich kommt er nicht auf die Idee, dass er schuldig an der Affäre sein könnte (oder eine Mitschuld trägt), was ich damit ausdrücke, dass er Effis leichtes Gemüt beschreibt, um diesem und Crampas' Verhalten die Schuld zu geben. Auch bei dem Spuk als Erziehungsmittel ist er immer noch der Meinung, dass es Effi nicht langfristig etwas ausgemacht habe, weil diese ihre Gefühle vor ihm verbarg. Da er aber nicht viel auf sie achtete, sah er ihre wirkliche Angst nicht. Den vielleicht wichtigsten Aspekt sehe ich in der Frage der Verjährung der Affäre. Hier ist Innstetten von Selbstzweifeln geprägt, was ich durch seine Fragen ausdrücke, die er zu beantworten versucht oder einfach im Raum stehen lässt, weil er sie nicht beantworten will (Ist er ein Schneemann?).

begründete Entscheidung der inhaltlichen Auswahl

Gewichtung herausstellen

Bei der Sprachgestaltung habe ich besonders darauf geachtet, das Innstetten ein rationaler Mensch ist. Wie auch im Roman redet er in meinem Monolog immer in vollständigen ausgeformten, oft komplex hypotaktischen Sätzen. Im Gegensatz zu Effi ist er ruhig und denkt jeden Gedanken zu Ende, weshalb ich keinerlei Ausrufe oder ein inhaltliches Springen innerhalb des Monologs gewählt habe und alles chronologisch abarbeite.

sprachlichen Duktus erläutern

gewählte syntaktische Struktur begründen, dies in Abgrenzung zu anderen Figuren

Weiterhin soll auch Innstettens analytischer Charakter zum Vorschein kommen. Dies geschieht am Anfang, als er nicht zuerst seine Gedanken preisgibt, sondern erwähnt, wie das Gedicht verfasst wurde. Auch habe ich Metaphern verwendet, die seine Bildung und gehobene Sprache verdeutlichen sollen. Ich habe den Monolog absichtlich mit dem Substantiv „Einsamkeit" enden lassen. Es zeigt sich, dass Innstetten sich so verändert hat, dass er die Karriere und gesellschaftliche Anerkennung nicht mehr braucht, sondern Liebe und Effi. Aber das ist genau das, was er nicht bekommen kann, weil er sich gegen sie und für die Gesellschaft entschieden hat. Darin besteht die Konsequenz für Innstetten, er ist dadurch zum gebrochenen Mann geworden.

Rahmenthema 5: Literatur und Sprache von 1945 bis zur Gegenwart

Christoph Steier: Tauchertage

grundlegendes Anforderungsniveau

Aufgabenarten: Textanalyse / Textinterpretation

Aufgabenstellung

1. Interpretieren Sie den vorliegenden Auszug aus Christoph Steiers Roman.

2. Verfassen Sie eine Rezension zu Steiers Roman, in der Sie unter der Fragestellung, inwiefern er damit das Lebensgefühl einer Generation darstellt, auch Bezüge zu anderen Ihnen bekannten Texten herstellen.

Materialgrundlage

Christoph Steier: Tauchertage. Halle (Saale): Mitteldeutscher Verlag 2008, S. 119 ff.

Tauchertage *Christoph Steier*

Der 20-jährige Kilian Lohmann leidet an Bulimie; bei einer Brechattacke verliert er das Bewusstsein und wird in ein Krankenhaus eingeliefert. Während der Therapie besucht ihn seine ehemalige Schulfreundin Charlotte.

[...] „Herrlich." Charlottes Mädchenseufzer hatte Kilian glatt vergessen; Sina war in dieser Hinsicht eher nüchtern gewesen. Darauf Nikotin. Früher hatte er Charlotte entweder eine brennende Zigarette in den Mund gesteckt, oder sie hatten geteilt. Jetzt warf er ihr die Packung in den Schoß.

„Immer noch Benson[1]?"

„Logisch." Kilian gab ihr Feuer und erinnerte sich an die Ernüchterung die ihn in Griechenland befallen hatte, als sich seine vermeintlichen Edelkippen als Proletenmarke der Engländer erwiesen hatten.

„Meine Hamburger Leute stehen auf Davidoff[2], kannst du dir das vorstellen?"

„Muss ich?"

Charlotte inhalierte langsam und tief, Kilian paffte. Erschöpft vom Laufen und Reden lehnten sich die beiden zurück und suchten Sterne. „A friend is someone you can be silent with", hatte Kilian Charlotte mal unter das Foto einer Katzenmumie geschrieben und zum Geburtstag geschickt. Man konnte darüber lachen, heute. Aber man konnte auch Zustände kriegen. Waren am Ende wirklich nur die einfachsten Sprüche wahr? War das der geheime Code hinter dem Erwachsenwerden? Kilian wischte die Gedanken an David, von dem Charlotte ihm erzählt hatte, beiseite. Innerlich sträubte er sich dagegen, aber alle Zeichen standen auf Flaute. Die Menschen glichen mehr und mehr der Mode von Esprit: bieder, halbteuer und mit einem trotzig-verspielten Hang zum Herzeigen der eigenen Durchschnittlichkeit. Businesslook mit Ponyhofgeruch, willkommen im Leben, wir melden uns dann bei Ihnen. Kein Wunder, dass die Pullis verkauften wie Bastian Sick Bücher.

Gab es wirklich keine Alternative zu all diesen Leuten, die sich einredeten, sie werde es schon nicht erwischen? Die mehr Geld ausgaben, als die Zukunft hergeben würde, die sich für nichts interessierten und über alles Bescheid wussten? Honks in Wildlederblousons, die ihn nichtsahnend überlebt hätten, obwohl sie überhaupt nicht am Leben hingen?

Kilian versuchte, an etwas anderes zu denken. Vor ein paar Tagen war er aus der Klinik ins Programmkino geschlichen und hatte *Broken Flowers*[3] geguckt. Kurz vor Schluss hatte Bill Murray einen dahergelaufenen Tramper für seinen langen gesuchten Sohn gehalten, aber alles, was er ihm an Lebensweisheit mitgeben konnte, war, sich an die Gegenwart zu halten. Da hatte der *Letham*-Vater[4] mit seinem Rattenexperiment mehr zu bieten gehabt. Bei jedem anderen außer Murray hätte Kilian dieses Scheitern gehasst, aber ausgerechnet dieses halbkahle Pockenface bekam es irgendwie hin, der inneren Leere Würde zu geben.

„Hast Du *Broken Flowers* gesehen?"

Charlotte gähnte. „Ja, den Anfang. Todlangweilig. Ich hasse Geschichten, in denen alles schon passiert ist. Leute, die ständig in ihrer Vergangenheit rumsuchen, erleben ja nix Neues mehr."

Kilian versuchte im Dunkeln zu erkennen, ob das auf ihn gemünzt war. Aber Charlotte guckte schon wieder in den Himmel. „Wusstest Du, dass der offizielle Weltraum erst nach hundert Kilometern beginnt?" Irgendetwas musste er ja sagen. Und mit der Vergangenheit war heute Abend offenbar nicht zu punkten.

„Nee." Charlotte ließ sich eine Zigarette geben, „Nee, das wusste ich nicht, aber ich glaube, das mit dem Weltraum [ist] völlig gleichgültig, wo die Menschen ihre Lufthoheit ansetzen. Irgendwann saugt sich doch eh alles wieder zurück auf Nussgröße, oder?"

„Keine Ahnung, wahrscheinlich wird es so kommen."

„Stell dir mal vor, es passiert nicht blitzschnell, sondern langsam, sagen wir in drei Tagen. Die Erdoberfläche verzieht sich, drängt in Zeitlupe weg vom Erdmittelpunkt wie schmelzendes Plastik, und die Leute kriegen das noch voll mit. Und könnten doch nichts mehr machen. Da würde man endlich erfahren, was die Menschen wirklich wollen!"

„Ich dachte, du kiffst nicht ...!"

„Jep, da kenn' ich Besseres." Charlotte nahm die braune Plastiktüte, die ihr der Mann an der Trinkhalle gegeben hatte, und holte einen zerschrammelten Korkenzieher aus ihrer Mandarina-Duck[5]-Tasche.

„Mach mal."

„Endstadium?" Kilian schnippte seine halb aufgerauchte Kippe über die Kante.

„Von wegen, die Nacht hat noch gar nicht begonnen." Charlotte lehnte sich zurück.

„Gottfried Keller[6] hatte in der Kneipe immer einen Koffer dabei. Damit die Nachbarn am Morgen denken, er komme von einer Reise."

„Hilfe, Herr Lohmann hat das Geheimnis meiner großen Tasche entdeckt!"

„Schon klar." Kilian ließ sich die Flasche geben. Es brannte im Hals. [...]

Anmerkungen

1 Benson (and Hedges): eine englische Zigarettenmarke
2 Davidoff: ebenfalls eine Zigarettenmarke
3 Broken Flowers: Film von Jim Jarmusch aus dem Jahr 2005 mit Bill Murray in der Hauptrolle
4 der *Letham*-Vater: Anspielung auf den Roman *Georg Letham. Arzt und Mörder* von Ernst Weiß aus dem Jahr 1931
5 Mandarina Duck: italienisches Designerlabel; bekannt vor allem für Handtaschen und Koffer
6 Gottfried Keller: bekannter Autor aus der Schweiz (1819–1890)

Beispiellösung

Beispiellösung Teilaufgabe 1

Der im Jahre 2008 erstmals erschienene Roman „Tauchertage" des Autors Christoph Steier behandelt ein ungewöhnliches Thema. Es geht um Bulimie, allerdings nicht, wie vielleicht zu erwarten gewesen wäre, bei einem Mädchen oder einer jungen Frau, sondern bei einem jungen Mann, dem 20-jährigen Kilian Lohmann. Dieser spricht im vorliegenden Textauszug mit seiner ehemaligen Schulfreundin Charlotte, die ihn während der Therapie besucht, vordergründig über einen Film und das Universum. Eigentlich philosophiert Kilian aber über das Leben als solches.

Zu Beginn des Textausschnitts wirft Kilian Charlotte seine Packung Zigaretten zu und beide beginnen zu rauchen. Dabei erinnert sich Kilian daran, wie er ursprünglich glaubte, dass seine Zigarettenmarke - Benson and Hedges - etwas Besonderes sei, bevor er dann erfuhr, dass sie in England vor allem von den Angehörigen der unteren sozialen Schichten geraucht wird. Aus dieser scheinbar trivialen Situation lässt sich jedoch schon einiges über die Beziehung von Charlotte und Kilian und auch über Kilians Charakter ablesen. Zum einen hat sich ihre Beziehung offenbar im Vergleich zu früher deutlich gewandelt. Während er ihr früher die Zigarette direkt in den Mund gesteckt hätte oder sie sich sogar eine Zigarette geteilt hätten (vgl. Z. 4ff.), so wirft er ihr nun nur die Packung hin, was zeigt, dass sie sich offenbar nicht mehr so nah sind. Zum anderen zeigt sich in Kilians Markenbewusstsein, dem Wunsch, Zigaretten einer (vermeintlich) noblen Marke zu rauchen, und der Verwendung des deutlich abwertenden Begriffs „Proletenmarke" (Z. 14.) eine gewisse Arroganz.

Kilian erinnert sich in der Folge daran, wie nah er und Charlotte sich einmal waren, indem er an eine Karte denkt, die

Hinweise

Einleitungssatz: Angabe des Autors, der Textsorte, des Veröffentlichungsjahres

Angabe des zentralen Inhalts

Wiedergabe des Inhalts in textchronologischer Abfolge

Verwendung des Präsens für die Inhaltsangabe

Interpretation prägnanter Textstellen mit Schlussfolgerungen zu den Charakteren und deren Beziehung zueinander

er ihr einmal zum Geburtstag geschickt hat und durch die er ihr seine Freundschaft (vielleicht sogar seine Liebe) zeigen wollte. Davon ausgehend beginnt er jedoch, über andere Dinge zu reflektieren: Erneut mit einer gewissen Arroganz glaubt er nun, dass das Erwachsenwerden zu einem großen Teil darin bestehe, einfach Lebensweisheiten als wahr zu erkennen, was impliziert, dass die meisten Menschen auch nur auf einem einfachen Niveau denken können. „Durchschnittlichkeit" (Z. 39) wird für ihn zum verachteten Hauptmerkmal der meisten Menschen, die er für ebenso durchschnittlich hält wie die Kleidung der Firma „Esprit" (Z. 35 ff.) oder auch die Bücher Bastian Sicks (Z. 42 ff.). Als „Honks in Wildlederblousons" (Z. 50) erscheinen ihm die Leute, womit er nicht nur einen klar jugendsprachlichen Begriff verwendet, sondern durch diesen auch seine große Verachtung für die durchschnittlichen Menschen zum Ausdruck bringt, die nur an Konsum interessiert zu sein scheinen und sich nicht für die wirklich wichtigen Dinge des Lebens interessierten. Worin genau diese Dinge für Kilian bestehen, bleibt jedoch in der vorliegenden Textpassage weitgehend offen. Auch die Lebensweisheit, die eine Figur aus einem Film („Broken Flowers") verkündete, kann Kilian nicht begeistern, wobei er jedoch offenbar wenigstens den Schauspieler bewundert. Auf seine Frage, ob Charlotte den Film gesehen habe, erwidert sie, dass sie ihn zwar gesehen, aber auch extrem langweilig gefunden habe, wodurch erneut deutlich wird, dass die beiden einander sehr unähnlich sind.

Angabe relevanter Zitate (mit Zeilenangabe)

Wiedergabe wörtlicher Rede im Konjunktiv I

Kilian und Charlotte sprechen anschließend über den Weltraum und über das Ende der Welt, sich dabei Grausamkeiten ausmalend, bevor Charlotte eine Flasche Alkohol aus einer Papiertüte nimmt, diese öffnet und Kilian davon trinkt. Bemerkenswert an dieser Passage ist zum einen der explizite Verweis auf die Marke ihrer Handtasche („Mandarina-Duck-Tasche", Z. 107 f.) sowie zum anderen Kilians Hinweis auf den Schriftsteller Gottfried Keller, der, wenn er abends in eine Kneipe ging, angeblich einen Koffer mitgenommen haben soll, um seine Nachbarn am nächsten Morgen glauben machen zu können, er sei auf Reisen gewesen. Die Fixierung auf Marken (und Konsum) einerseits sowie der Verweis auf einen Schriftsteller aus dem neunzehnten Jahrhundert, durch den Kilian zeigen will, wie gebildet er ist, kennzeichnen den Charakter der Hauptfigur. Er blickt zwar arrogant-zynisch auf die anderen Menschen herab, kann sich aber von den Eigenschaften, die er an ihnen abstoßend findet, selbst nicht

zusammenfassendes Fazit

frei machen. Seine Beziehung zu Charlotte erweist sich als ähnlich ambivalent. Zwar fühlt er sich offensichtlich zu ihr hingezogen, doch haben die beiden - wenigstens in diesem Abschnitt - nur wenige Gemeinsamkeiten - sieht man von ihrer gemeinsamen Vergangenheit einmal ab.

Beispiellösung Teilaufgabe 2

„Tauchertage" - der Roman der heutigen Jugend?

In Christoph Steiers unlängst erschienenem Roman „Tauchertage" geht es nicht nur darum, das Bild eines einzelnen Jugendlichen zu zeichnen, sondern das Bild einer ganzen Generation. Kilian Lohmann, der Protagonist des Romans, leidet - an sich, an der Welt und - wohl als Resultat daraus - auch an Bulimie. Als arrogant-zynisch gibt sich Kilian, als jemand, der bei dem Versuch, sich selbst zu finden, das, was er durch andere Menschen verkörpert sieht, nur vehement ablehnen kann. Das mag zunächst ungewöhnlich und neu klingen, doch steht Steier damit sicherlich in einer langen Tradition von literarischen Texten, die sich mit dem Erwachsenwerden und dem Lebensgefühl einer Generation beschäftigen. Man denke hierbei etwa an einen Roman wie Goethes „Die Leiden des jungen Werthers", in dem der Autor die unglücklich Liebe der Titelfigur zu der von ihm angebeteten Lotte schildert. Der Briefroman beeinflusste die Jugendlichen der Zeit so sehr, dass sich nicht nur viele junge Männer nach der sogenannten „Werther-Mode" kleideten, sondern dass auch der abschließende Selbstmord Werthers durchaus viele Nachahmer fand. Doch auch Schillers „Die Räuber" lässt sich durchaus als ein Theaterstück verstehen, in dem es darum geht, dass sich zwei Söhne, Karl und Franz Moor, auf - zugegeben sehr unterschiedliche - Weise von der Vaterwelt lösen.

Doch gibt es natürlich auch Beispiele aus neuerer Zeit: Eine neue Qualität der Darstellung der Lebens- und Erfahrungswelt Jugendlicher wird sicherlich in Günter Grass' Novelle „Katz und Maus" erreicht. Die Hauptfigur, Joachim Mahlke, versucht mit allen Mitteln, ihren übergroßen Kehlkopf - der möglicherweise symbolisch für jegliche Form von selbst empfundenem Makel steht - zu verbergen. Was Grass' Novelle zur Zeit ihres Erscheinens zu einem Skandal machte, ist die Tatsache, dass er auch bestimmte Rituale Jugendlicher beschreibt, in diesem Fall den Masturbationswettbewerb der Jungenclique, weshalb seinerzeit beantragt wurde, die

Hinweise

Verfassen einer Überschrift für die Rezension

Angabe des zentralen Inhalts des Romans

Hinweis auf den darzustellenden Aspekt

Herstellen von Bezügen zu ausgewählten Lektüren

Novelle auf den Index für jugendgefährdende Schriften zu setzen.
Das jedoch scheint durchaus ein Merkmal jener Literatur zu sein, die die Lebenswelt der jungen Generation einzufangen versucht - sie schockiert. Man denke hierbei an Christian Krachts „Faserland", in dem der hemmungslose Konsum von Alkohol und Drogen ebenso beschrieben wird, wie der Versuch einer Generation, sich durch den Erwerb von Markenprodukten wenigstens ein Stück Identität zu sichern. Ein weiteres Beispiel ist Charlotte Roches Skandalroman „Feuchtgebiete", in dem die Erzählerin ausgiebig ihren eigenen Körper, dessen Ausscheidungen und ihre Sexualität beschreibt. Doch liegt vielleicht genau hierin auch der Unterschied zwischen den Werken eines Goethe und Schiller und den Romanen von Kracht, Roche und letztlich auch Steier. Lediglich zu schockieren ist eben für Literatur nicht genug, und den Charakter einer Generation nur oberflächlich darzustellen ist eben auch nicht genug. Unter die Oberfläche gehen das arrogant-zynische und die gewollt gelehrten Reflexionen von Steiers Protagonisten aber nicht. Somit bleibt es bei einer gewissen Belanglosigkeit, die nur von ausgesprochen zynischen Beobachtern als das Charakteristikum der aktuellen Generation von Jugendlichen gesehen werden kann.

Rückbezug auf die Textvorlage

textsortenspezifisches, wertendes Fazit

Rahmenthema 6: Reflexion über Sprache und Sprachgebrauch

D. Guratzsch: Das Gefühl des Sprachverfalls trügt nicht

grundlegendes Anforderungsniveau

Aufgabenarten: Textanalyse / Texterörterung

Aufgabenstellung

1. Erläutern Sie die Position von Dankwart Guratzsch und analysieren Sie seine primäre Wirkabsicht.

2. Erörtern Sie Dankwarts These, dass Wandel auch Verlust bedeute, indem Sie diese auch auf literarische Werke unterschiedlicher Epochen beziehen.

Materialgrundlage

Dankwart Guratzsch: Das Gefühl des Sprachverfalls trügt nicht. Aus: DIE WELT, 22.03.2013 (Auszug)

Das Gefühl des Sprachwandels trügt nicht *Dankwart Guratzsch*

Das Institut für Deutsche Sprache befasste sich auf seiner Jahrestagung mit dem Sprachwandel. Die Wissenschaftler fasziniert Veränderung, für den Normalbürger jedoch bedeutet sie einen Verlust. […]

Gibt es einen „Verfall" der deutschen Sprache? Stirbt der Konjunktiv? Ist der Dativ dem Genitiv sein Tod? Macht das schludrige Denglisch dem reinen deutschen Idiom den Garaus? Ist die schauderhafte neue Rechtschreibung der Totengräber? Wo sind die Warner und Gesetzeshüter, die den Sprachverderbern das Mundwerk legen?

Jedenfalls nicht im Institut für deutsche Sprache in Mannheim, nicht in der Gesellschaft für deutsche Sprache in Wiesbaden und auch nicht in der Akademie für Sprache und Dichtung in Darmstadt. Der dreigeteilte Olymp der deutschen Sprachwissenschaft im Rhein-Neckardreieck ist ein Hochsitz ohne Götter, Mauern, Schwerter und Kanonen. Hier wird nur angesessen und Buch geführt. Und jedes Rascheln im Gesträuch klingt den Lauernden wie Musik in den Ohren.

Was bei solcher Pirsch herauskommt, das hat der mit großer Spannung erwartete, vor drei Wochen publizierte „Bericht zur Lage der deutschen Sprache" erwiesen. Das Dickicht des Gegenwartsdeutschs, so befanden die Autoren, strotzt nur so von Leben. Der deutsche Wortschatz sei heute reicher als zu Goethes Zeiten, die Grammatik werde immer einfacher, die Anglizismen ließen sich verschmerzen und selbst die hässlichen Streckverbgefüge könnten auch manchmal sogar als sinnvoll erweisen. Mit anderen Worten: Die Jagd auf Symptome von Sprachverfall kann abgeblasen werden.

Sprachwandel bedingt auch Verlust

Als jetzt das Institut für Deutsche Sprache (IDS) auch noch seine Jahrestagung in Mannheim dem Thema widmete, wurde das Halali geblasen. „Es liegt im Wesen der Sprache, dass sie sich verändert, dass ihre Entwicklung in keinem Augenblick stille steht", hatte schon 1900 der große Sprachwissenschaftler Otto Behaghel gelehrt, und zu diesem Evangelium bekannten sich seine Kollegen auch in Mannheim. Denn Stillstand bedeute Tod. [...] Nur wer ganz genau hinhörte, konnte wahrnehmen, dass auch auf diesem Forum von etwas ganz anderem als in der deutschen Öffentlichkeit die Rede war. Für den Sprachwissenschaftler ist ja das Faszinosum an seinem Orchideenfach gerade der Wandel, ein „Richtig" oder „Falsch", ein „Gut" oder „Böse", ein „Schön" oder „Unschön" gibt es für ihn nicht. Für den Normalbürger aber geht es um Fülle, Farbigkeit, Feinheit im Ausdruck. Sein Leiden am Sprachwandel ist ein Leiden am Verlust.

Werden Jugendliche in fünfzig Jahren überhaupt noch Goethe im Original lesen können? Oder sind ihnen bis dahin viele Vokabeln des Deutschen abhanden gekommen? Brauchen sie künftig Wörterbücher, um Kant, Lessing, Schiller, Kleist, Heine oder die Libretti der Wagneropern zu verstehen?

Geht ihnen – und der Sprachgemeinschaft insgesamt – der direkte Zugang zum Kosmos der großen literarischen und philosophischen Kulturleistungen in deutscher Sprache verloren?

Die Frage wurde in Mannheim nicht einmal gestellt. Dass sie eine Kernfrage des Deutschunterrichts an den Schulen ist, dessen Lehrer von denselben Linguisten ausgebildet werden, haben die Sprachwissenschaftler – um es mit einer jener neuen, bei den Fachvertretern so beliebten Wendungen zu sagen – nicht auf dem Schirm. Und das hat sehr gut nachvollziehbare Gründe.

Feinste Veränderungen in der Wortwahl

[...] Am verblüffendsten sicherlich, dass viele Erscheinungen des heute „gefühlten Sprachverfalls" seit Jahrhunderten beobachtet werden, ohne dass sie sich durchgesetzt hätten. Berühmt berüchtigt ist der Dativ auf „wegen". Sein vermeintlicher Vormarsch, so Ludwig M. Eichinger, Direktor des IDS, ist offenbar nicht nur ins Stocken geraten, sondern bewegt sich womöglich rückwärts – zumindest im Schriftlichen. Hier standen bei einer Untersuchung 25.669 Belegen für „wegen des" nur 2266 für „wegen dem" gegenüber.

Eichinger vermutet: „Wegen dem" wird umgangssprachlich gebraucht, doch der Sprecher weiß sehr wohl, dass es grammatisch falsch ist. Mit anderen Worten, allem Kokettieren mit „Modernität" zum Trotz verwendet er die falsche Form mit schlechtem Gewissen.

Beispiele dieser Art lieferte der Kongress die Fülle. So kommt es Marc Kupietz (IDS) so vor, als kündige sich sogar schon für Anglizismen ein „Abwärtstrend" an. Die hätten sich im Deutschen zwar seit 1995 verdoppelt, den Scheitelpunkt jedoch, zumindest in Österreich, anscheinend schon erreicht. Überhaupt misst der Forscher nicht dem Zeitfaktor, sondern dem jeweiligen Medium und der Region die größere Bedeutung bei der Ausbildung von Sprachvarianten bei.

So verzeichnet der Sportteil der Zeitungen den mit Abstand höchsten Anteil an Anglizismen (möglicherweise unter Beteiligung der Allerweltsvokabel „Team"), während Parlamentsprotokolle (!) davon weitgehend frei sind.

[…] Eine Erklärung für [die] auffällige Beharrungstendenz von Spracheigentümlichkeiten im Deutschen will Renata Szczepaniak (Hamburg) am Beispiel der Karriere des Genitivs als Präpositionalkasus gefunden haben. Danach fungieren ambitionierte grammatische, dialektale und lexikale Formen im Deutschen vielfach als „soziolinguistische Marker". Zum Beispiel werde der Genitiv in Verbindung mit Dativpräpositionen wie „entgegen", „entsprechend", „gemäß" heute von Aufsteigern geradezu als „Prestigekasus" gebraucht. Ganz entgegen landläufigen Meinungen könne hier konstatiert werden: „Der Genitiv ist dem Dativ sein Tod" – und nicht etwa umgekehrt.

Was aus alldem rückgeschlossen werden kann, ist vor allem für die (im Mannheimer Plenum reichlich vertretenen) Sprachrevolutionäre von 1968 fatal. Ihr Kampf für Einebnung der Sprache, gegen den „elaborierten Code" ist genauso gescheitert wie die von ihnen angezettelte Rechtschreibreform. Was einer ganzen Generation dadurch verbaut wurde, das ist die Teilhabe an eben jenem Bildungskanon, den die Reformer mit vermeintlichen Spracherleichterungen allgemein zugänglich machen wollten.

Der Verlust an Vokabular der deutschen Hochsprache, der in Mannheim niemanden interessierte und der das alarmierendste Symptom für Sprach- (und Kultur-)verfall ist, hilft die Distanz zu diesem Bildungskanon nicht etwa überbrücken, sondern vergrößert sie noch.

Und er steht nicht zuletzt auch der Integration von Migranten in die deutsche Kulturgemeinschaft wie eine Barrikade im Wege. Unvermindert scheint dagegen zu gelten, was es nach jenen Irrlehren gar nicht mehr geben sollte: Sprachkultur dient und wird eingesetzt als Ausweis kultureller Identität.

Und deshalb kann Entwarnung in Sachen Sprachverfall, wie sie der „Bericht" nahelegt, keineswegs gegeben werden. Das Halali der Linguisten ist verfrüht.

Beispiellösung

Beispiellösung Teilaufgabe 1

In seinem im Jahr 2013 in der Zeitung „Die Welt" erschienenen Artikel „Das Gefühl des Sprachverfalls trügt nicht" setzt sich der Autor Dankwart Guratzsch mit der Frage des sprachlichen Wandels ebenso wie mit dem Umgang der Sprachwissenschaftler mit diesem Wandel auseinander. Veranlasst durch die öffentliche Vorstellung des sogenannten „Berichts zur Lage der deutschen Sprache" durch das Institut für deutsche Sprache, die Gesellschaft für deutsche Sprache und die Deutsche Akademie für Sprache und Dichtung hinterfragt Guratzsch die Position der Sprachwissenschaftler zum Sprachwandel. Was ihnen lediglich als interessantes wissenschaftliches Phänomen erscheine, habe, so der Autor, schwerwiegende Auswirkungen auf die Sprachgemeinschaft und deren kommunikative Kompetenzen. Dieses, so Guratzsch, ignorierten die Wissenschaftler jedoch völlig.

Hinweise

Einleitungssatz: Angabe des Autors, der Textsorte, des Erscheinungsortes sowie des Veröffentlichungsjahres

Angabe des Themas bzw. der Hauptthese

Guratzsch beginnt seinen Artikel mit einer Reihe von Fragen, wodurch er nicht nur das Interesse der Leser weckt, sondern auch das Thema und dessen diverse Aspekte einführt. Er benennt auch bereits zentrale Aspekte des sprachlichen Wandels - von der, insbesondere durch Bastian Sicks Kolumnen populär gewordenen Vorstellung vom Wandel auf dem Gebiet der Grammatik, wonach der „Dativ dem Genitiv sein Tod" sei, über die Verwendung von Anglizismen bis hin zur Reform der Orthografie. Bald wird jedoch auch das primäre Ziel seiner teilweise stark polemischen Ausführungen deutlich. Er attackiert insbesondere jene Institute, die sich, wenigstens nach eigenem Bekunden, mit den Tendenzen der Gegenwartssprache auseinandersetzen, die aber, so Guratzsch, ihrer Funktion nicht hinreichend nachkämen. So bezeichnet er — ironisch überhöhend — die drei Sprachinstitute zunächst noch als „dreigeteilten Olymp" (Z. 21), der jedoch — in einem Wechsel des Bildfeldes — dann als „Hochsitz ohne Götter" trivialisiert wird. Sprachlich bleibt Guratzsch in der Folge beim Bildfeld der Jagd, wenn er von der „Pirsch" der Sprachwissenschaftler schreibt, die begierig auf alles lauerten, was im „Dickicht des Gegenwartsdeutsch" (Z. 32) zu finden sei. Dass diese Jagd jedoch letztlich wenig ertragreich sei, macht der Autor in den folgenden Absätzen deutlich. Als nicht nachvollziehbar beschreibt er die Resultate des Berichts, wonach die deutsche Sprache sich zwar dynamisch wandele, von Verfall aber keineswegs die Rede sein könne, sodass die entsprechende „Jagd [...] abgeblasen werden" könne (Z. 107 f.).

Diese Aussage greift Guratzsch auf, um daran seine eigene These vom Sprachverfall zu entwickeln, der aus diesem Wandel resultiere. So führt er an, dass das wissenschaftliche Interesse an der Sprache keineswegs das Interesse des normalen Sprechers oder, wie er ihn in Abgrenzung zu den Sprachwissenschaftlern nennt, des „Normalbürgers" (Z. 64) sei. Diesem gehe es gerade darum, sich möglichst differenziert auszudrücken; das, was den Linguisten als wissenschaftlich interessanter Wandel erscheine, stelle für die Sprecher eher eine bedauernswerte Verarmung der Sprache dar. So stellt Guratzsch etwa die (sicherlich polemische) Frage, inwiefern Jugendliche in fünfzig Jahren aufgrund des Schrumpfens des allgemeinen Wortschatzes überhaupt noch in der Lage seien, Goethes Werke zu verstehen. Dadurch postuliert Guratzsch auch einen direkten Zusammenhang zwischen dem von ihm konstatierten Sprachverfall und

Inhaltswiedergabe in textchronologischer Abfolge

Wiedergabe fremder Äußerungen im Konjunktiv I

Analyse ausgewählter sprachlicher Mittel in funktionaler Anbindung

einem generellen kulturellen Verfall, der dazu führen werde, dass aufgrund der sprachlichen Einschränkungen eines Tages möglicherweise nicht einmal mehr die zentralen Autoren der deutschen Geistesgeschichte gelesen bzw. verstanden werden können. Die Behauptung, dass sich dies der Forschung nicht einmal als Problem darstelle – Guratzsch benutzt hierfür „eine[...] jener neuen, bei den Fachvertretern so beliebten Wendungen", nämlich, man habe es „nicht auf dem Schirm" (Z. 88 f.) – macht deutlich, was der Autor von den wissenschaftlichen Erkenntnissen der Linguisten hält. Nicht nur die Trivialität ihrer Forschungsergebnisse prangert der Autor an; schlimmer noch: Als „Sprachrevolutionäre von 1968" (Z. 161) macht er sie selbst für eine „Einebnung der Sprache" (Z. 152) verantwortlich, die letztlich in einem „Sprach- (und Kultur-)verfall" (Z. 164 f.) gipfele, durch den gerade das Gegenteil dessen erreicht werde, was ursprünglich intendiert gewesen sei. Es würden dadurch Sprachbarrieren aufgebaut, die von einzelnen Sprechern nicht mehr überwunden werden könnten, wodurch gerade der Ausschluss aus der Sprach- und Kulturgemeinschaft erfolge.

Analyse und Darstellung der Wirkabsicht unter Angabe prägnanter Textstellen

Insgesamt zeichnet Guratzsch in seinem Artikel ein ausgesprochen pessimistisches Bild vom sprachlichen Wandel, der für ihn primär mit Verlust an Ausdrucksmöglichkeiten einhergeht. Mag man dieser These – wenigstens teilweise – auch noch folgen, so erscheint die Tatsache, dass er dafür letztlich allein die Sprachwissenschaftler verantwortlich macht, doch etwas sehr polemisch.

zusammenfassendes Fazit

eigene Bewertung/Positionierung zum Text

Beispiellösung Teilaufgabe 2

Hinweise

Rückverweis auf Artikel

Dass Wandel zum Teil oder – wie im Fall von D. Guratzschs Artikel – ausschließlich als Verfall gesehen wird, ist keineswegs ein neues Phänomen und zeigt sich nicht nur auf dem Gebiet des Sprachwandels. Auch in der Literatur wurde (und wird) das Neue häufig als weniger wertvoll, weniger künstlerisch und weniger anspruchsvoll angesehenen. Daher stellt sich die Frage, inwiefern eine solche Betrachtungsweise gerechtfertigt ist.

Angabe der zu erörternden These

Fraglos sind neue literarische Ausdrucksformen häufig bewusst in Abgrenzung gegen die Tradition konzipiert. Man denke etwa an Georg Büchners Drama „Woyzeck", in dem ein Angehöriger der untersten Schicht zur zentralen dramatischen Figur wird, deren soziale und intellektuelle Beschränkungen nicht zuletzt – und hier mag auf Guratzsch verwiesen werden – sich auch in den Beschränkungen seines

Entwicklung der Pro-Position

Angabe von relevanten Beispielen (Schwerpunktsetzung in Abhängigkeit von

sprachlichen Ausdrucksvermögens manifestieren. Verglichen mit der Sprache klassischer Dramen - etwa Schillers „Maria Stuart" - ist dies in der Tat ein Rückschritt an sprachlicher Elaboriertheit. Gleiches gilt sicherlich auch für die Geschichten Franz Kafkas, für die Dramen des Naturalismus, mit ihrer Verwendung von Dialekten und Soziolekten, bis hin zur neuesten (Pop-)Literatur, in die nun auch Umgangssprache und selbst Fäkalsprache Einzug gehalten haben.

Ihren spezifischen unterrichtlichen und außerunterrichtlichen Leseerfahrungen)

Dennoch ist die Entwicklung nicht oder wenigstens nicht immer als Verfall zu bezeichnen. Sicherlich gibt es zahlreiche Autorinnen und Autoren, deren Sprachvermögen etwa gegenüber dem der klassischen Autoren stark eingeschränkt ist. Am Beispiel von Büchner aber lässt sich durchaus zeigen, dass die Sprachverwendung eben auch ein zentrales künstlerisches Gestaltungsmittel ist, das auch der sich verändernden Realität Rechnung trägt. Eine Figur wie Woyzeck etwa in Blankversen sprechen zu lassen, ist schlichtweg undenkbar.

Entwicklung der Kontraposition

In der Literatur - wie auch in der Sprache - entsteht Wandel, entgegen der These von Guratzsch, nicht als zentrale geplante Veränderung, sondern als Reaktion auf eine sich verändernde Realität, die eben auch andere sprachliche und ästhetische Erfordernisse mit sich bringt. Dies sollte fraglos nicht dazu führen, wie es Guratzsch prophezeit, dass Leser nicht mehr in der Lage sind, ältere Literatur rezipieren und verstehen zu können. Es bedeutet aber auch nicht, dass alles Neue per se schlechter sein muss als das Vorhergegangene.

abschließendes Fazit unter Abwägung der zuvor entwickelten Positionen

Medienkritik (länderübergreifende Aufgabe)

Partizipatives Web – Chance oder Risiko?

erhöhtes Anforderungsniveau

Aufgabenart: Materialgestütztes Verfassen argumentierender Texte

Aufgabenstellung

1. Im Rahmen der Reihe „Partizipatives Web – Chance oder Risiko?" veröffentlicht eine überregionale Wochenzeitung regelmäßig Texte von Jugendlichen und jungen Erwachsenen.
   Verfassen Sie dafür einen Kommentar, in dem Sie sich zum Thema der Reihe positionieren.
   Nutzen Sie dazu die folgenden Materialien und beziehen Sie eigene Erfahrungen und eigenes Wissen ein. Wählen Sie eine geeignete Überschrift. Ihr Kommentar sollte etwa 800 Wörter umfassen.

Materialgrundlage

- Bernd Graff: Die neuen Idiotae – Web 0.0. Aus: Süddeutsche Zeitung vom 08./09.12.2007 (online verfügbar unter: http://www.sueddeutsche.de/digital/die-neuen-idiotae-web--1.335426; zuletzt aufgerufen am 11.06.2014)
- pepsprog: Das Netz, in dem wir alle hängen. http://www.pixelio.de/media/107969 (zuletzt aufgerufen am 11.06.2014)
- Harald Martenstein: Der Schwarm. Aus: Die ZEIT 46/2011 (online verfügbar unter: http://www.zeit.de/2011/46/DOS-Mainstream/seite-4; zuletzt aufgerufen am 16.06.2014)
- Thomas Vašek: Das Netz und sein Schatten. Aus: Hohe Luft, Ausgabe 2/2014. S. 79–83 (Ausschnitt: S. 79–80)
- Aktive Beteiligung im Internet 2013. Aus: JIM-Studie 2013, Seite 35; http://www.mpfs.de/?id=613 (zuletzt aufgerufen am 16.06.2014)

Hinweis

Die Aufgabenstellung und die Materialien in leicht abgewandelter Reihenfolge entsprechen der bei NIBIS veröffentlichten „Musteraufgabe Deutsch". Den entsprechenden Link finden Sie im Tippkasten im Anschluss an die Musterklausur.

M1 Die neuen Idiotae – Web 0.0 (2007) *Bernd Graff*

Seit fast einem halben Jahrzehnt gibt es das „partizipative Web". Das klingt nach Leistungskurs, meint aber neue Formen der Beteiligung und der Berichterstattung im Internet. Diese Formen werden von engagierten Zeitgenossen genutzt, weil sie – sei es aus Idealismus, sei es, weil sie sonst keine Beschäftigung haben – eine Rolle in der allgemeinen Informationsbildung übernehmen wollen. Man spricht auch schon von „Bürger-Reportern" und „Graswurzeljournalisten".

Eine Art: Vierte Digitalgewalt? Schlaue Menschen werden darauf hinweisen, dass das Internet immer schon ein Beteiligungsnetz war, und dass die Ansätze zu dieser Berichterstattung wesentlich älter sind als fünf Jahre. Leider nun sind jene Schlauen, die wir aus unserem gut gewärmten Mainstreammedia-Bett heraus und hinein in ihr debattenknisterndes Web grüßen: das Problem.

Sie zerfleddern – wie es gerne auch wir Zeitungsmenschen tun – jedes Thema. Sie tun dies aber oft anonym und noch öfter von keiner Sachkenntnis getrübt. Sie zetteln Debattenquickies an, pöbeln nach Gutsherrenart und rauschen dann zeternd weiter. [...]

Man schwärmt von „SchwarmIntelligenz" und attestiert, wie der Autor James Surowiecki, eine Weisheit der Vielen. Strikt selbstorganisierend – womit vornehm umschrieben ist, dass Geschwätz keine Organisation benötigt. Genauso gut könnte man allerdings einem Fliegenschwarm guten Geschmack unterstellen. [...]

Niemand bestreitet den Wert, den die zum Weltarchiv gewordene Video-Abspielplattform Youtube bereits jetzt hat. Und, ja, es gibt diese schöne Open-Source-Bewegung, die so wunderbare Dinge wie Linux über uns gebracht hat. Hier werden Werte geschaffen. Kein Mensch würde das ernsthaft in Zweifel ziehen. Genauso wenig wie die Tatsache, dass in Wikipedia viel brauchbares Wissen zu finden ist, wie gerade wieder eine vom Stern in Auftrag gegebene Studie belegt.

Aber wieso all das grundsätzliche Hallelujah auf den „User Generated Content"[1], der nicht selten ein „Loser Generated Content" ist? Wollen wir uns nur über die paar Gala-Vorstellungen freuen, wenn Fehlinformation, Denunziation und Selbstdarstellung das Tagesgeschäft der Laufkundschaft im Netz ist?

Man sollte sich darum vergegenwärtigen, was diese angebliche Web 2.0-Gegenöffentlichkeit neben der Wikipedia als Erfolge preist: Das ist zumeist praktizierter Warentest, gefolgt von einem Aufschrei der Vielen. Es geht um knackbare Fahrradschlösser, Kopierschutz auf DVDs und gefilmte Ratten in einer Fastfoodfiliale. Wollen wir diesen Aufstand der Konsumenten mit der Aufdeckung des Watergate-Skandals[2] vergleichen? [...]

Warum aber sollten Menschen, die lediglich neue technische Möglichkeiten nutzen, etwa um ihre Poesie-Alben zu veröffentlichen oder um ihrer Trauer über kaputte Computer Ausdruck zu verleihen, warum sollten diese Menschen Produktionsbedingungen für Medien diktieren und Meinungsführerschaft beanspruchen? [...]

Obwohl etablierte Formen der Informationsbildung, zum Beispiel aus Tageszeitungen und Magazinen, als „Mainstream Media" verspottet werden (sie gelten als korrumpiert, hierarchisch, hirngewaschen, langsam und überaltert), obwohl der Schwarmgeist also triumphieren möchte, darf erinnert werden: Es macht immer noch den Unterschied, wer etwas sagt. Und wo er es tut.

Die etablierten Medien verfügen über rigide Aufnahmeverfahren und praktizieren bei journalistischem Fehlverhalten im besten Fall Sanktionierungen. Es darf also eben nicht jeder überall mitschreiben – und der, der schreibt, macht dies nie unbeobachtet und zum Beispiel auf der freien und anonymen Wildbahn der Wikipedia, die so einfach anzuklicken ist und wohl auch deshalb vor Fehlern strotzt. Was aber wiegt dann mehr? Dass das immer elitäre Denken der Mainstream-

Medien im Zweifel undemokratisch ist? Oder, dass daraus Qualität entsteht? [...]

„Die Menschen“, schreibt Norbert Bolz[3], „werden immer mehr zu – wie man im Mittelalter sagte – idiotae: also zu eigensinnig Wissenden. Die neuen Idiotae lassen sich ihr Wissen, ihre Interessen und Leidenschaften nicht mehr ausreden.“ Mag sein. Verlangt ja auch keiner. Aber sollen wir uns deshalb von jeder Idiotie in die Zukunft führen lassen?

Anmerkungen

1 „User Generated Content“: von Internetnutzern erstellte Inhalte, z. B. in Form von Weblogs, Internetforen usw.

2 Watergate-Skandal: Anspielung auf die herausragende Rolle der Presse bei Aufdeckung des Machtmissbrauchs durch den republikanischen US-Präsidenten Richard Nixon. Nixon musste deshalb 1974 zurücktreten.

3 Norbert Bolz: Medienwissenschaftler

M2 Das Netz, in dem wir alle hängen (2005) *pepsprog*

M3 Der Schwarm (2011) *Harald Martenstein*

[...] Kaum ein Begriff hat in den Jahren, die seit meiner Kindheit verstrichen sind, eine solche Karriere gemacht wie „Schwarmintelligenz“. Das Internet funktioniert wie ein Schwarm, heißt es. Die Revolutionen in den arabischen Staaten wurden und werden über die schwarmförmige Organisation Facebook organisiert, ohne Anführer, ohne eine Partei. Alle bewegen sich plötzlich in dieselbe Richtung wie ihre Nachbarn.

Weniger bekannt ist das Wort „Schwarmfeigheit“. Ich habe es zum ersten Mal in der Talkshow von Anne Will gehört. Der Journalist und Politikberater Michael Spreng sprach von der

„Schwarmfeigheit im Internet". Jeder Journalist kennt sie. Unsere Texte stehen im Netz, sie werden kommentiert, wir bekommen E-Mails. Dagegen ist nichts zu sagen. Doch weil es möglich ist, sich anonym zu äußern, unter einem erfundenen Netznamen, sind die Äußerungen deutlich aggressiver geworden. Die Leserbriefe, mit Absender und – meistens – dem echten Namen, waren im Durchschnitt sachlicher und seltener beleidigend. Die wenigsten Internetautoren, behaupte ich, hätten den Mut, so zu schreiben, wenn sie mit ihrem Namen dafür einstehen müssten.

Ein sehr frühes und bis heute gern zitiertes Experiment zur Schwarmintelligenz wurde vor mehr als hundert Jahren auf der Viehzuchtmesse der britischen Stadt Plymouth veranstaltet. Ochsen wurden gewogen, unter Ausschluss der Öffentlichkeit, danach durfte das Publikum ihr Gewicht schätzen. Diese etwa 800 Personen waren zum Teil Familien mit Kindern, zum Teil Metzger und Viehzüchter, Experten und Laien bunt gemischt. Die Schätzungen waren teilweise grotesk falsch. Wenn man aber den Durchschnitt aller Schätzungen ausrechnete, dann lag dieser Durchschnitt immer sehr nahe bei dem richtigen Ergebnis. Das Internet funktioniert nach dem gleichen Prinzip. Jeder darf mitmachen, Experten und Laien, ähnlich wie beim Viehmarkt in Plymouth. Das Internetlexikon Wikipedia ist inzwischen die wichtigste Wissensquelle der meisten Leute, es wird vom Schwarm verfasst. [...]

M4 Das Netz und sein Schatten (2014) *Thomas Vašek*

Die einen sehen das Netz als einen Raum der Freiheit und Partizipation, in dem wir Informationen und Ideen miteinander teilen können. Die anderen halten es für das gewaltigste Überwachungsmedium, das die Menschheitsgeschichte je hervorgebracht hat. Doch die beiden Sichtweisen schließen einander nicht aus, sie beschreiben nur zwei Aspekte desselben Phänomens. Wir verstehen das Netz nicht richtig, wenn wir es auf einen Aspekt reduzieren. Das Netz ist ein Raum der Freiheit und Kreativität, aber auch eine Technologie der Kontrolle und Macht. Wie wir das Netz erleben, hängt offenbar von unserem Blickwinkel ab.

Wer bei Facebook ist, kann es als sozialen Raum erfahren, der Geborgenheit und Trost vermittelt. Wer mit Google nach Informationen sucht, benutzt es als mächtige Erweiterung des menschlichen Geistes. Wer bei Amazon einkauft, erlebt es als universelle Shopping-Mall. Und wer Twitter nutzt, verwendet es als effizientes Instrument, um Informationen mit anderen zu teilen. Das sind alles verschiedene Perspektiven, verschiedene Nutzer-Phänomenologien[1]. Und mit jedem neuen Netzwerk, jeder neuen App[2] kommen neue Perspektiven hinzu.

Das Netz hat kein „wahres Wesen". Es „ist" weder das eine noch das andere. Es hat seine sozialen wie kommerziellen Räume, seine öffentlichen wie privaten Seiten, seine heimeligen und unheimlichen Ecken. Das Netz verändert sich ständig, es kann alles Mögliche sein, und es ist vieles zugleich. Was das Netz ist, bestimmen jene, die es nutzen. Das sind nicht nur die privaten „Nutzer", sondern alle, die daran teilnehmen. Auch die NSA „nutzt" das Netz – und zwar, wie wir jetzt sehen, in ungeheuerlichem Maße.

Der fatale Effekt der Überwachung ist

nicht, so meine These, dass sie unsere „Privatsphäre“ zerstört. Das Fatale ist, dass sie letztlich das Vertrauen ins Netz selbst untergräbt – und damit das Vertrauen in ein Kommunikationsmedium, ohne das die moderne Gesellschaft nicht mehr existieren kann. [...]

Jede Vernetzung bedeutet, anderen ausgesetzt zu sein. Nur wer keine Verbindungen zu anderen hat, kann von niemandem behelligt werden. Der vernetzte Mensch ist also verwundbar. Man kann ihn „treffen“, im doppelten Sinn. Wer sich in Netzwerken bewegt, kann Menschen kennenlernen, Informationen und Ideen mit anderen teilen. Er exponiert sich aber auch mit seinen Ansichten, Interessen und Problemen. Vernetzte Menschen brauchen daher die Möglichkeit, ihr Selbst zu maskieren, Rollen zu spielen. [...] Das vernetzte, exponierte Selbst braucht die Maske, um sich vor der Unmittelbarkeit der anderen zu verbergen. Nur so ist Öffentlichkeit möglich.

Anmerkungen

1 Nutzer-Phänomenologie: (hier im Sinne von) unterschiedliche Arten von Nutzern
2 App: eigentlich Applikation: zusätzliches Anwenderprogramm

M5 Aktive Beteiligung im Internet 2013 (Grafik aus der JIM-Studie[1])

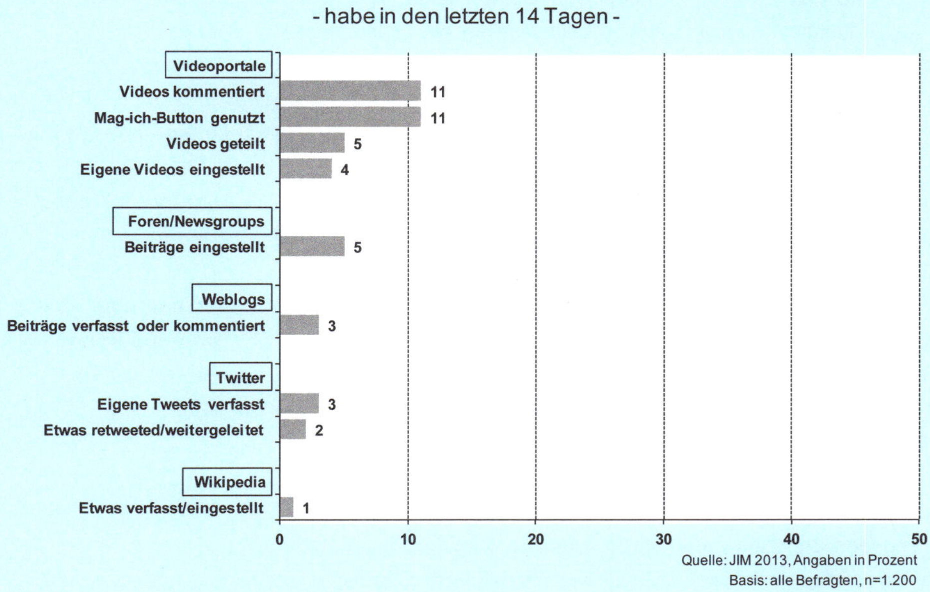

Anmerkungen

1 Die JIM-Studie (Jugend, Information, [Multi-]Media) des Medienpädagogischen Forschungsverbunds Südwest (mpfs) dokumentiert seit 1998 die Mediennutzung von Jugendlichen in Deutschland. 2013 wurden 1200 Personen im Alter von 12–19 Jahren befragt.

Beispiellösung

Spinnweb 2.0

Ich erinnere mich noch genau, wie ich als kleines Kind im Spätsommer fasziniert zum ersten Mal ein Spinnennetz in meinem Lieblingsbaum entdeckt habe. Es war durch Tautropfen geschmückt, durch die Sonne mit einer glitzernden Aura umgeben und bewegte sich leicht in der Morgenluft. Der Eindruck stabiler Zerbrechlichkeit hat mich erstaunt – und fasziniert zugleich. Nach einer Weile reinen Schauens konnte ich meinem inneren Impuls nicht widerstehen: Ich musste einen im Gras liegenden kleinen Zweig nehmen, um an einer Stelle die Stabilität zu prüfen. Als eine für mich bis dahin nicht sichtbare, fette Spinne sich mit rasanter Geschwindigkeit zielstrebig auf das vermutete sich verfangene Insekt zubewegte, habe ich vor lauter Schreck mein „Werkzeug" fallen gelassen. Mein Blick fokussierte sich dann auf die Überreste von kleinen Fliegen, Mücken und anderen Insekten, die die Spinne schon eingesponnen und ausgesaugt hatte.

Dieses Bild hat sich mir eingeprägt. Daran denke ich, wenn ich im Zusammenhang mit dem Thema Medien ein Spinnennetz sehe (ohne die „Opfer" und ohne eine Spinne), als Abbildung digital bearbeitet und zunächst kaum auffallend mit dem @-Zeichen als Mittelpunkt versehen, um damit eine Metapher für unsere heutige Medienrealität anzubieten. „Das Netz, in dem wir alle hängen" heißt es in der Bildunterschrift dort, und die fast unzähligen Tautropfen werden dadurch mit uns als Nutzern des digitalen Netzes assoziierbar.

Sofort ist auch die Ambivalenz meiner Kindheitserinnerung präsent. Die Wahrnehmung der Schönheit eines kunstvollen, elaborierten Webwerks ruft zum einen positive Konnotationen hervor: Ein Netz verknüpft, verbindet und verspricht Halt in verschiedenen Zusammenhängen. Es kann uns auffangen; dabei ist es weich und passt sich unserem Körper oder, im übertragenen Sinne, unseren Bedürfnissen, Wünschen und Hoffnungen an. Zum anderen gibt es die weniger angenehme Kehrseite des Verfangenseins, des Ausgeliefertseins, der Zwänge infolge zu starker Einbindung, aus der es kein Entrinnen gibt. An der Spitze dieser schon genügend unkomfortablen Schreckbilder lauert die Spinne, die ihre Opfer nicht nur einfängt, sondern sie tötet und aussaugt.

Eben dies gilt teilweise auch für unsere Erfahrung als Nutzer des World Wide Web: Vieles in unserem Leben ist durch die unendlichen Weiten und Verwebungen des Internets und der sozialen Netzwerke einfacher geworden, das Netz ein

Hinweise

Lebensweltbezug, Erinnerung, die von anderen Lesern geteilt werden kann

beschreibender Bezug auf M2

Einbindung des Bildtitels

Hinführung zum Thema

Verknüpfung: Zuspitzung und Bündelung der Ambivalenz

„Raum der Freiheit und Partizipation, in dem wir Informationen und Ideen miteinander teilen können" (M4, Z. 1f.), so werden teilweise euphorisch die Vorzüge benannt. Die JIM-Studie (M5) belegt: Unser Leben als Jugendliche findet in dieser Öffentlichkeitskultur statt. Wir kommemtieren Videos anderer (11 %), teilen sie (5 %) und veröffentlichen eigene Videos (4 %). Wir lassen in Foren (5 %) und Weblogs (3 %) andere Jugendliche an unserem Leben teilhaben. Warum auch nicht?

Zitat aus M4

Zitat aus M5

Zudem kennt und schätzt jeder die Freiheit zur Meinungsäußerung. Wir alle teilen aber auch die Erfahrung der Gruppenzwänge, denen man im Chat ausgesetzt ist, und waren ebenso schon häufig mit der menschlichen Bereitschaft konfrontiert, in dieser Freiheit Grenzen zu überschreiten bis hin zu einem Missbrauch für eigene Zwecke oder der Diskreditierung von Mitmenschen, wenn Netznutzer sich anonym und daher oftmals ungebremst äußern können. Dies geschieht teils durch gedankenlos abgesetzte Kommentare unter Posts oder Fotos bei Facebook, teils durch beleidigende Äußerungen unter Artikeln von Onlinezeitungen.

dialektische Entfaltung der eigenen medienkritischen Position in Aufnahme der zur Verfügung gestellten Materialien

In letzter Zeit gewinnen nicht nur deshalb diejenigen an Aufmerksamkeit, die eine medienkritische Position vertreten und mahnen, wir seien mit dem „gewaltigste[n] Überwachungsmedium konfrontiert, das die Menschheitsgeschichte je hervorgebracht" (M4, Z. 5f.) habe. Den hier wohl entscheidendsten Hinweis gibt Thomas Vašek, indem er darauf aufmerksam macht, dass nach seinem Dafürhalten das eigentlich Fatale dieser Überwachung nicht darin besteht, dass unsere „Privatsphäre" zerstört werde, sondern darin, dass „letztlich das Vertrauen ins Netz selbst" (M4, Z. 47f.) verloren geht.

Wir berauben uns selbst unseres Nutzungskomforts in der Verbundenheit miteinander und schaden damit einer Errungenschaft, ohne die „die moderne Gesellschaft nicht mehr existieren kann" (M4, Z. 50f.). Wir werden misstrauisch und in uns wächst die Angst vor der Spinne, die jede Bewegung mitbekommt und dann gnadenlos ihr Opfer überwältigt. Eine Zukunft, in der ich nicht leben möchte.

Rückbindung zum Ausgangspunkt

Schlussstatement

TIPP

Unter www.nibis.de/nli1/allgemein/gosin/zentralabitur/infos2016/20140721MusteraufgabenDE2016.pdf wird die Aufgabenart genau erläutert. Dort finden Sie auch Angaben zum Erwartungshorizont und Schreibhinweise für Schüler.

Themenfelder Lesen/Literatur und Medien (länderübergreifende Aufgabe)

Martin Meyer: Das Buch bleibt. Lesen im digitalen Zeitalter

erhöhtes Anforderungsniveau

Aufgabenarten: Textanalyse / Erörterung

Aufgabenstellung

1. Analysieren Sie, wie der Autor seine Position argumentativ entwickelt. Berücksichtigen Sie dabei auch ausgewählte sprachliche Mittel.

2. Erörtern Sie die Position des Autors zur Stellung des Buches im digitalen Zeitalter.

Der Schwerpunkt der Gesamtaufgabe liegt auf der zweiten Teilaufgabe, der argumentativen Auseinandersetzung mit der Textvorlage.

Materialgrundlage

Martin Meyer: Das Buch bleibt. Lesen im digitalen Zeitalter. Aus: Neue Zürcher Zeitung, 21.05.2011 (Auszug)

Das Buch bleibt. Lesen im digitalen Zeitalter *Martin Meyer*

[…] Bücher sind kraft ihrer Gegenständlichkeit vor allem Orte und Horte einer im Raum präsenten Allokation. Das Wissen und Denken, das solcherart in ihnen gespeichert ist, teilt sich mit wünschbarem Profil nach aussen mit. Niemand, der eine Bibliothek sein eigen nennt, unterschätzt das – dass uns die in braunes Leder gebundene Sophien-Ausgabe der Werke Goethes wie eine Bastion entgegenblickt, während ein giftiges Rot den Schritt in die Moderne signalisiert, wo Wolfgang Koeppen zu Hause ist. Das Grün der Schriften Husserls tröstet über die Qualität des Laminats hinweg, und in Studentenbuden, aber auch anderswo stehen die gelben Reclam-Bändchen parat, wieder und wieder zur Hand genommen zu werden.

Kulturwandel

Darüber – nämlich über das Unentbehrliche allein schon kraft ihrer Gegenständlichkeit – denken wir in Rücksicht auf die Bücher erst seit kürzerem nach. Eine Gattung, die nicht bedroht ist, versteht sich bekanntlich von selbst. Sie bewegt sich mit fraglosem Selbstvertrauen in ihrer Lebenswelt. Das Zeitalter der Digitalisierung aber tangiert nun die Zukunft des Buchs, und deshalb gerät es in den Zustand der Verteidigung. Ist es nicht verlockend und überdies bequemer, Texte auf dem Bildschirm zu lesen? Wozu noch Papier und Gewicht, wenn Dutzende von Romanen im Kindle gespeichert sind? Wenn Kosten gesenkt und Mobilitäten gesteigert werden können? Und sogar Eselsohren als Lesezeichen möglich sind, die überdies den ruppigen Umgang mit den klassischen Schwarten bloss simulieren? So fragt die Avantgarde der sogenannten User, zu der schon nicht mehr nur die versatile Jugend zählt: Auch Greise stellen ihren Anschluss an den Fortschritt rüstig unter Beweis.

Niemand wollte den Tigersprung in die Elektronik verächtlich machen. Als Gutenberg die beweglichen Lettern erfand, wurde er zwar von der Geistlichkeit zum Dämon erkoren, weil er die Monopole von Besitz und Auslegung der Schriften durchbrochen hatte. Aber das Volk war bald begeistert, denn Wissen kehrte in seine Stuben ein. Heute findet eine vergleichbare Revolution statt, die den Prozess der Demokratisierung von Information und Kenntnisverwertung bis in die Hütten und Zelte treibt. Hegel im Internet? Ein Knopfdruck genügt. Und in schönster Evidenz stehen auch die Segnungen der Suchmaschinen. Forschte man früher während Stunden, ja Tagen nach einem Zitat von Karl Marx, so wird es inzwischen in Sekunden geliefert. [...]

Seien wir ehrlich: Dieses [digitale] Medium ist kalt. Es gleicht als Träger jenen Eiseswüsten an den Polkappen, die in endloses Schweigen versunken sind, bis einmal ein Rentierschlitten die Leere durchfurcht. Die Inhalte erst schaffen das Leben – doch ein Leben, das noch im Schriftbild der Gleichförmigkeit gehorcht. Anders gesagt, dem Körper fehlt das Kleid, von der Aura des Geruchs bis zu den Falten, die als spatiale Ordnung dem Fleisch die Formen liefern. Das Gedächtnis des Lesers indessen funktioniert bei Büchern etwa so, dass gleichsam räumlich memoriert wird, an welcher Stelle – oben links, Mitte rechts – welche «Stelle» sich befindet. Zweitens stellt die elektronische Bibliothek weitaus höhere Anforderungen an das organisierende Talent ihres Besitzers als die klassische Regalverteilung. Der Aufwand, eine Art von ähnlicher Korrespondenz unter den Titeln, den Gruppen und den Sparten zu errichten, ist beträchtlich.

Weshalb? Es trifft zwar zu und ist vertraute Erfahrung: Auch Bücher verschwinden. Sie kommen uns abhanden, verstecken sich zwischen ihresgleichen, werden abermals angeschafft, worauf das verlorene Exemplar sich hinterhältig zurückmeldet. Die reale Bibliothek aber hat die Kraft der dritten Dimension. Räumlichkeit ist ihr Plus, das Haptische ist der Lockstoff, sichtbar unterschieden sind Grösse und Dicke, Einband und Schnitt der Bände. Ein geübter Leser bewegt sich im Milieu solcher Präsenzen mit der Sicherheit des Jägers, der sein Revier – die Sammlung – in- und auswendig kennt.

Vermöchte die virtuelle Schwester dieser Klause ähnliche Streifzüge, vergleichbare Raster und Ordnungen anzubieten? Eben nicht; und auch dann nur näherungsweise, wenn der trickreiche Bastler die Texte sozusagen Stück um Stück in Erscheinungen von «3-D» zu verwandeln wüsste. Fläche bleibt Fläche, ein Geviert an festem Ort, das zu betreten bei stärksten Gaben der Vorstellung illusorisch ist. Oder auf eine bereits gebräuchliche Simulation durch den Computer bezogen: Das virtuelle Museum, das uns in manche Sammlungen bittet, lässt das Bedürfnis, «wirklich» dabei zu sein, nur umso dringlicher erscheinen, Warteschlangen und verschwitzte Reisegruppen hin oder her.

Im echten Buch dürfen dann auch alle Beweise und Insignien seiner genaueren Lektüre angebracht werden. Moltke hatte schon recht. Wahres Lesen ist Lesen mit dem Stift, ein laufender Kommentar aus Zeichen und Fragen, Notaten und Verweisen, der nicht nur die Sache weiterdenkt, sondern auch die Anstrengung, die damit in eins geht, auf befreiende Weise abführt. Auch da bleibt der elektronische Ersatz – vom technischen Aufwand einmal abgesehen – weit hinter dem Original zurück. Er setzt in abstrakte Lettern, was der Bleistift mit Schwung und Temperament zur Anschauung bringt. Kostbar schliesslich jene Bücher aus dem Antiquariat, die aus dem Besitz bedeutender Leser stammen – wie in einer Archäologie des Wissens wird abermals sichtbar, was Plessner bei Heidegger des Anstreichens für würdig befand.

So bleibt das Buch, auch in Zeiten, die es ihm schwerer machen, und das häufiger beschworene Ende seiner Kultur mag sich dereinst als falsche Prophetie aus dem Geist eines Fortschritts erwiesen haben, der über dem Triumph des Neuen die Legitimität des Bestehenden vergessen hatte. Kein wacher Zeitgenosse wollte die Prämien der Digitalisierung in Abrede stellen. Sie sind da, hier und jetzt und morgen noch mehr, im kühlen Ambiente eines Verfügens, das – pardon: jeglichen erotischen Ornaments entbehrt. Man musste kein Bibliomane gewesen sein, um sich an den Objekten der Begierde oder immerhin an der Freude des Anfassens und Umblätterns begeistert zu haben.

Hier kam sogar Akustisches zum Zug. Seien wir abermals ehrlich: Die Bücher der digitalen Bibliothek sind das Gegenteil von sexy. Doch Mischehen sind im Vormarsch, wer klug ist und vernünftig haushaltet, verbindet das eine mit dem anderen. […]

Was wird bei dieser Aufgabenstellung von Ihnen erwartet?

Anhand dieser Aufgabenstellung sollen Sie zeigen, dass Sie

- formale Kriterien der Textwiedergabe kennen und erfüllen können: Einleitungssatz mit äußeren Textdaten (Autor, Titel usw.), Zusammenfassung am Schluss, Verwendung des Konjunktivs usw.;
- den Text in wesentlichen Elementen und Strukturen erfassen können;
- die Position des Verfassers aufzeigen können;
- wesentliche sprachlich-stilistische Gestaltungsmittel im Hinblick auf ihre Funktion für die Textaussage erläutern können;
- sich argumentativ mit zentralen Thesen, Argumenten und Darstellungsformen der Textvorlage im Rahmen des historischen und aktuellen Verstehenshorizontes auseinandersetzen können;
- eine weiterführende Problematisierung (Aufbau und Entfaltung einer eigenständigen fachspezifischen Argumentation) leisten können;
- sich ein begründetes Urteil bilden können.

Inhaltliche Teilleistungen

Teilaufgabe 1

1. | AFB I | Die zentralen Aussagen des Textes wiedergeben

Einleitung:

- Nennung der äußeren Textmerkmale: Autor: Meyer, Martin; Titel: Das Buch bleibt. Lesen im digitalen Zeitalter, Erscheinungsort und -jahr: Neue Züricher Zeitung (NZZ) vom 21. Mai 2011, Textart: Zeitungsartikel
- Zentrale These: Die Buchkultur wandele sich mit dem Lesen im digitalen Zeitalter, doch das Buch bleibe erhalten.

Darstellung wesentlicher Inhalte:

- Bücher hielten das Wissen und dessen Struktur in Bibliotheken räumlich präsent. Dimensionen der Buchproduktion würden durch Bücher veranschaulicht, ihre Gestaltung bilde zudem historische Entwicklungen ab.
- Die Zeit der selbstverständlichen Existenz der Bücher sei zu Ende, im Zeitalter der Digitalisierung stelle sich die Frage nach der Zukunft des Buches. Die zunehmende Nutzung digitaler Lesegeräte sei dabei nicht auf junge Menschen beschränkt.
- Der Entwicklungsschub sei bei aller Kritik nicht zu verkennen. Die gegenwärtig stattfindende Revolution sei vergleichbar mit Gutenbergs Erfindung. Sie führe zu einer tiefgehenden Demokratisierung der Information und Wissensverwertung, bis hin zu bisher unterprivilegierten Orten. Positiv hervorzuheben seien auch die Möglichkeiten der Suchmaschinen, die die Arbeit mit Literatur, etwa bei zielgerichteter Recherche, bedeutend erleichterten.
- Das sinnliche Erlebnis beim Lesen digitaler Medien sei kritisch zu beurteilen: Das digitale Medium sei kalt, geruchslos und unerotisch.
- Das digitale Medium biete nicht die Möglichkeit der räumlichen Orientierung, die der Leser von Büchern und Bibliotheken gewohnt sei. Die Qualität der Räumlichkeit bleibe dem digitalen Speicher verwehrt, virtuelle Bibliotheken seien kein adäquater Ersatz und mit virtuellen Museen vergleichbar, deren Simulation das Bedürfnis nach realer Teilhabe noch beförderten.
- Wahres Lesen geschehe zudem mit dem Stift und sei ein Prozess laufender Kommentierung mit Notizen im Buch, wobei der elektronische Ersatz hier so aufwendig wie gleichförmig sei und somit der Individualität des Lesers nicht entspreche. Randnotizen bedeutender Leser ließen sich zudem wie eine Archäologie des Wissens lesen, was ein weiterer Vorzug des Mediums Buch sei.
- Somit bleibe das Buch bestehen und künftig könne sich das Ende der Buchkultur als falsche Prognose erweisen, die aus Begeisterung für das Neue die „Legitimität des Bestehenden" übersehen habe.
- Der kluge Leser werde künftig allerdings die „Mischehe" der Medien nutzen und sowohl Gedrucktes als auch Digitales lesen.

2. /AFB II / Analyse ausgewählter sprachlicher Mittel in funktionaler Anbindung zur Wirkungsabsicht

- Nachweis der eigenen Expertenschaft durch Verweise auf die Werkausgaben z. B. Goethes und Koeppens, Aufzeigen des eigenen philosophischen Horizonts durch Verweise auf Hegel und Marx
- Abwertung bzw. Aufwertung durch Kontrastierung von positiv konnotierter konventioneller Buchkultur und negativ konnotierter digitaler Lesekultur: „illusorisch" (Z. 111), „virtuell[]" (Z. 102, 114), „Simulation" (Z. 112f.), „elektronische[r] Ersatz" (Z. 128) versus „[w]ahres Lesen" (Z. 122), „echt[es] Buch" (Z. 119), „wirklich" (Z. 116), „Original" (Z. 130)
- Aber: Aufwertung des digitalen Zeitalters durch Vergleich mit Revolution des Buchdrucks und Demokratisierungsprozess
- Zitat einer Autorität (Moltke) zum Charakter des Lesens
- Bildlichkeit:
  Vergleich des digitalen Buches mit den „Eiseswüsten an den Polkappen" (Z. 65), um Kälte und Einsamkeit zu vermitteln; dagegen Bezeichnung der gedruckten Werkausgabe als „Bastion" (Z. 10) und des Lesers in Bibliotheken als „Jäger[]" (Z. 100) im „Revier" (Z. 100)
  „Mischehe" als akzeptable Verbindung von konventioneller und digitaler Lesekultur
- Emotionalisierung der Argumentation: das digitale Medium sei „kalt" (Z. 64), „das Gegenteil von sexy" (Z. 160)
- rhetorische Fragen zur Darstellung der abgelehnten Position:
  z. B.: „Wozu noch Papier und Gewicht […]?" (Z. 32ff.)
- implizite Vereinnahmung des Lesers für die eigene, als einzig vernünftig vorgestellte Position: „Kein wacher Zeitgenosse […]" (Z. 147), „wer klug ist und vernünftig […]" (Z. 161)

Teilaufgabe 2

Position des Autors

Zunächst wäre die Position des Autors darzulegen:
Meyer kritisiert die digitalen Medien und erkennt einen Kulturwandel, in dessen Verlauf das gedruckte Buch allerdings aufgrund seiner besonderen Qualitäten erhalten bleibe und um die Recherchemöglichkeiten der elektronischen Medien ergänzt werde.

Aspekte einer eher kritischen Auseinandersetzung

- Meyers Argumentation folgt einem typischen Muster der Medienkritik, das seit der Antike Bestand hat, und wird wie ihre Vorgänger von der Realität überholt werden: Schon Platon warnte vor den Nachteilen der Einführung der Schrift, da er die Gedächtniskultur bedroht sah. Heute tritt das Argument in modernisierter Form erneut in Erscheinung, wenn beklagt wird, dass Wissensbestände stets aufs

Neue gegoogelt werden, statt sie im Gedächtnis präsent zu halten. Ähnlich agiert Meyer mit dem Verweis auf die Bibliotheken.

- Nie gab es in der Historie mehr Bücher als heute, nie mehr unterschiedliche Genres und Ausgestaltungen der Bücher, nie war die Verbreitung von Bestsellern ausgeprägter, nie Auflagenzahlen der Bücher höher – trotz der Konkurrenz durch andere Medien.
- Die Lesekultur besteht fort, dies gilt z. B. für das abendliche Vorlesen – ganz ohne empfundene ‚Kälte' (Meyer) – oder auch für die Intensivleser, die Bücher verschlingen und für die die erhöhte Mobilität durch ein elektronisches Lesegerät eine spürbare Bereicherung ist.
- Die scharfe Trennung zwischen dem Lesen digitaler und gedruckter Medien wird nur von Teilen der Medienkritik vorgenommen, der reale Leser nutzt die Formate je nach Gelegenheit.
- Das digitale Format ermöglicht neue Formen des Lesens: Nun sind nicht mehr nur Randnotizen möglich, der Leser kann in den Text selbst eingreifen, ihn verändern und weiterschreiben, dazu mündliche Kommentare aufzeichnen oder den Text mit Musik unterlegen, Bilder einfügen und sich mit anderen Lesern darüber austauschen. Der Konsument wird zum sogenannten ‚Prosumenten'.
- Viele Texte und Dokumente werden durch das digitale Medium erst wieder zugänglich oder können nur hier überdauern. Diese Werke ‚überleben' im digitalen Modus. Das Gutenbergprojekt kann hier als Beispiel gelten oder auch das Bemühen um die Digitalisierung von Kriegstagebüchern.
- Das Sortieren und Suchen digitaler Bücher ist – anders als von Meyer behauptet – erheblich einfacher als bei gedruckten Büchern.
- Mögliches Fazit: Das Bedürfnis nach Geschichten wird bleiben und damit auch das Lesen, jedoch werden die Formate vielfältiger sein als zu Zeiten, in denen der „Werther" oder die Karl-May-Romane erfolgreich waren. Somit könnte das Buch gehen, das Lesen aber bleibt.

Aspekte einer eher affirmativen Auseinandersetzung

- In Büchern vergegenständlichen sich Wissen und Kultur. Die Bedeutung dieser Räumlichkeit wird in Bibliotheken offenkundig. Beispielsweise sind sie in Universitäten Orte des Lernens, des Forschens, aber auch vor allem des Austausches von Lernenden und Lehrenden über diese Werke. Der Download vom zentralen Server in das isolierte private Arbeitszimmer kann kein Ersatz sein.
- Bücher sind mobil, haltbar, vielfach und voraussetzungslos zugänglich. Sie funktionieren ganz einfach, ganz ohne Akku – überall auf der Welt.
- Vom liebevoll mit haptischen Elementen ausgestatteten Kinderbuch über den großformatigen Atlas zum mittelalterlichen Prachtband: Zu Büchern gehört die Gestaltung, zum Medium Buch gehört auch die Buchkunst. Die Gestaltung erweitert den Text, erzählt etwas über den Inhalt, den Autor, den Verleger oder auch den Leser, der sich für eine der möglicherweise sehr unterschiedlichen Ausgaben entschieden hat. Hier droht eine digitale Eintönigkeit, die kaum durch die Möglichkeit, verschiedene Schrifttypen zu wählen, verdeckt werden kann.

- Anders als beim Medium Buch muss bei der digitalen Variante fraglich bleiben, ob das gespeicherte Format noch in 5, 10, 30 oder 400 Jahren abrufbar bleibt, ob die Werke also erhalten bleiben oder ihnen ein technisches Vergessen droht.
- Beim Lesen eines digitalen Mediums besteht eine größere Gefahr der Ablenkung als beim Lesen eines gedruckten Buches. Das konzentrierte Lesen eines längeren Textes am Stück kann z. B. durch diverse Verlinkungen im Text, durch aufpoppende Nachrichten oder allein durch die Möglichkeit, durch einen raschen Klick zu etwas anderem zu wechseln, erschwert werden.

TIPP zur länderübergreifenden Abituraufgabe

Diese Abituraufgabe lässt sich inhaltlich und methodisch besonders gut vorbereiten! Ausgewählt wird aus den Themenfeldern *Lesen/Literatur, Sprache, Medien*. Ein Text aus einem dieser Bereiche ist zu erschließen und dann zu erörtern oder es ist dazu adressatenbezogen zu schreiben (z. B. ein Kommentar).
Neben dem Erfassen der Argumente des Textes kommt es darauf an, eigenständige Argumente zur Verfügung zu haben. Die vorgegebenen Texte zu diesen Themen (vgl. auch Rahmenthema 6) bieten eine Fülle von Argumenten, die immer wieder genutzt werden können. Als Vorbereitung kann eine Mindmap mit den Argumenten zu den drei Themenfeldern sehr hilfreich sein.

Original-Prüfungsaufgaben

Abiturprüfung 2013

Theodor Fontane

erhöhtes Anforderungsniveau

Aufgabenstellung

1. Interpretieren Sie den Auszug aus dem 5. Kapitel von Theodor Fontanes Roman „Irrungen, Wirrungen". *(Gewichtung: 70 %)*
2. Prüfen Sie – ausgehend von Ihren Interpretationsergebnissen –, inwiefern Friedrich Schillers bürgerliches Trauerspiel „Kabale und Liebe" Modellcharakter für den vorliegenden Romanauszug hat. *(Gewichtung: 30 %)*

Materialgrundlage

Theodor Fontane: Irrungen, Wirrungen (1887/88). Auszug aus dem 5. Kapitel. Aus: Ders., Große Brandenburger Ausgabe. Das erzählerische Werk. Bd. 10. Hrsg. von Gotthard Erler. Berlin 1997, S. 34–37

Irrungen, Wirrungen (Auszug aus dem 5. Kapitel) *Theodor Fontane*

Der Romananfang spielt 1875 in Berlin. Lene Nimptsch, eine junge Frau aus dem Kleinbürgertum, und der adlige Offizier Botho von Rienäcker haben sich ineinander verliebt. Sie treffen sich zu einem Abendspaziergang im Garten des Gärtnerei-Ehepaars Dörr.

[...] Wirklich, der Mond stand drüben über dem Elephantenhause, das in dem niederströmenden Silberlichte noch phantastischer aussah, als gewöhnlich. Lene wies darauf hin, zog die Mantelkapuze fester zusammen und barg sich an seine Brust. So vergingen ihr Minuten, schweigend und glücklich, und erst als sie sich wie von einem Traume, der sich doch nicht festhalten ließ, wieder aufrichtete, sagte sie: „Woran hast Du gedacht? Aber Du mußt mir die Wahrheit sagen." „Woran ich dachte, Lene? Ja, fast schäm' ich mich, es zu sagen. Ich hatte sentimentale Gedanken und dachte nach Haus hin an unsren Küchengarten im Schloß Zehden, der genau so daliegt wie dieser Dörr'sche, dieselben Salatbeete mit Kirschbäumen dazwischen und ich möchte wetten auch ebenso viele Meisenkästen. Und auch die Spargelbeete liefen so hin. Und dazwischen ging ich mit meiner Mutter und wenn sie guter Laune war, gab sie mir das Messer und erlaubte, daß ich ihr half. Aber weh mir, wenn ich ungeschickt war und die Spargelstange zu lang oder zu kurz abstach. Meine Mutter hatte eine rasche Hand." „Glaub's. Und mir ist immer, als ob ich Furcht vor ihr haben müßte." „Furcht? Wie das? Warum, Lene?" Lene lachte herzlich und doch war eine Spur von Gezwungenheit darin. „Du mußt nicht gleich denken, daß ich vorhabe, mich bei der Gnädigen melden zu lassen, und darfst es nicht anders nehmen, als ob ich gesagt hätte, ich fürchte mich vor der Kaiserin. Würdest Du deshalb denken, daß ich zu Hofe wollte? Nein, ängstige Dich nicht; ich verklage Dich nicht." „Nein, das thust Du nicht. Dazu bist Du viel zu stolz und eigentlich eine kleine Demokratin und ringst Dir jedes freundliche Wort nur so von der Seele. Hab' ich Recht? Aber wie's auch sei, mache Dir auf gut Glück hin ein Bild von meiner Mutter. Wie sieht sie aus?" „Genau so wie Du: groß und schlank und blauäugig und blond."

„Arme Lene (und das Lachen war diesmal auf seiner Seite), da hast Du fehl geschossen. Meine Mutter ist eine kleine Frau mit lebhaften schwarzen Augen und einer großen Nase." „Glaub' es nicht. Das ist nicht möglich." „Und ist doch so. Du mußt nämlich bedenken, daß ich auch einen Vater habe. Aber das fällt euch nie ein. Ihr denkt immer, ihr seid die Hauptsache. Und nun sage mir noch etwas über den Charakter meiner Mutter. Aber rathe besser." „Ich denke mir sie sehr besorgt um das Glück ihrer Kinder." „Getroffen ..." „... Und daß all' ihre Kinder reiche, das heißt sehr reiche Partieen machen. Und ich weiß auch, wen sie für Dich in Bereitschaft hält." „Eine Unglückliche, die Du ..." „Wie Du mich verkennst. Glaube mir, daß ich Dich habe, diese Stunde habe, das ist mein Glück. Was daraus wird, das kümmert mich nicht. Eines Tages bist Du weggeflogen ..." Er schüttelte den Kopf. „Schüttle nicht den Kopf; es ist so, wie ich sage. Du liebst mich und bist mir treu, wenigstens bin ich in meiner Liebe kindisch und eitel genug, es mir einzubilden. Aber wegfliegen wirst Du, das seh' ich klar und gewiß. Du wirst es müssen. Es heißt immer, die Liebe mache blind, aber sie macht auch hell und fernsichtig." „Ach, Lene, Du weißt gar nicht, wie lieb ich Dich habe." „Doch, ich weiß es. Und weiß auch, daß Du Deine Lene für 'was Besondres hältst und jeden Tag denkst, „wenn sie doch eine Gräfin wäre". Damit ist es nun aber zu spät, das bring' ich nicht mehr zu Wege. Du liebst mich und bist schwach. Daran ist nichts zu ändern. Alle schönen Männer sind schwach und der Stärkre beherrscht sie ... Und der Stärkre ... ja, wer ist dieser Stärkre? Nun entweder ist's Deine Mutter, oder das Gerede der Menschen, oder die Verhältnisse. Oder vielleicht alles drei ... Aber sieh nur." Und sie wies nach dem Zoologischen hinüber, aus dessen Baum- und Blätterdunkel eben eine Rakete zischend in die Luft fuhr und mit einem Puff in zahllose Schwärmer zerstob. Eine zweite folgte der ersten und so ging es weiter, als ob sie sich jagen und überholen wollten, bis es mit einem Male vorbei war und die Gebüsche drüben in einem grünen und rothen Lichte zu glühen anfingen. Ein paar Vögel in ihren Käfigen kreischten dazwischen und dann fiel nach einer langen Pause die Musik wieder ein.

„Weißt Du, Botho, wenn ich Dich nun so nehmen und mit Dir die Läster-Allee drüben auf- und abschreiten könnte, so sicher wie hier zwischen den Buchsbaumrabatten und könnte jedem sagen: „ja wundert euch nur, er ist er und ich bin ich, und er liebt mich und ich liebe ihn", – ja Botho, was glaubst Du wohl, was ich dafür gäbe? Aber rathe nicht, Du räthst es doch nicht. Ihr kennt ja nur Euch und euren Klub und euer Leben. Ach, das arme bischen Leben." „Sprich nicht so, Lene."

„Warum nicht? Man muß allem ehrlich ins Gesicht sehn und sich nichts weiß machen lassen und vor allem sich selber nichts weiß machen. Aber es wird kalt und drüben ist es auch vorbei. Das ist das Schlußstück, das sie jetzt spielen. [...]"

Anmerkungen

(2) Elephantenhause: *im Zoologischen Garten*
(107) Läster-Allee: *gemeint: Promenade im Zoologischen Garten. Der Ausdruck bezieht sich auf Spaziergänger, über die gelästert wird.*
(116) Klub: *Treffpunkt adliger Offiziere*

TIPP

Hinter der Aufgabenstellung finden Sie die Prozentangabe, wie viel Anteil die Lösung der Aufgabe an der Gesamtnote hat. Beachten Sie diese Gewichtung bei der Bearbeitung.

Beispiellösung

Beispiellösung Teilaufgabe 1

In dem vorliegenden Auszug aus dem Roman „Irrungen, Wirrungen" (1887/88) von Theodor Fontane (1819–1898) geht es um ein Thema, das für den Gesellschaftsroman des Poetischen Realismus (1848–1890) typisch ist: die Auswirkungen einer standesorientiert ausgerichteten Gesellschaft auf das Individuum. Der Auszug ist dem Romananfang entnommen und beschreibt das heimliche Treffen zweier Liebender aus unterschiedlichen Ständen im Jahre 1875. In einem privaten Garten gehen der adlige Offizier Botho von Rienäcker und die dem Kleinbürgertum entstammende Lene Nimptsch spazieren. Aus dem naheliegenden Zoologischen Garten dringen Stimmen und Musik.

Im Gespräch der beiden Liebenden offenbaren sich unterschiedliche Sichtweisen auf ihre Beziehung und deren gesellschaftliche Rahmenbedingungen. Im Gegensatz zu Botho schätzt Lene die Aussichtslosigkeit ihrer Beziehung realistisch ein. Dennoch genießt sie die Nähe zu Botho, solange diese noch möglich ist. Botho hingegen verdrängt die gesellschaftliche Wirklichkeit und damit die Endlichkeit des Liebesglücks der beiden.

Der Textauszug beginnt mit einer Beschreibung der romantisch erscheinenden Abendstimmung im Mondlicht. Lene schmiegt sich in der aufkommenden Kühle an Botho, was ihr Sicherheit und Geborgenheit zu bieten scheint. Lene genießt diese Nähe „schweigend und glücklich" (Z. 8), doch deutet der folgende Vergleich erstmals die Flüchtigkeit dieses Glücks an („wie von einem Traume, der sich doch nicht festhalten ließ", Z. 9 f.).

Hinweise

Einleitungssatz: Gattung, Titel, Erscheinungsjahr, Autor mit Lebensdaten (wenn bekannt), Epochenzuordnung, Thema, knapper inhaltlicher Überblick

Deutungshypothese

Analyse des Textauszugs, hier chronologisch ausgerichtet (Analyse der Handlung und der Figurenzeichnung); Einbindung eines Zitats

Lene nimmt Bothos gedankliche Abwesenheit wahr und bittet ihn, ihr ehrlich zu sagen, woran er denke. Leicht zögernd gesteht Botho Erinnerungen an seine Kindheit im Schloss Zehden ein, die um seine strenge Mutter kreisen. Lenes eingeworfenes Geständnis, sich vor dieser Mutter zu fürchten, verunsichert Botho, was sich in seinen kurzen, elliptischen Fragen zeigt (Z. 30). Doch Lene beschwichtigt seine unausgesprochene Befürchtung, dass sie seine Mutter über ihre Beziehung informieren wolle (Z. 32ff.): Seine Mutter sei ihr ebenso fern wie die Kaiserin; wenn sie von dieser spräche, würde sie auch nicht an den kaiserlichen Hof streben (Z. 35ff.). Liebevoll bestätigt Botho Lenes bürgerlichen Stolz und nennt sie humorvoll „kleine Demokratin" (Z. 41f.), was auf eine zeituntypische Ablehnung des Standesdenkens ihrerseits hindeutet. Um Lene ihre falschen Vorstellungen von seiner Mutter aufzuzeigen, fordert Botho sie zu einem Gedankenspiel auf: Sie solle seine Mutter beschreiben. Irrt sich Lene zu Bothos Amüsement noch im Äußeren der Mutter (Z. 47f.), so schätzt sie deren Werte richtig ein. Das Glück ihrer Kinder sehe Bothos Mutter von materieller Sicherheit und einer gesellschaftlich adäquaten Wahl des Ehepartners abhängig („sehr reiche Partieen", Z. 63). Erstmals im Gespräch wird hier Lenes Wissen um die Zukunftslosigkeit ihrer Liebe deutlich. Von Bothos vorsichtigen Versuchen (Z. 70f., 79f.), sie zu beschwichtigen, lässt sich Lene nicht irritieren. Vielmehr betont sie, die ihnen noch geschenkten gemeinsamen Stunden zu genießen. Bothos Lage ist für sie offenkundig: Wohl wissend um seine Gefühle weist sie auf die bevorstehende Trennung hin: „Aber wegfliegen wirst Du, das seh' ich klar und gewiß. Du wirst es müssen." (Z. 75ff.) Die Metaphorik des Wegfliegens, die Bothos Ungebundenheit versinnbildlicht, wird durch das Modalverb „müssen" (Z. 77) verstärkt, das die Zwangsläufigkeit der Trennung betont. Bothos nonverbalen Widerspruch durch Kopfschütteln (Z. 70f.) und sein Liebesgeständnis (Z. 79f.) lässt Lene nicht als Gegenargumente gelten, was zum einen die Wiederholung des Prädikats „weiß" (Z. 80f.), zum anderen die Metaphorik des Sehens verdeutlicht, auf die das von ihr abgewandelte Sprichwort verweist, Liebe mache blind, aber sie mache auch hell und klarsichtig (Z. 78f.). Lene sieht in sich keine geeignete Partnerin. Gräfin zu sein, bringe sie nicht mehr zustande, wie sie humorvoll feststellt. Doch auch Bothos Schwäche erkennt sie: Entweder sei er seiner Mutter, dem Gerede der Menschen oder den gesellschaftlichen Bedin-

Wiedergabe der wörtlichen Rede im Konjunktiv I (indirekte Rede)

Fachbegriffe
Benennung des Sprechakts (beschwichtigen)

Rückbezug zur Deutungshypothese

Erläuterung der verwendeten Metaphorik

Einbezug nonverbaler Äußerungen

Hinweis auf das Wortfeld sehen (= wissen)

Rückbezug zur Deutungshypothese

gungen, möglicherweise auch allen dreien, nicht gewachsen (Z. 90 ff.).

Ein Feuerwerk im Zoologischen Garten unterbricht Lenes Ausführungen. Anschließend offenbart sie – in Form eines irrealen Wunschsatzes – ihre eigentlichen Sehnsüchte, die im Kontrast zu ihrer realistischen Sichtweise stehen und ihr Leiden an der heimlich geführten Beziehung aufzeigen: Zu gern würde sie sich ebenso sicher wie beim heimlichen Treffen in diesem Garten und ungeachtet des Standesunterschiedes in der Öffentlichkeit zeigen, zu gern würde sie als einzigen Wert den der Liebe gelten lassen, der von der Gleichheit aller Menschen ausgehe. Aber selbst Botho könne aufgrund seiner durch seinen adligen Lebenswandel eingeschränkten Sichtweise keinen Einblick in ihr (bürgerliches) Leben nehmen. Bothos Weigerung, die Realität anzunehmen („Sprich nicht so, Lene.", Z. 117 f.), begegnet sie mit einem Verweis auf den für sie zentralen Wert der Aufrichtigkeit: Man müsse ehrlich sein. Die hier propagierte Illusionslosigkeit kann als indirekte Kritik an Botho verstanden werden.

Fachbegriff

Verweis auf die Raumgestaltung

Im Gegensatz zu dem zunächst entstehenden Eindruck, Lene sei schutzbedürftig und lehne sich an Botho an (Z. 6 f.), wird im Gespräch Lenes selbstbewusste Haltung deutlich: Sie führt das Gespräch, ihr Gesprächsanteil übertrifft den Bothos um ein Vielfaches, sie setzt die Gesprächsimpulse und lässt sich auch von Bothos Beschwichtigungsversuchen nicht irritieren. Dabei macht sie zu keinem Zeitpunkt einen verbitterten Eindruck, auch wenn ihr Lachen gezwungen (Z. 31 f.) wirkt. Auch Bothos Schwäche und gesellschaftliches Gefangensein schmälern ihre Liebe nicht.

Rückbezug auf das eingangs vermittelte Bild

Analyse des Gesprächsverhaltens

Die Erzählweise ist realistisch geprägt. In diesem Textausschnitt wird durch die szenische Darstellung ein hoher Grad an Unmittelbarkeit erzeugt. Das Gespräch der beiden Protagonisten weist Merkmale der Mündlichkeit auf und wirkt so natürlich: Die Sätze sind kurz gehalten, werden abgebrochen (Z. 62, 66) und enthalten Ellipsen (Z. 28, 30). Zudem erfolgt die Aneinanderreihung häufig mit „und" (z.B. 19, 20, 21 und 22). Die Figuren unterbrechen sich (z.B. Z. 65 f.), Pausen werden durch Punkte markiert (Z. 88 f.). Das zeitdeckende Erzählen, die weitestgehende Zurückhaltung des auktorialen Erzählers (Ausnahme: Kommentar Z. 7 ff.) und die figurenspezifische Sprechweise schaffen eine große Nähe zu den Figuren.

Analyse der Erzählweise

Sprechweise der Figuren

Analyse Erzähler

Die Raumgestaltung der Szene ist jedoch nicht nur realistisch angelegt, sondern symbolisch aufgeladen. Der private und den Blicken der Öffentlichkeit entzogene Garten hebt

Raumgestaltung Symbolik

die gesellschaftliche Unmöglichkeit der Liebesbeziehung hervor. Auch die aus dem Zoologischen Garten herüberschallenden Klänge einer Feier verdeutlichen die fehlende soziale Akzeptanz und damit Isolation des Paares. Ebenso symbolisch sind Feuerwerk und Musik zu verstehen: Das Feuerwerk, das das Gespräch der beiden unterbricht und das „mit einem Puff in zahllose Schwärmer zerstob" (Z. 96 f.), spiegelt mit seiner kurzlebigen Schönheit die Vergänglichkeit der Beziehung, ebenso wie die Musik, deren „Schlußstück" (Z. 124) den Textauszug beendet.

Deutung des Feuerwerks und der Musik

So zeigt die kleinbürgerliche Lene schon zu Beginn des Romans die gesellschaftlichen Rahmenbedingungen der Zeit auf, die ihre ständeübergreifende Liebe unmöglich erscheinen lassen. In Lenes Analyse steckt keine Kritik an der gesellschaftlichen Ordnung, aber anhand des scheiternden Liebesglücks der beiden wird den Lesern aufgezeigt, welche Auswirkungen diese Ordnung auf das individuelle Leben zu haben vermag.

Zusammenfassung / Schluss

Beispiellösung Teilaufgabe 2

Hinweise

Auch in dem bürgerlichem Trauerspiel „Kabale und Liebe" (1784) von Friedrich Schiller (1759-1805) steht eine ständeübergreifende Liebe im Mittelpunkt der Handlung.

Einleitung mit Textvorstellung

Der adlige Ferdinand, Sohn des Präsidenten am Hofe eines Fürsten, liebt Luise, die Tochter seines bürgerlichen Musiklehrers. Die Liebe der beiden scheitert tragisch. Rasend vor Eifersucht vergiftet Ferdinand Luise und nimmt sich anschließend vor den Augen beider Väter das Leben.

knappe Inhaltsübersicht (das Drama war verbindlicher Unterrichtsstoff)

Obwohl die beiden Texte „Kabale und Liebe" und „Irrungen, Wirrungen" unterschiedlichen Gattungen angehören, lassen sie sich inhaltlich gut vergleichen. Grundlegende Gemeinsamkeiten legen nahe, dem Drama Modellcharakter für Fontanes Werk zuzusprechen.

Überleitung zum Vergleich, Aufgreifen der Fragestellung

Die Figurenkonstellation ist ähnlich: Die beiden Liebenden entstammen unterschiedlichen Ständen, wobei der Mann den Adel, die Frau das Bürgertum repräsentiert. Die Elterngeneration steht jeweils für die Wertvorstellungen der Zeit und wendet sich gegen die Beziehung.

grobe Gliederung: hier erst Gemeinsamkeiten (Figurenkonstellation, Konflikt), später Unterschiede

Während in „Kabale und Liebe" Ferdinands machtorientierter Vater eine über eine Affäre hinausgehende Beziehung zwischen seinem Sohn und der bürgerlichen Luise ablehnt, weiß Bothos Mutter nichts von der heimlichen Beziehung ihres Sohnes und hat eine gesellschaftlich adäquate Partnerin ausgesucht (Z. 64 f.). Auch Luises Vater missbilligt die Treffen mit Ferdinand -

umfangreichere Ausführungen zu „Kabale und Liebe", nur knappe Verweise auf die Ergebnisse der Analyse

aus Angst, Luise gelte diesem lediglich als Gespielin. Dementsprechend zeigt sich eine ähnliche Konfliktlage in beiden Werken: Die Beziehungen sind durch die gesellschaftlichen Rahmenbedingungen zum Scheitern verurteilt.

Auch die Protagonistinnen ähneln sich: Ebenso wie Lene schätzt Luise die Aussichtslosigkeit ihrer Beziehung realistisch ein und vertritt dies auch dem Partner gegenüber. Anders als Lene beruft sich Luise auf den bürgerlichen Tugendkatalog, indem sie ihre Pflicht als Tochter in den Diskussionen mit Ferdinand anführt. Beide Frauen zeigen sich bereit, auf ihre Liebe zu verzichten und die Beziehung zu beenden, wobei Luise betont, auf ein Wiedersehen im Jenseits zu hoffen und deshalb im Diesseits verzichten zu können. Damit ist diese Figur deutlich religiöser geprägt. Auch Luise lässt sich von den euphorischen Liebeserklärungen ihres Geliebten und dem von ihr als perspektivlos entlarvten Fluchtgedanken nicht irritieren. Zudem zeichnet sich auch Luise durch einen bürgerlichen Stolz aus. Sie tritt im Gespräch mit Lady Milford selbstbewusst auf und lässt sich nicht vom Gebaren der Adligen einschüchtern. Dieser Stolz wird auch Miller zugesprochen („Ich heiße Miller"), der es als Hausherr wagt, den ungehaltenen Präsidenten seines Hauses zu verweisen.

Vergleich der Protagonistinnen, hier auch schon Unterschiede, um sich später nicht zu wiederholen

aussagekräftiges Zitat einer Figur

Es sind aber auch Unterschiede festzustellen, die gegen den Modellcharakter von „Kabale und Liebe" für „Irrungen, Wirrungen" sprechen. Am auffälligsten ist dabei die unterschiedliche Zeichnung der Protagonisten. Botho verdrängt die Aussichtslosigkeit der Liebe, wie sich in seinem zurückgenommenen Gesprächsverhalten zeigt. Ganz anders Ferdinand: Stürmisch und euphorisch begegnet er Luise, überschwänglich versichert er ihr seine Liebe, die ihm als einziger Wert gilt, was manche Interpreten verleitet, von „Liebesabsolutismus" zu sprechen. Er bedrängt Luise, hört ihr kaum zu, gibt sich gänzlich seinen Gefühlen hin und versucht, gegen das etablierte System zu rebellieren. Luises realistische Einschätzung der Situation missversteht er als Ablehnung und wird daher leicht zum Opfer der väterlichen Intrige, die ihn glauben lässt, er habe einen Nebenbuhler. Seine Eifersucht hält ihn gefangen: Die beschwichtigenden Worte der an einen Eid gebundenen Luise vermag er nicht zu hören, was unweigerlich in die Katastrophe führt. Die Gespräche zwischen Luise und Ferdinand zeigen aber auch auf, dass nicht nur die gesellschaftlichen Rahmenbedingungen die Beziehung scheitern lassen. Auch die Liebes- und Wertvorstellungen der beiden Liebenden divergieren.

Unterschiede

Protagonisten

Einbindung des Hintergrundwissens

aus dem Unterricht bekannte Interpretation

Hinweis auf weitere Ursachen des Scheiterns

Die deutlichen Unterschiede in der Zeichnung der Protagonisten verweisen auf die Epoche, in der das jeweilige Werk erschienen ist. Mit Ferdinand zeichnet Schiller einen typischen Stürmer und Dränger: gefühlsbetont, enthusiastisch und gegen die bestehende Ordnung rebellierend - freilich ohne diese revolutionieren zu können. Wie andere Stürmer und Dränger scheitert Ferdinand und stirbt. Botho hingegen scheint die gesellschaftlichen Rahmenbedingungen zu akzeptieren und ihnen mit Humor („kleine Demokratin", Z. 41 f.) zu begegnen, wie es Fontane für unerlässlich hielt, um die gesellschaftliche Wirklichkeit des Deutschen Kaiserreiches ertragen zu können. So fällt in Fontanes Gesellschaftsromanen die Gesellschaftskritik deutlich gemäßigter aus als im bürgerlichen Trauerspiel des Sturm und Drang (1765-1785): Hier spiegeln Figuren und Handlung die Auswüchse der absolutistischen Herrschaftsweise und der höfischen Moral. Beispielsweise ist der Präsident nur durch die Ermordung seines Vorgängers in sein Amt gekommen und die Intrige zeigt - im Kontrast zur Familie Miller - die Bedeutungslosigkeit familiärer Bindungen am Hofe. Auch den Soldatenhandel, mit dem der ausschweifende Lebensstil am Hofe finanziert wird, setzt Schiller so realistisch in Szene, dass die berühmte Kammerdiener-Szene in zeitgenössischen Inszenierungen gestrichen werden musste.

Hintergrundwissen zur literarischen Epoche bzw. Strömung

Hintergrundwissen zu Fontanes Literaturauffassung

Bei dieser Aufgabe können Sie weiteres Hintergrundwissen, z. B. historisches Wissen, passend einbringen. Achten Sie darauf, Ihr Wissen auf den Text zu beziehen und nicht nur wiederzugeben.

Auch hinsichtlich der verwendeten Sprache lassen sich Unterschiede ausmachen: Ist die sprachliche Gestaltung in „Kabale und Liebe" durchaus auch figurenspezifisch geprägt (vgl. die falsch verwendeten Gallizismen der Millerin), ist die Sprache insgesamt aber deutlich pathetischer als in „Irrungen, Wirrungen", sodass eine höhere Stilebene durchgehalten wird.

sprachliche Gestaltung Hintergrundwissen aus dem Unterricht

Zusammenfassend lassen sich hinsichtlich des Themas, der Figurenkonstellation und der Konfliktlage Gemeinsamkeiten ausmachen, die durchaus für den Modellcharakter von „Kabale und Liebe" sprechen. Die angeführten Unterschiede lassen sich mit den epochenspezifischen Merkmalen erklären — und wohl auch mit den unterschiedlichen Lebensphasen der Autoren, in denen die Werke entstanden sind.

Zusammenfassung / Schluss

Abiturprüfung 2014

Annette von Droste-Hülshoff: Am Thurme

grundlegendes Anforderungsniveau

Aufgabenstellung

1. Interpretieren Sie das Gedicht „Am Thurme" von Annette von Droste-Hülshoff. *(Gewichtung: 70 %)*
2. Prüfen Sie, inwiefern in diesem Gedicht das Leitbild der Aufklärung vom selbstbestimmten Menschen zum Ausdruck gebracht wird. *(Gewichtung: 30 %)*

Materialgrundlage

Annette von Droste-Hülshoff: Am Thurme. Aus: Dies., Gedichte zu Lebzeiten. Historisch-kritische Ausgabe, bearbeitet von Winfried Theiss. Tübingen: Niemeyer 1985, S. 78

Am Thurme (1844) *Annette Droste-Hülshoff (1797 – 1848)*

Text in alter Rechtschreibung

Ich steh' auf hohem Balkone am Thurm,
Umstrichen vom schreienden Staare[1],
Und laß' gleich einer Mänade[2] den Sturm
Mir wühlen im flatternden Haare;
O wilder Geselle, o toller Fant[3],
Ich möchte dich kräftig umschlingen,
Und, Sehne an Sehne, zwei Schritte vom Rand
Auf Tod und Leben dann ringen!

Und drunten seh' ich am Strand, so frisch
Wie spielende Doggen[4], die Wellen
Sich tummeln rings mit Geklaff und Gezisch,
Und glänzende Flocken[5] schnellen.
O, springen möcht' ich hinein alsbald,
Recht in die tobende Meute,
Und jagen durch den korallenen Wald[6]
Das Wallroß, die lustige Beute!

Und drüben seh' ich ein Wimpel wehn
So keck wie eine Standarte[7],
Seh auf und nieder den Kiel[8] sich drehn
Von meiner luftigen Warte[9];
O, sitzen möcht' ich im kämpfenden Schiff,
Das Steuerruder ergreifen,

Und zischend über das brandende Riff
Wie eine Seemöve streifen.

Wär ich ein Jäger auf freier Flur[10],
Ein Stück nur von einem Soldaten,
Wär ich ein Mann doch mindestens[11] nur,
So würde der Himmel mir rathen[12];
Nun muß ich sitzen so fein und klar,
Gleich einem artigen Kinde,
Und darf nur heimlich lösen mein Haar,
Und lassen es flattern im Winde!

Anmerkungen

1 Staare: Star (Zugvogel)
2 Mänade: rauschhaft verzückte Begleiterin des griechischen Weingottes Dionysos, meist mit aufgelöstem Haar dargestellt
3 Fant: veraltet für: junger Mann
4 Doggen: große Hunderasse
5 Flocken: hier: Wassermassen
6 korallenen Wald: Korallen unter Wasser
7 Standarte: Fahne einer Truppe, zumeist Hoheitszeichen
8 Kiel: Grundbalken am Schiffsrumpf
9 Warte: Beobachtungsort
10 Flur: unbewaldete Landschaft
11 mindestens: hier: wenigstens
12 rathen: hier: beistehen

Beispiellösung

Beispiellösung Teilaufgabe 1

Das Gedicht „Am Thurme" von Annette von Droste-Hülshoff handelt von der Sehnsucht einer jungen Frau nach einem abenteuerlichen Leben in der weiten Welt. Dieser Wunsch bleibt ihr aber aufgrund der zu der Zeit des Gedichts nicht vorhandenen Gleichberechtigung und Emanzipation der Frau verwehrt.
Mithilfe von Vergleichen und Bildern macht Annette von Droste-Hülshoff deutlich, wie groß die Sehnsucht und der Wunsch nach geschlechtlicher Gleichstellung oder der Ausdehnung der persönlichen Handlungsfreiheit ist. In dem Gedicht „Am Thurme" wird ersichtlich, in welchem Ausmaß Menschen in einem Rollenmuster eingesperrt sind und wie stark der Wunsch nach Freiheit ist. Die Autorin schafft es damit, den Geist der Aufklärung aufzunehmen und Kritik an der Gesellschaft zu üben, die zu der Zeit noch einem ausgeprägten Klischeedenken verhaftet ist.

Hinweise

Einleitung
Angaben zum Autor, Thema des Gedichts

Blick auf das Gedichtganze

historische Bezüge und Deutungen

Das Gedicht ist in vier Strophen mit jeweils acht Versen aufgeteilt. Strukturell lässt es sich in zwei Teile teilen. Die Konjunktion „Und" zu Beginn der zweiten und dritten Strophe verbindet anaphorisch die ersten drei Strophen zu einer Einheit. Dies kennzeichnet die letzte Strophe als Schlussstrophe, die den ersten drei Strophen auch inhaltlich entgegensteht.

formale Gedichtanalyse in Verbindung mit der Wirkung und Atmosphäre des Gedichts

Das Metrum besteht aus Jamben und Daktylen, was den Eindruck lebhafter Bewegtheit vermittelt. Jeweils zwei Verse bilden eine rhythmische Einheit mit einem Wechsel von vier und drei Hebungen. Der vorliegende Kreuzreim und der Wechsel von stumpfer und klingender Kadenz verstärken ein hastiges Durchsprechen der Doppelverse. Dabei ist die erste Silbe eines Verses meistens unbetont (außer V. 14, 24, 25, 27, 29, 30), was das schnelle Vorankommen erleichtert. Mehrere Enjambements (V. 3/4, V. 7/8, V. 9/10, V. 10/11) beschleunigen den Fluss beim Lesen zusätzlich. Insgesamt unterstreichen alle Elemente des Gedichts ein zügiges Lesen, was auf die überdurchschnittlich hohe Dringlichkeit des Themas hinweist.

Das Gedicht beschreibt ein weibliches lyrisches Ich, das in einem tosenden Sturm auf dem Balkon eines Turmes steht. Inspiriert von der physisch spürbaren Naturgewalt, ersinnt es männliche Kampf- und Jagdszenarien, die es selbst erleben möchte. Der brennende Wunsch nach Selbstbestimmung, eingangs und am Ende durch das gelöste Haar symbolisiert, weicht der Einsicht, dass die gesellschaftlich zugewiesenen Geschlechterrollen unauflösbar sind. Eine Unterwanderung dieser scheinbaren Unauflösbarkeit deutet sich jedoch in dem rebellischen Akt des lyrischen Ichs an, das sich wenigstens heimlich das Haar gelöst hat.

überblicksstiftende Untersuchung der Gedankenführung

In den ersten drei Strophen, die auch strukturell durch das „Und" verknüpft sind (s. o.), wird die Sehnsucht des lyrischen Ichs geschildert. Es wird deutlich, dass sich das lyrische Ich nach Abenteuer und Gefahr sehnt. Damit verknüpft ist der Wunsch nach Freiheit, die es benötigt, um diese Abenteuer erleben zu können. Die gewollte Freiheit ist gesellschaftspolitisch zu deuten. Immer wieder tauchen Bezüge zu männlichen Aktivitäten auf, die eher darauf hinweisen, dass das lyrische Ich aus seiner Rolle als Frau ausbrechen möchte, als die es örtlich gefangen ist. In der letzten Strophe werden dagegen die Möglichkeiten und die Wirklichkeit des lyrischen Ichs deutlich. Resignierend wird hier festgestellt, dass die Andeutungen aus den ersten drei Strophen tatsächlich mehr Wunsch als Realität sind.

Strophenaufbau, grobe Gliederung und erste genauere Deutungen

Die erste Strophe zeigt das lyrische Ich auf dem Balkon eines hohen Turmes mit offenen, im Sturm flatternden Haaren, was als symbolischer Akt der Befreiung zu deuten ist. Die wilden, ungezähmten Haare stehen hierbei den ordentlichen glatten oder zum Zopf gebundenen gegenüber. Die lustvolle Erfahrung der physischen Gefahr durch den Sturm kann als gesteigerter Lebensdrang gesehen werden. Gleichzeitig deutet der Sturm einen möglichen Wechsel oder Neubeginn an. Das lyrische Ich gelangt in ein rauschhaftes Sehnen nach Entgrenzung, dargestellt durch die Interaktion mit dem Element Luft („Sturm", V. 3). Entlehnungen aus der Tierwelt („Staare", V. 2) und der Mythologie („Mänade", V. 3) untermauern die Wildheit der Wünsche nach Veränderung und Freiheit. Andeutungen von Jagd- und Kriegselementen (V. 7), von körperlicher Gewalt und Grenzerfahrung geprägt, zeigen das Verlangen des lyrischen Ichs nach Aktion und Nervenkitzel. Der Wunsch des lyrischen Ichs wird durch das Modalverb „möchte" (V. 6) ausgedrückt. Mit den Worten „Und laß' gleich einer Mänade den Sturm mir wühlen im flatternden Haare;" (V. 3 f.) fleht es um Veränderung. Wen es anfleht, wird nicht klar, vermutlich eine höhere Macht. Die Mänade, eine rauschhaft verzückte Begleiterin des griechischen Weingottes Dionysos, verkörpert für das lyrische Ich eine tollkühne Frau, die frei ist und Abenteuer erleben kann. Eben nach diesen beiden Dingen sehnt es sich.

In der zweiten Strophe vollzieht das lyrische Ich einen Blickwechsel vom Balkon hinunter nach „drunten" (V. 9), wo es vom Sturm aufgepeitschte Wellen sieht (V. 10–12), die wie große Hunde miteinander zu spielen scheinen („wie spielende Doggen", V. 10). Die Wellen bekommen durch den Vergleich etwas Gefährliches („tobende Meute", V. 14), dennoch wünscht sich das lyrische Ich, ins Wasser einzutauchen und große Meerestiere („Wallroß", V. 16) zu jagen (V. 13–16). Genau wie im zweiten Teil der ersten Strophe geht es hier um eine gefährliche, aber symbolisch befreiende Handlung, die das lyrische Ich herbeisehnt. Der Blickwechsel weist darauf hin, dass diese Handlung nicht am Ort des lyrischen Ichs, sondern in der Ferne geschieht, wodurch seine exponierte und einsame Lage deutlich wird.

In der dritten Strophe vollzieht sich ein erneuter Blickwechsel, der ähnlich wie die zweite Strophe vom Turm wegführt. Das lyrische Ich schaut nun nach „drüben" (V. 17) und setzt den Befreiungskampf gedanklich fort. Es will fort von der „luftigen Warte" (V. 20) und ein „kämpfende[s] Schiff"

Analyse/Interpretation (textchronologisch): Verbindung von inhaltlichen und sprachlichen Beobachtungen

1. Strophe

Textbelege

Absätze / klare Gliederung als Hilfe für die Leser

2. Strophe

3. Strophe

(V. 21) führen. Eingangs der Strophe bemerkt das lyrische Ich „ein Wimpel wehn" (V. 17). Wieder ist die Luft das beherrschende Element, die den Wimpel im Wind flattern lässt, ähnlich wie das Haar des lyrischen Ichs in der ersten Strophe. Im Gegensatz zum Haar steht der Wimpel jedoch in Freiheit und weht „wie eine Standarte" (V. 18).

4. Strophe

In der vierten und letzten Strophe kommt es zum Höhepunkt des Wunsches nach Freiheit, den das lyrische Ich hier wiederholend und unter Bezugnahme auf unterschiedliche männliche Rollen – ausgedrückt im Konjunktiv II – äußert (V. 25–27). Explizit wünscht sich das lyrische Ich in die Rolle eines „Jäger[s]" (V. 25), nicht einer Jägerin. Damit verbindet es Freiheit, denn es wünscht sich, „auf freier Flur" (V. 25) zu jagen. Der Einsicht, dass soziale Rollenmuster unverrückbar sind (V. 29–31), widersetzt sich das lyrische Ich symbolisch, indem es heimlich sein Haar löst (V. 31 f.) Hier entsteht eine inhaltliche Klammer zur ersten Strophe.

genauere Analyse / strophenübergreifende Beobachtungen

Der Turm, auf dem sich das lyrische Ich befindet, steht bildhaft für seine Isoliertheit. Auch das Personalpronomen „Ich" zu Beginn des Gedichts und dessen regelmäßige Wiederholung stellt die exponierte Lage des lyrischen Ichs dar und deutet auf einen Hilfeschrei hin.

Trotz der vorherrschenden Situation und der Suche nach einem Ausweg daraus erhält das Selbstbewusstsein des lyrischen Ichs starken Ausdruck durch den Wunsch nach Verschmelzung mit den rauen Elementen (Wind und Wasser).

Bezug zum Titel

Weiteres Zeichen für das Selbstbewusstsein des lyrischen Ichs ist die gefährliche Position „Am T(h)urm(e)" im Gegensatz zum sicheren Platz im Turm. Diese Position wird gleich zu Beginn verschärft, als es heißt, „Ich steh' auf hohem Balkone am Thurm" (V. 1). Die große Höhe und der starke Sturm ängstigen das lyrische Ich so wenig wie die schreienden Stare (V. 2), die es umkreisen. Das symbolhafte Lösen der Haare als Zeichen für die persönliche Rebellion deutet ebenfalls auf Selbstbewusstsein hin (V. 4, V. 31 f).

Untersuchung des Sprachgebrauchs

Nicht nur der Sprachfluss des Gedichts (s. o.), sondern auch dynamische Verben (V. 11, V. 12, V. 13, V. 15), Attribute (V. 10, V. 29) und Interpunktion (Ausrufezeichen in V. 8, 16 und 32) verdeutlichen das Drängen des lyrischen Ichs auf Selbstbestimmung und den Wunsch nach einem Rollenwechsel. Dazu gehört auch die Wiederholung der Interjektion „O" (V. 5, V. 13, V. 21) und der Alliterationen (V. 11, V. 25).

Der Vergleich mit der „Mänade" (V. 3) ist Ausdruck eines gesteigerten Wunsches nach Entgrenzung und als starkes

Symbol einer ekstatischen Befreiung aus weiblichen Rollenzwängen zu deuten. Auch der häufige Rückgriff auf männlich konnotierte Wortfelder (Militär: V. 17f., V. 26; Jagd: V. 14f., V. 25; Kampf: V. 7f.) ist Ausdruck des Verlangens nach einem männlichen Habitus.
Der Moduswechsel von Konjunktiv II (V. 25—28) zu Indikativ Präsens (V. 29—32) ist wie eine erzwungene Rücknahme des eigenen Verlangens zu deuten. Damit einhergehend ändert sich die Syntax von einer vorwiegenden Parataxe und Apposition (Strophe 1—3) zu einem hypotaktischen Aufbau mit einem Konditionalsatz (Strophe 4: V. 25—28). Die Antiklimax in Dreizahl („Jäger", V. 25; „Stück nur von einem Soldaten", V. 26; „ein Mann doch mindestens nur", V. 27) in der vierten Strophe deutet darauf hin, dass das lyrische Ich beginnt, sich mit dem eigenen Schicksal und dem Fehlschlagen des Wunsches nach emanzipatorischem Ausgleich abzufinden. Auch die Änderung der Körperhaltung des lyrischen Ichs im Laufe des Gedichts weist auf ein Fehlschlagen des Wunsches und eine resignative Akzeptanz hin („steh" in V. 1 vs. „muß [...] sitzen" in V. 29).
Besonders deutlich wird der Unterschied zwischen Wunsch und Realität und der Frustration des lyrischen Ichs durch die Verwendung von Modalverben („Ich möchte", V. 6; „möcht' ich", V. 13, 21 vs. „muß ich", V. 29; „darf nur", V. 31).
Insgesamt beeindruckt das Gedicht mit sprachlicher Dichte, vor allem durch seine starken Wünsche und Vergleiche. Dadurch wirkt es sehr maskulin, obwohl ein weibliches lyrisches Ich spricht. Bei der Lektüre des Gedichts wird der Wunsch des lyrischen Ichs in so greifbarer Intensität vermittelt, dass er eine fast appellative Qualität entfaltet, die den Leser dazu aufruft, dem lyrischen Ich zu Hilfe zu kommen.

abschließende Stellungnahme

Beispiellösung Teilaufgabe 2

Das Leitbild der Aufklärung von einem selbstbestimmten Menschen umfasst nach Kant unter anderem den „Ausgang des Menschen aus seiner selbstverschuldeten Unmündigkeit" durch die Kraft seines Verstandes („sapere aude"). Es handelt sich dabei um ein Menschenbild, das durch zunehmende Bedeutung des vernünftigen Individuums geprägt ist. Kennzeichnend ist dabei die Selbstbestimmung mit Wunsch nach gedanklicher Freiheit statt dogmatischer Bevormundung. Ebenso gilt für das Leitbild der Aufklärung das Prinzip der Egalität: Gleichheit aller Menschen und eine damit einhergehende Gleichberechtigung, insbesondere von Männern und Frauen.

Hinweise
kurze Definition der Epoche

Die nachdrückliche Bejahung dieser Ideale durch das lyrische Ich wird im Gedicht von Annette von Droste-Hülshoff mehr als deutlich. Der Wunsch des lyrischen Ichs nach einem Heraustreten aus den gesellschaftlichen Konventionen sowie die Selbstverwirklichung und Emanzipation statt Isolation verdeutlichen das Leitbild der Aufklärung im Gedicht. Die Sehnsucht nach Selbstbestimmung, Entgrenzung und Teilhabe des lyrischen Ichs an Männern vorbehaltenen Tätigkeiten und Lebensformen wird durch die starke Emotionalität und die der Natur entlehnten Bildern deutlich.

Bezug zum Gedicht

In der vierten Strophe wird die Abwesenheit des Prinzips der Egalität deutlich. Hier erkennt das lyrische Ich resignierend, dass die erdachte und geforderte Gleichstellung aller Menschen noch nicht realisiert ist. Die Frau wird als kindhaft und zugleich unmündig gesehen. Das aufklärerische Programm umzusetzen, erscheint dem lyrischen Ich utopisch. Nur heimlich darf es den Konventionen entfliehen und sein Haar lösen.

Insgesamt lässt sich das Gedicht dem Leitbild der Aufklärung deutlich zuordnen, da es den Gedanken der Zeit von einem selbstbestimmten Menschen aufnimmt und ihm Ausdruck verleiht.

bündelndes Gesamtergebnis

Abiturprüfung 2014

Friedrich C. Delius: Der Reichtum Europas

erhöhtes Anforderungsniveau

Aufgabenstellung

1. Analysieren Sie, wie der Autor Friedrich Christian Delius seine Position argumentativ entwickelt. Berücksichtigen Sie dabei ausgewählte sprachliche Mittel. *(Gewichtung: 40 %)*
2. Erörtern Sie die Position des Autors zur Funktion von Kunst und Literatur in der heutigen Gesellschaft. *(Gewichtung: 60 %)*

Materialgrundlage

Friedrich Christian Delius: Der Reichtum Europas (Auszug; 2005)
(Der abgedruckte Text ist das deutsche Original der in Rom auf Italienisch gehaltenen Rede und online verfügbar unter: http://www.fcdelius.de/widerreden/wider_reichtum.html; zuletzt aufgerufen am 13.12.2012)

Auszug aus: Der Reichtum Europas (2005) *Friedrich Christian Delius (*1943)*

Friedrich Christian Delius (geb. 1943) ist freier Schriftsteller. Anlässlich der Erweiterung der Europäischen Union hielt er 2005 auf einem Schriftsteller-Kongress in Rom die unten abgedruckte Rede.

[…] Vom Reichtum reden heißt: Von den Gegenmitteln reden, die wir haben, um der Idiotisierung der Gesellschaft zu widerstehen, von den Mitteln, die wir haben, um das Sensorium, das Wissen, den Gemeinsinn zu entwickeln. Von den Mitteln, die Demokratie zu beleben und die schwer erkämpften Freiheiten zu würdigen, zu sichern und zu nutzen. Nach diesen Mitteln brauchen wir glücklichen Europäer nicht lange zu suchen. In Bibliotheken, Museen, Theatern, ja auch in Konzertsälen, im Internet, in Buchhandlungen, da und dort auch in Kinos, ja selbst in besseren Fernsehprogrammen und einigen Zeitungen wird dieser Reichtum präsentiert, liegt dort angehäuft, der Kronschatz unserer Zivilisation. Er ist nicht schwer zu finden, wir brauchen nur danach zu greifen, Augen, Ohren und Hände aufzumachen, es ist wirklich fast wie im Schlaraffenland.

Es fehlt nur eines, das Bewusstsein von diesem Reichtum. Also das Glücksgefühl, in einem Schlaraffenland zu leben. Wer sich umschaut in der Welt, selbst in den reichen Ländern der Welt, wird kaum einen solchen Reichtum wie in Europa finden, eine solche Vielfalt von Angeboten, Anregungen, Anstößen, gegen den Mainstream zu denken und zu handeln. Dabei geht es gar nicht um statistische Vergleiche zwischen den Nationen, um die Zahl der Bücher oder Bühnen oder Filmmeter oder Opernsitzplätze pro Kopf und Land. Wichtiger ist die Frage, ob wir unser Schlaraffenland wirklich schon entdeckt haben und es zu genießen und weiterzugeben wissen.

Denn es fehlt noch eines, die Verantwortung, diesen Reichtum an die nächsten Generationen weiterzugeben. Mehr und mehr werden die Künste als Zuflucht und Sinnersatz angesehen und gebraucht. Überall fehlt Orientierung, also sucht man sie, wenn nicht in der Religion, dann in der Kunst. [...] Ob das immer gut und richtig ist, soll offen bleiben, wichtig ist: Hier wird ein Ausgleich gesucht gegen den Trend zum alles dominierenden Schema des Ja oder Nein, On oder Off, In oder Out. Die Künste haben nicht lineare und nicht entfremdete Tätigkeiten zu bieten. Sie stehen im Widerspruch zur Kosten-Nutzen-Moral, und können, wenns gut geht, den größten, weil unberechenbaren und von keinem McKinsey-Kriterium[1] fassbaren privaten wie öffentlichen Nutzen haben. Der Hunger auf diesen Reichtum ist jedenfalls größer als wir meinen. Und doch wird er als schöne Nebensache betrachtet, nicht als die geistige Goldmine unserer Demokratien. [...]

Menschen, die sich auf Literatur einlassen, sind nicht so leicht zu unterdrücken, politisch zu manipulieren – denn wer liest, der fragt auch und lernt zu zweifeln. Leute mit Phantasie und Neugier, mit der Lust aufs Zuhören sind nicht sehr brauchbar für Generäle, Bürokraten, Ayatollahs[2] und Meinungsvereinheitlicher welcher Art auch immer. Damit sind sie die eigentliche Avantgarde, das Salz der Gesellschaft, die wirklich fortschrittlichen, zukunftsorientierten, zukunftstauglichen Kräfte. Die Ironie daran ist, dass sie das meistens gar nicht wissen. [...]

Spätestens in zehn Jahren werden die Experten, die heute nur die sogenannte Effizienz gelten lassen, jammern und fordern: Ja, wir brauchen mehr Lesebildung, mehr Geisteswissenschaften, mehr Kunstsinn! Denn meine scheinbar altmodische und altbanale These wird nicht nur von der Erfahrung, sondern noch mehr von der neuesten Hirnforschung und Bildungsforschung bestätigt: Ohne musische Fähigkeiten gibt es keine gesellschaftlichen Fähigkeiten, ohne Emotionalität keine Vernunft, ohne ein Sensorium für die Künste gibt es kein Sensorium für Demokratie und Freiheit, ohne die Literatur, beispielsweise, versinken wir in Barbarei.

„Und wer der Dichtkunst Stimme nicht vernimmt / Ist ein Barbar, er sei auch, wer er sei", ließ der alte Goethe den Herzog von Ferrara[3], also den Politiker sagen.

„Wer nicht liest, kennt die Welt nicht", sagte der etwas jüngere Arno Schmidt[4].

Solche Sätze bilden Europas Fundamente.

Gut, man kann nicht von jedermann Begeisterung für die Literatur erwarten. Trotzdem darf die Minderheit, die diesen Reichtum kennt und weitergeben möchte, den heutigen Barbaren durchaus angriffslustiger begegnen als bisher. Denn die Fakten sprechen gegen sie. Zum Beispiel gegen die Fernseh- und Mediengewaltigen, die, das ist leider kein Klischee oder Vorurteil, vor allem die Dummheit fördern und, was nun auch Langzeitstudien beweisen, dem Publikum Krankheiten aufladen, geistige und körperliche Verfettung, mit der dann die geistige und politische Verwahrlosung einhergeht. Auch im Umkehrschluss gilt der Satz von Daniel Barenboim[5]: „Wer die Literatur, die Kunst, die Bildung, also den Dialog nicht fördert, der fördert den Egoismus, den Vandalismus, den Terrorismus."

Deshalb gibt es keinen Grund, nachsichtig zu sein mit den Quotenidioten, Wortabwürgern und Bildungsvernichtern. Mit Politikern, Elektronik- und Medienindustriellen, die Milliarden investiert haben, um unsere Kinder und mehr und mehr auch die Studenten zu geistigen und körperlichen Krüppeln zu machen. Die Feiglinge vor dem Wort, dem differenzierenden Wort regieren in immer höheren Etagen. Sie wollen uns, was Medienvielfalt, Bildung, Buchmarkt usw. angeht, Schritt für Schritt aufs Weltniveau hinabentwickeln. Sie haben die Freiheit, sich mit diesen Argumenten nicht zu beschäftigen, die nicht in ihr Vierteljahresprofitdenken passen. Aber wir haben die Freiheit, diese Herrschaften, mit Argumenten, als Barbaren, Vandalen, Kinderschänder und Agenten der Verblödung zu bezeichnen [...]. Eins steht fest, sie sind von gestern – wenn Europa eine demokratische Zukunft haben soll.

Anmerkungen

1 McKinsey-Kriterium: ökonomische Bewertungsmaßstäbe, mit denen das Beratungsunternehmen McKinsey die Marktattraktivität von Unternehmen erfasst und beurteilt
2 Ayatollah: Titel für hochrangige religiöse Gelehrte im Islam, die auch rechtliche und politische Führungsaufgaben wahrnehmen können
3 Herzog von Ferrara: Figur aus Goethes Drama „Torquato Tasso"
4 Arno Schmidt: deutscher Schriftsteller (1914–1979)
5 Daniel Barenboim (*1942): Pianist und Dirigent, der sich für eine Verständigung der verfeindeten Volksgruppen im Nahostkonflikt einsetzt

Beispiellösung

Beispiellösung Teilaufgabe 1

Bei dem vorliegenden Text handelt es sich um eine Rede des 1943 geborenen freien Schriftstellers Friedrich Christian Delius, die er in Rom auf Italienisch gehalten hat, die hier aber in deutscher Sprache vorliegt. Delius hielt die Rede mit dem Titel „Der Reichtum Europas" anlässlich der Erweiterung der Europäischen Union im Jahr 2005 auf einem Schriftsteller-Kongress.

In dieser Rede fordert Delius, den geistigen Reichtum in Europa unbedingt zu erhalten, um eine politische und geistige Verdummung der Bevölkerung zu verhindern. Die Künste und besonders die Literatur nennt Delius in diesem Zusammenhang als geeignete Mittel. Der kulturelle Reichtum Europas müsse wertschätzend, selbstbewusst und offensiv eingesetzt werden, um die Generationen der Zukunft nicht der geistigen Verflachung auszuliefern. Eine derartige Bedrohung verortet er in Medien, Wirtschaft und Politik.

Zunächst definiert er in seiner Rede, was kultureller Reichtum für ihn bedeutet. Er sieht darin Mittel, um „der Idiotisierung der Gesellschaft zu widerstehen" (Z. 2 ff.) und „die Demokratie zu beleben" (Z. 7). Diese Mittel finden sich „[i]n Bibliotheken, Museen, Theatern, [...] Konzertsälen, im

Hinweise

Einleitung: Textsorte, Autor, Entstehungszeit, Titel nennen

Hinführung; grobe Skizzierung des vorliegenden Textes

Angabe des Themas bzw. der Hauptthese

Inhaltswiedergabe in textchronologischer Reihenfolge

Internet, in Buchhandlungen, [...] in Kinos, ja selbst in besseren Fernsehprogrammen und einigen Zeitungen wird dieser Reichtum präsentiert, [...] der Kronschatz unserer Zivilisation" (Z. 11ff.). Durch intensive Pflege der Literatur und anderer Künste, so Delius, könnten Bildung, Kritikfähigkeit, Solidarität und Freiheitsdenken in der Gesellschaft gefestigt werden.

Zitate und Belege einfügen

Als Nächstes problematisiert Delius eine seiner Meinung nach fehlende Wertschätzung dieses kulturellen Erbes. Das fehlende Bewusstsein (vgl. Z. 22) ist nach Delius deplatziert, da „wir glücklichen Europäer" (Z. 10) nach diesen Reichtümern nicht lange suchen bräuchten (vgl. Z. 10f.). Er spricht in diesem Zusammenhang von einer „Vielfalt von Angeboten, Anregungen, Anstößen" (Z. 28f.) in Europa, die helfen sollten, „gegen den Mainstream zu denken und zu handeln" (Z. 29f.). Die Kulturgüter lägen vor unserer Nase und wir müssten sie einfach nur entdecken, genießen und weitergeben (vgl. Z. 35ff.).

Wiedergabe fremder Äußerungen im Konjunktiv I einfügen

Anschließend führt er seine Leitthese weiter aus und stellt die sinnstiftende und gleichzeitig unterschätzte Funktion von Kunst fest. Er führt an, dass die Künste nur als „Zuflucht oder Sinnersatz angesehen und gebraucht" würden (Z. 43f.) und nicht in ihrem oben genannten Sinne. Vor allem fehlt es ihm daran, den Reichtum der Künste und damit auch ihren Wert und ihre Bedeutung „an die nächsten Generationen weiterzugeben" (Z. 40f.). Seiner Meinung sind die Künste weit mehr als nur eine schöne Nebensache, als die sie gesehen werden, nämlich die „geistige Goldmine unserer Demokratie" (Z. 62f.).

Im Weiteren geht Delius genauer auf die Literatur ein. In ihr sieht er ein hilfreiches Mittel, ideologische Verführung rechtzeitig zu erkennen und sich davon abzugrenzen. Wer sich auf Literatur einlässt, sei geistig unabhängig, da man durch Literatur neugierig bleibe und lerne, kritisch zu denken (vgl. Z. 64ff.). Solche Menschen seien nicht so anfällig für politische Beeinflussung durch „Meinungsvereinheitlicher" (Z. 71).

Im Anschluss daran zieht er wissenschaftliche Erkenntnisse und Zitate von Schriftstellern heran, um seine These von der Unverzichtbarkeit ästhetischer Bildung zu untermauern. Dass diese These sowohl in der älteren wie auch jüngeren Vergangenheit bereits verfochten wurde, zeigt er unter Verweis auf Zitate von Goethe und Arno Schmidt, die die Bedeutung der Literatur für kulturelle Bildung hervorkehren (vgl. Z. 94ff.). Ferner benennt er neueste wissenschaftliche Erkenntnisse aus der Hirn- und Bildungsforschung (vgl. Z. 86 ff.), die seine Argumente stützen. Als Ergebnis wünscht er sich, dass die Wenigen, die ihre Kenntnis vom kulturellen Reichtum weitergeben möchten, den Unwissenden nachdrücklicher entgegentreten sollten (vgl. Z. 104 ff.).

Letztlich fordert er mehr Angriffslust im Umgang mit den Entscheidungsträgern in Medien, Politik und Wirtschaft. Denn deren Geringschätzung kulturellen Niveaus bringe ein minderwertiges mediales Angebot hervor, das das heutige und künftige Publikum körperlich und geistig verfallen lasse (vgl. Z. 110 ff.). Er unterstellt den Entscheidern zu versuchen, die Europäer von ihrem überdurchschnittlichen auf einen niedrigeren Standard, „aufs Weltniveau" (Z. 134 f.), zu drücken. Abschließend konstatiert Delius, dass ein demokratisches und auf ein hohes Kulturniveau bedachtes Europa in Zukunft nur mit tatkräftigem Einsatz zu erhalten sei (vgl. Z. 138 ff.).

Analyse ausgewählter sprachlicher Mittel in funktionaler Anbindung

Markant in seiner Rede sind die sprachlichen Mittel, die Delius verwendet, um eine dramatische und eindringliche Wirkung zu erzielen.

Passend zum Redeanlass wirkt seine Rede besonders nachdrücklich, was auch durch kurze, anaphorisch aneinandergereihte sowie elliptische Sätze und Inversionen deutlich wird. Die Rede bekommt so etwas Boxkampfartiges, mit zahlreichen Niederschlägen.

Verwendung von Fachtermini

Bei wichtigen Aussagen verwendet Delius hauptsächlich Parataxen. Da es sich um einfache Aneinanderreihungen (Beiordnungen) handelt, sind diese deutlicher zu verstehen und umso eindringlicher. Nachdruck entsteht z. B. auch dadurch, dass er die Vielzahl der kulturellen Güter in Europa und ihr Potenzial (vgl. Z. 11 ff.) durch häufigen Rückgriff auf Aufzählungen und Paarformeln, kombiniert mit Anaphern und wörtlichen Wiederholungen, veranschaulicht.

Durch seine apodiktischen Formulierungen vermittelt Delius den Eindruck einer eindeutigen Sachlage und der Unangreifbarkeit seiner Thesen. Durch positiv besetzte Begriffe wie „Reichtum", „Demokratie" oder „Freiheit[...]" (Z. 1, 7 und 8) überhöht er in pathetischer Weise seine Position und will so die Hörer und Leser auf seine Seite ziehen. Die Gegenseite wertet er durch negativ konnotierte, drastische Worte sowie Antithetik und Hyperbeln ab.

Häufiger als die Parataxen und vor allem für Erläuterungen verwendet Delius Hypotaxen (z. B. Z. 64–77). Der verschachtelte Satzbau erinnert an akademische Texte und wirkt dadurch wissenschaftlich fundiert und eindeutig.

Damit wird auch das, akademisch gebildete, Zielpublikum deutlich.
Um überzeugender zu wirken, stützt er seine eigene Position durch Rückgriff auf literarische Zitate und Äußerungen namhafter Künstler, die belesenen Menschen bekannt sein müssen. Er stärkt seine Position aber auch durch die Abwertung der Gegenseite, indem er umgangssprachliche Wörter nutzt wie „Quotenidioten" (Z. 123), „Wortabwürgern" (Z. 124), „Bildungsvernichtern" (Z. 124) und „Verblödung" (Z. 141 f.). Auch auf diese Weise versucht er, das entsprechende Publikum für sich einzunehmen.
Gelegentlich greift er zu pathetischen Ausdrücken, z. B. „die schwer erkämpften Freiheiten" (Z. 7 f.) und „Solche Sätze bilden Europas Fundamente" (Z. 100 f.). Damit pocht er auf die Wichtigkeit des Themas, macht sie zu jedermanns Anliegen und erhöht darüber die Dramatik seiner Rede. Gleichzeitig erzeugt er durch floskelhafte Anspielungen auf Redewendungen Einverständnis mit den Lesern bzw. Zuhörern.

abschließendes Fazit der sprachlichen Mittel

Insgesamt wirkt seine Rede durch die sprachlichen Mittel so, als repräsentiere Delius das, was er fordert – scharfe Intelligenz und Belesenheit. Würde er eine andere Ausdrucksform verwenden, beispielsweise die Alltagssprache des Durchschnittsbürgers, dann erschienen seine Forderungen unglaubhaft.

zusammenfassendes Fazit

Mithilfe seiner sprachlichen Mittel gelingt es Delius, seine Argumentation so zu unterstützen, dass sie eindeutig wirkt und ihre Wirkung sicherlich nicht verfehlt. Insgesamt zeichnet Delius in seiner Rede ein ausgesprochen pessimistisches Bild vom kulturellen Verfall, der für ihn primär mit dem Verlust der Kunst und Literatur einhergeht.

Beispiellösung Teilaufgabe 2

Hinweise

provozierende Einstiegsthese

Aktuelle Tendenzen lesen sich erschreckend: Kunst und Literatur haben in der heutigen Gesellschaft in Europa nicht mehr den Stellenwert, den sie haben müssten. Heutzutage wird immer weniger gelesen oder auf andere kulturelle Güter geachtet, was zur Folge haben kann, dass weite Teile der Bevölkerung geistig verflachen.

Rückverweis auf die Rede von F. C. Delius

So zumindest ist die Meinung von Friedrich Christian Delius, der 2005 während eines Kongresses in Rom über das Thema eine Rede hält. Auch in der Literatur und in den Medien wurde (und wird) der kulturelle Verfall häufig diskutiert.

Nennung der Position von F. C. Delius als

Delius kritisiert die Nichtnutzung des kulturellen Reichtums in Europa und meint, einen Kulturwandel zu erkennen, in dessen Verlauf die Künste und die Literatur ihre eigentliche Bedeutung und Funktion in der heutigen Gesellschaft verlieren. Dies hat nach Delius weitreichende Folgen.

Ausgangslage für die Erörterung

Aspekte einer eher kritischen Auseinandersetzung

zu einem differenzierten Urteil gelangen

Delius' Argumentation folgt dem typischen Muster einer Medienkritik, die sicher ihre Daseinsberechtigung hat, jedoch in weiten Teilen nicht tragfähig ist, da sie kaum noch aktuell ist.
Seine Verabsolutierung der traditionellen europäischen Hochkultur als alleiniger Garant für demokratisches Bewusstsein ist weitestgehend unsinnig. Um zu einem demokratischen Bewusstsein zu kommen, ist weitaus mehr notwendig als nur die Kunst und die Literatur. Zwar können mittels der Literatur Grundsteine gelegt werden, jedoch gehört auch eine gewisse Motivation dazu, sich mit dem Thema Demokratie auseinanderzusetzen. Nach Meinung von Delius entsteht diese Motivation zwar aus dem Literaturgenuss (vgl. Z. 64–77), jedoch kann sie sich auch anderweitig bilden, etwa aus der Schule oder dem Elternhaus. Den Fokus allein auf die Literatur zu legen, wäre also vermessen und Delius lässt andere Aspekte außer Acht, seine Argumentation ist folglich unvollständig.
Delius hat eine überzogene, elitäre Vorstellung vom Schutz der Jugend vor Medien, Wirtschaft und Politik durch eine literaturinteressierte Minderheit. Diese Verantwortung alleinig auf die Schultern einer – seiner Meinung nach – Minderheit zu legen, ist zu einfach gedacht. Die Verantwortung, die Jugend zu schützen, ließe sich auch auf andere Menschen wie Eltern, Lehrer usw. verteilen. Überhaupt von einem Schutz zu reden, geht an sich schon zu weit, da auch Medien durchaus bilden können und Politik und Wirtschaft nicht grundsätzlich schlechtzureden sind; Ausnahmen gibt es sicherlich.
Grundsätzlich fehlt in seiner Argumentation das Einbeziehen der Interessen und Vorstellungen zukünftiger Erwachsener, die seiner Meinung nach geschützt werden sollten. Quasi von oben diktiert er, was mit der Bevölkerung zu tun ist, ohne deren Interessen zu erwähnen oder zu beachten. Er blendet auch die Auswirkungen des Kosten-Nutzen-Denkens und Gewinnstrebens im Bereich der Hochkultur aus. Die geringeren Kulturetats und das Kultursponsoring als Marketingmaßnahme usw. verhandelt er mit keinem Wort, obwohl diese Phänomene weithin bekannt sind.
Ebenfalls vernachlässigt er den kulturellen Wandel in Richtung Massen- und Eventkultur. Delius hebt eher auf eine auf

das Individuum ausgerichtete – damit „einsame" – Kultur ab, in der sich der Einzelne mit Kunst und Literatur befasst, um sich zu bilden. Zugänglichkeit und Popularität als neues Qualitätsmerkmal einer Massen- und Eventkultur, die durchaus lohnenswerte Erfahrungen bietet – die Wirkung von Public Viewing ist enorm –, werden von ihm nicht beachtet. Besonders auffällig ist, dass er keinerlei Vorschläge zur Umsetzung seiner Schlussfolgerung anbietet. Er stellt allein Forderungen, sodass seine Rede apodiktisch und unsachlich pauschalisierend wirkt.

Es lässt sich also festhalten, dass die Rede so nicht stehen bleiben, sondern allenfalls Grundlage einer Diskussion werden kann.

abschließendes Fazit

Aspekte einer affirmativen Auseinandersetzung

In seiner Rede stellt Delius ästhetische und emotionale Kompetenzen als notwendige Gegengewichte zur Rationalität einer sakulären, kapitalistischen Gesellschaft dar. Damit zeigt er, dass es wichtiger ist, sich künstlerisch und affektiv zu bilden, als sich dem gesellschaftlichen Druck zu beugen und dabei eine Ellenbogenmentalität zu erzeugen. Dem zuzustimmen ist nicht schwer, denn in einer friedlichen Kultur zu leben, bietet mehr Vorteile, als in einer von Aggression und Kampf geprägten.

In seiner Argumentation stellt er einen Zusammenhang zwischen kultureller Teilhabe und funktionierender Demokratie her. Nur wer sich für die Kultur interessiert, in der er lebt, nimmt aktiv an ihr und damit an der Demokratie – so sie denn herrscht – teil. Dieses Interesse führt zu einer Unruhe in der Bevölkerung, sollte die Kultur und entsprechend die Demokratie gefährdet sein.

Gleichzeitig stellt er damit einen Zusammenhang zwischen Literatur und der Fähigkeit zu differenziertem Denken, Toleranz, Kreativität und gesellschaftlichem Handeln her. Wer liest, erfährt in der Regel auch etwas Neues, lernt andere Ideen und Positionen kennen, hinterfragt bei der Lektüre im Idealfall, ob das Gelesene sich mit eigenen Überzeugungen deckt oder ihnen entgegensteht, und fühlt sich vielleicht animiert, selbst künstlerisch kreativ oder politisch aktiv zu werden.

Schon immer waren die Wissenschaft und auch die Literatur verantwortlich für die Bildung von Menschen. So auch zu Beginn der Renaissance, als es den Menschen mithilfe der Wissenschaft gelang, ihrer „selbst verschuldeten Unmündigkeit" zu entkommen. Sie wurden selbstbestimmter und begannen, die ihnen von den Obrigkeiten auferlegten Aufgaben und Umstände zu hinterfragen. Ebenso kann es Menschen heute noch ergehen, die sich der Wissenschaft und Literatur öffnen und damit der Bildung. Nur wer sich bildet, erhält die Chance, mehr aus seinem Leben zu machen, sich selbst weiterzubilden und aus seiner Unmündigkeit zu entkommen. Delius spricht die wichtigen positiven Erfahrungen für die Gesellschaft beim Umgang mit Literatur und Kunst an. Auch viele Schüler machen solche positiven Erfahrungen. Bei kreativen und produktiven Verfahren im Deutschunterricht entstehen bei der Rezeption eigene Wirklichkeiten, die häufig in ein kritisches Denken münden können, da hierbei der Umgang mit Wirklichkeiten geübt wird.

Wer sich davor scheut, sich mit Kunst und Literatur zu beschäftigen, hat häufig Probleme – wie Delius bemerkt –, am kulturellen und damit am politischen Leben teilzunehmen. Menschen, die aufhören, sich zu bilden, stagnieren oft geistig oder rutschen in ihrem eigenen Niveau ab.

So geschieht es auch mit Menschen, die einen zu hohen oder einseitigen Fernseh- und Medienkonsum pflegen. Häufig werden sie geistig träge, sie verdummen und geraten in einen lethargischen Zustand. Dementsprechend entwickelt sich ihre Motivation, am kulturellen Leben teilzuhaben, zurück.

Betrachtet man die Forderung von Delius nach einem gesteigerten und bewussteren Einsatz der Künste und der Literatur in Europa, so muss man ihm durchaus recht geben. Ohne die bewusste Wahrnehmung und Nutzung dieser Reichtümer würde die Gesellschaft nicht nur ihre eigenen Werte verleugnen, sondern sich zurückentwickeln.

abschließendes Fazit

Basiswissen zu den Rahmenthemen

Rahmenthema 1: Literatur und Sprache um 1800

Von der Aufklärung zur Romantik

Um 1800 wird das literarische Selbstverständnis von Stilrichtungen, mentalen Konzepten und philosophischen Neuausrichtungen wie → Aufklärung, → Sturm und Drang, → Empfindsamkeit, → Klassik und → Romantik geprägt, die sich als Reflexe auf eine Welt im beschleunigten Wandel und Umbruch deuten lassen.
Zentrales Ereignis mit weitreichenden Wirkungen war die Französische Revolution 1789 mit ihrer Leitidee der Befreiung und der Emanzipation der Bürger. Das gedankliche Rüstzeug für diese Bewegung ist in den Ideen der *Aufklärung* seit 1720 zu finden, angelegt bereits in dem wissenschaftlichen, philosophischen und technischen Erneuerungsschub um 1500, dem Herausbilden von Erkenntnissen jenseits der Religion. Dass der absolutistische Staat des 16. und 17. Jahrhunderts vom ökonomisch und zunehmend auch politisch aufstrebenden Bürgertum nicht mehr als (alleiniges) Leitbild und damit der Adel nicht mehr (ausschließlich) als Schicht mit der Definitionsmacht über das dominante gesellschaftliche Ideal akzeptiert wurde, veränderte das literarische Leben zusehends.
Der Lebensentwurf und die Weltsicht des Bürgertums setzten sich in Mitteleuropa, auch in Deutschland, zunehmend durch: Der Standesdünkel des Adels mit den durch die Herkunft ererbten Privilegien war dem Verständnis vom Bürger mit Blick auf Entfaltung der Persönlichkeit, auf Vorrang der eigenen Leistung und Tugend allein schon in moralischer Hinsicht nicht gewachsen. Ob im streng rationalen Denken der *Aufklärung* oder im Geniekult des *Sturm und Drang*, ob in der allseitig gebildeten Persönlichkeit der *Klassik* oder im übersteigerten Ich der *Romantik* – in allen literarischen Strömungen sind der Einzelne und sein Wert, sein Engagement und letztlich seine Autonomie bedeutsamer als alle gesellschaftlichen Schranken.
Damit gehen gänzlich unterschiedliche politische Entwicklungen einher: Ist in Frankreich eine revolutionäre Bewegung von Erfolg – im Sinne veränderter Machtkonstellationen bzw. sozialer Träger – gekrönt, bleiben in Deutschland demokratische, auch nationale Hoffnungen nach den Befreiungskriegen 1813–1815 unerfüllt.
Das Überlappen der Epochen, die Gleichzeitigkeit stark divergierender Phänomene, ist ein Kennzeichen des Umbruchs um 1800. Lassen sich *Aufklärung* einerseits und *Sturm und Drang* bzw. *Empfindsamkeit* andererseits noch als Gegensätze und Ergänzung verstehen, sind *Klassik* und *Romantik* kaum mehr in eine solche Beschreibung zu fassen. Zuordnungen – etwa die Heinrich von Kleists zu *Klassik* oder *Romantik* – sind in unterschiedlicher Weise möglich; Johann Wolfgang Goethe bearbeitet sein Faustdrama in dieser Zeitperiode immer wieder und lässt so einen Text entstehen, der Elemente der Aufklärung, der Klassik sowie der Romantik integriert und nicht zuletzt deshalb als das vielleicht umfassendste Werk der deutschen Literatur gilt.

Das zentrale Spannungsfeld der Literatur und Sprache um 1800 entsteht zwischen den Leitideen, Themen und Texten der Aufklärung und der Romantik. Diese Epochen werden im Folgenden gegenübergestellt:

Aufklärung	Romantik
– Regelpoetik (Gottsched) – Schaffen und Kritisieren von Literatur anhand strikter formaler Vorgaben – Dichten als Handwerk	– Autonomie der Kunst und des Künstlers – Ablehnung jeglicher Einschränkungen durch Regeln – Vermischung der Gattungen – progressive Universalpoesie
– Theater als Erziehungsanstalt – bürgerliche Dramen – Lehrgedichte und aufklärerische Fabeln (Lessing)	– Roman als umfassendes Gesamtkunstwerk mit lyrischen, dramatischen und reflexiven Teilen – Märchen, Volkslieder
– politischer Umbruch – französische Revolution – Kritik des Absolutismus – Freiheits- und Gleichheitsgedanke – Emanzipation des Bürgertums – Deklaration der Menschenrechte	– Resignation aufgrund der Brutalisierung der Französischen Revolution – Unterlegenheitsgefühl gegenüber Napoleon – Wahrnehmung der Zeit als politisch, ökonomisch und sozial krisenhaft
– Betonung der Rationalität und des Nützlichkeitsdenkens – Lichtmetaphorik – Analyse und Experiment: Wissenschaft zur Erschließung der Welt	– Erkenntniswert liegt auch in der Poetik, in Märchen, im Volksgut – Idee von der beseelten Natur – Nachtseite der Naturwissenschaften – Thematik des Traumes – erste Auseinandersetzungen mit der Psyche – Erweiterung um das Gefühl
– Fortschrittsgedanke, positiver Blick auf die künftige Entwicklung – „Ausgang des Menschen aus der selbstverschuldeten Unmündigkeit" (Immanuel Kant)	– teilweise Restauration in den deutschen Fürstentümern – Hinwendung zum Mittelalter – Konservatismus, aber auch fortschrittliche Poesie und die Idee der Nation – Fortführung des Individualismusgedankens
– Kirchen- und Religionskritik – Negation der religiösen Dogmatik – Toleranzgedanke (Lessing)	– Klage über den Verlust der christlichen Einheit (Novalis) – Betonung des Christentums (Eichendorff)

Aufklärung (ca. 1720–1800)

Epochenbegriff

Als besonderer Einschnitt wird aus Sicht von Zeitgenossen wie im Rückblick die Epoche der *Aufklärung* angesehen. Der Begriff – im Englischen und Französischen noch deutlicher als „age of enlightenment" bzw. „siècle de lumière" bezeichnet – steht für das Bild vom Licht, das der Gebrauch der Vernunft in die Menschheit bringe. Bei Immanuel Kant ist vom „Ausgang [des Menschen] aus seiner selbst verschuldeten Unmündigkeit" die Rede. Bürgerlich-philosophisches Aufbegehren gegen die Autorität von Adel und Kirche, Kritik am absoluten Wahrheitsanspruch der Religion und an der absoluten Monarchie spiegelten sich in der Literatur in neuen Genres wie dem bürgerlichen Trauerspiel wider.

Geschichte und Gesellschaft

1740–1786 Friedrich der Große
1755 Erdbeben von Lissabon
1756–1763 Siebenjähriger Krieg
1768 Erfindung der Dampfmaschine
1775 Letzter Hexenprozess in Deutschland
1776 USA: Unabhängigkeitserklärung
1789 Französische Revolution

- Bürgertum als ökonomisch bedeutendste Schicht (Manufakturwesen)
- Aufgeklärter Absolutismus (Fürst als erster Diener des Staates)

Welt- und Menschenbild

- Siegeszug der Naturwissenschaften und des naturwissenschaftlich geprägten Denkens
- Begründung der neuzeitlichen Philosophie durch R. Descartes (1596–1650): „Ich denke, also bin ich." (Rationalismus)
- Wegbereiter der Aufklärung v. a. I. Newton, F. Bacon, B. Spinoza, J. Locke (Empirismus), in Deutschland G. W. Leibniz
- Immanuel Kant (1724–1804) *Beantwortung der Frage: Was ist Aufklärung*
- Fortschrittsglaube, Weisheit und Tugend als Kernbegriffe
- Menschenbild einer angeborenen Humanität, Toleranzgedanke

Literarisches Leben – Themen und Motive der Literatur

- Universallexika, z. B. *Enzyklopädie* von Diderot und d'Alembert mit 35 Bänden als Darstellung des Wissens einer Zeit
- deutlich erweitertes Lesepublikum; erheblich größerer Markt für Zeitschriften und andere Publikationen
- Aufgabe von Dichtung ist „prodesse et delectare" (nützen und erfreuen) im Gegensatz zu höfischer Dekoration
- Bürgerliches Trauerspiel in Abgrenzung von der Ständeklausel des Barock; Akzent als Familiendrama; Mitleiden des Zuschauers als Ziel

Gattungen, Autor(inn)en, Werke

J. Ch. Gottsched (1700–1766) *Versuch einer Critischen Dichtkunst vor die Deutschen*
G. E. Lessing (1729–1781) *Minna von Barnhelm, Emilia Galotti, Nathan der Weise, Hamburgische Dramaturgie, Fabeln*

Ch. M. Wieland (1733–1813)
Die Abderiten
G. Ch. Lichtenberg (1742–1799)
Aphorismen
Ch. F. D. Schubart (1739–1791)
Deutsche Chronik
M. Claudius (1740–1815)
Gedichte, Kurzprosa

Sturm und Drang / Empfindsamkeit (ca. 1740–1785)

Epochenbegriff

Als eine europäische Gegenbewegung zur von der *Aufklärung* betonten Rationalität bildete sich die *Empfindsamkeit* heraus, die „Herz" und „empfindsam" zu Modewörtern werden ließ und Seele wie Sensibilität in den Mittelpunkt rückte.
Eng damit verknüpft entwickelt sich – benannt nach dem Titel eines Dramas von Friedrich Maximilian Klinger (1752–1831) – die literarisch-revolutionäre Bewegung des *Sturm und Drang*. Junge Literaten feiern dabei den natürlichen, unverbildeten Menschen in seiner Individualität. Besonders hervorgehoben wird das Gefühlvolle und Schöpferische, zugespitzt im Begriff des „Genies". Freiheit von Bevormundung und unbegründeter Autorität knüpfen an Gedankengut der Aufklärung an.

Geschichte und Gesellschaft

→ Aufklärung

1774 Erscheinen des *Werther* von J. W. Goethe

Literarisches Leben – Themen und Motive der Literatur

- Gefühlsintensität mit metaphorischen Wendungen wie „Meer der Empfindungen", „Sturm der Begeisterung" oder „Mutter Natur"
- Suche nach der natürlichen Form der Sprache, dem spontan Gesprochenen (z. B. Ausrufe, unvollständige Sätze im Drama)
- Vorstellung vom dichterischen Genie als Orientierung an der Bibel, Homer oder Shakespeare als idealisierte Beispiele für Weltliteratur
- „Wertherfieber": Goethes Briefroman als Schlüsseltext der Epoche mit großer gesellschaftlicher Wirkung
- Genres wie *Tagebuch, Autobiografie* und *Briefroman* als Träger der Gefühlskultur
- Freiheitsdrang und Aufbegehren gegen Willkür ohne direkte politische Richtung in den Dramen von Schiller und Goethe
- Abkehr von Begrenzungen und formalen Regeln

Welt- und Menschenbild

- Einfluss des *Pietismus* (lat. *pietas* Frömmigkeit); Bewegung einer Erneuerung des Protestantismus, die dem Dogmatismus einer erstarrten Kirche entgegengesetzt auf eine alternative Frömmigkeit setzte
- Kultur der Affekte, Suche nach einer volksnahen, sinnenkräftigen und bildreichen Sprache
- Dichter als Schöpfer in Anlehnung an J. J. Rousseaus Aufforderung „Zurück zur Natur"
- Dichter des *Sturm und Drang* stark geprägt vom Pantheismus, der Vorstellung eines Weltganzen, in dem Mensch, Natur und All verbunden sind

Gattungen, Autor(inn)en, Werke

F. G. Klopstock (1724–1803) *Der Messias*
J. G. Herder (1744–1803) *Stimmen der Völker in Liedern*
J. M. R. Lenz (1751–1792) *Der Hofmeister, Die Soldaten*
J. W. Goethe (1749–1832) *Götz von Berlichingen, Die Leiden des jungen Werthers,* Gedichte (u. a. *Prometheus, Willkommen und Abschied, Mailied*)
F. Schiller (1759–1805) *Die Räuber, Kabale und Liebe*

Klassik (ca. 1786–1805)

Epochenbegriff

Ein „classicus" (ein Bevorzugter) war bei den Römern ein Bürger erster Klasse. Davon abgeleitet meint *Klassik* einerseits die Blütezeit in der Dichtung oder in den Künsten allgemein eines Volkes oder einer Nation, anderseits bei der *deutschen Klassik* eine Orientierung am Vorbild der Antike, für die Klassiker der Inbegriff der Vollkommenheit. Während als *englische Klassik* die Zeit Shakespeares gilt, ist *Klassik in der deutschen Literatur* mit Goethe und Schiller verbunden, vor allem mit ihrem gemeinsamen Wirken in Weimar. Nach dieser Einteilung ist Schillers Todesjahr 1805 als Ende der Epoche gesetzt, in anderen Versionen Goethes Todesjahr 1832. Auch Hölderlin, Kleist und Jean Paul werden in einigen Darstellungen zu den Autoren der Klassik gezählt.

Geschichte und Gesellschaft

1793 Französische Revolutionstruppen im Rheinland, Gründung deutscher Jakobinerklubs
1799 Staatsstreich Napoleon Bonapartes
1803 Reichsdeputationshauptschluss; Neuordnung in Deutschland unter französischem Einfluss
1804 Code civil; Schaffen modernen Rechts durch Napoleon Bonaparte

Literarisches Leben – Themen und Motive der Literatur

- Freundschaft von Goethe und Schiller (1794–1805): *Xenien*
- Weimar als kulturelles Zentrum mit europäischer Ausstrahlung: *Weimarer Klassik*
- Ausgleich und Harmonie in der künstlerischen Gestaltung nach antikem Vorbild
- leitende Vorstellung eines organischen Wachstums, das dichterisch zu gestalten sei, verknüpft mit Vernunft, Selbstzucht und sittlicher Läuterung
- Konzept der ästhetischen Erziehung zur Veredelung des individuellen Charakters
- Monatsschrift *Die Horen*, herausgegeben von Schiller, als Programmschrift der deutschen Klassik

Welt- und Menschenbild

- Antikeverklärung als „edle Einfalt und stille Größe" (Kunsthistoriker J. J. Winckelmann)
- Streben nach Vorbildhaftem, Normsetzendem, überzeitlich Gültigem; Empfänglichkeit für „alles Gute, Schöne, Große, Wahre" (Goethes *Maximen und Reflexionen*)
- Ideal der Humanität in Anlehnung an Leitgedanken der Aufklärung, reflektiert durch Erfahrung mit der Französischen Revolution und der Schreckensherrschaft 1792–1794
- Abkehr vom Subjektivismus des *Sturm und Drang*

Gattungen, Autor(inn)en, Werke

J.W. Goethe (1749–1832) *Egmont, Iphigenie auf Tauris, Hermann und Dorothea, Faust I und II*; *Wilhelm Meisters Lehrjahre, Dichtung und Wahrheit*; Gedichte
F. Schiller (1759–1805) *Don Carlos, Maria Stuart, Wallenstein-Trilogie, Die Jungfrau von Orleans*; Gedichte/Balladen: *Die Bürgschaft, Der Ring des Polykrates*
J. Paul (1763–1825) *Titan, Flegeljahre*
F. Hölderlin (1770–1843) *Hyperion*
H. v. Kleist (1777–1811) *Michael Kohlhaas; Prinz Friedrich von Homburg; Der zerbrochene Krug*

Romantik (ca. 1795–1840)

Epochenbegriff

Die Epochenbezeichnung *Romantik* lässt zwar Bezüge zum heutigen Verständnis des Begriffs erkennen, darf aber nicht mit dem Klischee von Romantik – etwa aus der Werbung – verwechselt werden. Eine Betonung des Gefühls ist durchaus Kennzeichen der *Romantik*, dabei geht es den Romantikern um Intensivierung des Lebens, um das Wunderbare und Geheimnisvolle – bis hin zum Dunklen, Geheimnisvollen und Abseitigen. Es besteht eine Sehnsucht nach Entgrenzung und unerreichbarer Ferne, auch eine Idealisierung von Vergangenem, z. B. des Mittelalters. Dabei wird die angestrebte Intensivierung durch ein Poetisieren der Welt erreicht. Statt Auseinandersetzung mit der Wirklichkeit, z. B. der beginnenden Industrialisierung, ist eine Verklärung von Natur zur Idylle kennzeichnend.

Geschichte und Gesellschaft

→ Klassik

1804–1814 Napoleon I.
1806 Ende des Hl. Römischen Reiches deutscher Nation
1806 Schlacht von Jena und Auerstedt: vernichtende Niederlage Preußens
1807–1814 Preußische Reformen
1813 „Völkerschlacht" bei Leipzig
1813–1815 Befreiungskriege

→ Vormärz / Junges Deutschland

Welt- und Menschenbild

- Philosophie des deutschen Idealismus, v. a. geprägt von J. G. Fichte (1762–1814)
- intensiv gelebtes Christentum bei einigen Romantikern, auch Einbeziehen der Schriften von F. Schleiermacher (1768–1834) *Über die Religion, Reden an die Gebildeten unter ihren Verächtern*

Literarisches Leben – Themen und Motive der Literatur

- Interesse an Geschichte, Sprache, Poesie und Mythologie des deutschen Volkes (Mittelalter, *Nibelungenlied*)
- Lebens- und literarische Haltung mit Konzentration auf das Private (Lebensglück in der Familie) und einem Hang zum Resignativen
- Unterschiedliche Zentren: Frühromantiker um die Gebrüder Schlegel (romantische Ironie); Heidelberger Romantik um A. v. Arnim und C. Brentano; schwäbische Romantiker: G. Schwab, W. Hauff, L. Uhland
- Lyriker der Befreiungskriege, u. a. Th. Körner und E. M. Arndt, mit nationalistischen Tönen
- Vorliebe für Volkslieder (Sammlung *Des Knaben Wunderhorn* von C. Brentano und A. v. Arnim), Märchen (J. und W. Grimm) und fantastische Erzählungen

Gattungen, Autor(inn)en, Werke

A. W. Schlegel (1767–1845) *Vorlesungen*
Rahel Varnhagen van Ense (1771–1833) Briefe, Tagebücher
Novalis (1772–1801) *Heinrich von Ofterdingen*
F. Schlegel (1772–1829) *Lucinde*
L. Tieck (1773–1853) *Der blonde Eckbert*
E. T. A. Hoffmann (1776–1822) *Lebensansichten des Katers Murr*
C. Brentano (1778–1842) Gedichte u. a. *Der Spinnerin Nachtlied*
J. v. Eichendorff (1788–1857) *Aus dem Leben eines Taugenichts*
H. Heine (1797–1856) *Das Buch der Lieder*
W. Hauff (1802–1827) Märchen; *Das kalte Herz*

Rahmenthema 2: Drama und Kommunikation

Was ist ein Drama?

Der Begriff *Drama* (griech. Handlung) bezeichnet als Oberbegriff jegliche Form von Theaterstücken. Je nach Aufbau und Ausgestaltung unterscheidet man verschiedene Formen:

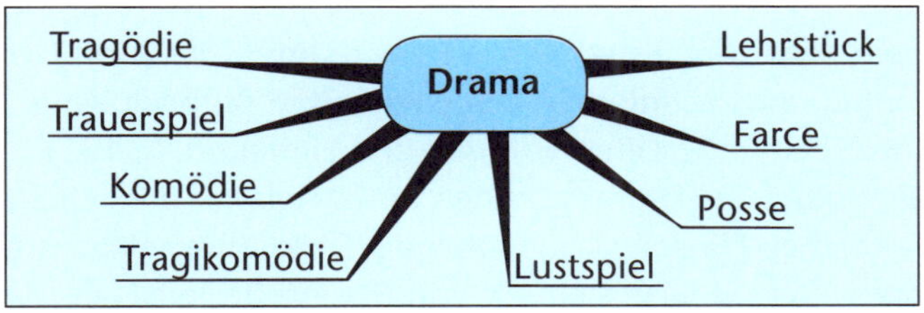

Im weiteren Sinn werden die Begriffe *Drama* und *Schauspiel* auch zur Bezeichnung von weniger streng aufgebauten Theaterstücken verwendet, die sich nicht eindeutig einer der in der Abbildung genannten Unterkategorien zuordnen lassen. Vor dem Hintergrund historisch-gesellschaftlicher und technischer Entwicklungsprozesse haben sich von der Antike bis zur Gegenwart die Bühnentechnik sowie die formale und inhaltliche Gestaltung dramatischer Texte deutlich verändert.

Neben der *Lyrik* und der *Epik* ist die *Dramatik* die dritte große Gattung der Literatur. Bei dramatischen Texten unterscheidet man grundsätzlich zwischen dem *Haupt-* und dem *Nebentext*. Der Haupttext ist der auf der Bühne gesprochene Text, zum Nebentext gehören die nicht gesprochenen Textteile (Titel, Untertitel, Personenverzeichnis, Sprechernamen, Regieanweisungen usw.). Im Gegensatz zu den beiden anderen Gattungen ist für die Dramatik eine szenische Realisierung (Inszenierung durch einen Regisseur bzw. Dramaturgen) auf einer Bühne kennzeichnend. Eine Ausnahme stellen sogenannte *Lesedramen* dar, deren Aufführung entweder vom Autor nicht intendiert war oder zur Zeit der Entstehung aus unterschiedlichen Gründen (technischen, sozialen, politischen) nicht möglich war. Gegenüber den Gattungen Lyrik und Epik ist der als Rede oder Gegenrede die Handlung vorantreibende *Dialog* das wesentliche Merkmal der Dramatik. Eingeteilt in *Akte* bzw. *Aufzüge* (anfangs häufig fünf oder drei Akte) und *Szenen* bzw. *Auftritte* (→ S. 124 f.) sind den Textpassagen Figuren zugeordnet, die als psychologische Charaktere, typisierte Ideenträger oder einfache Typen ausgestaltet sein können (→ S. 127 f.). Kernstück vieler Dramen ist in der Regel der *dramatische Konflikt*, der je nach Form des Dramas im Schluss des Dramas gelöst oder bei modernen Dramen mit offenem Schluss ungelöst bleibt.

Die Interpretation bzw. die Analyse dramatischer Texte stellt besondere Ansprüche an den Leser bzw. Zuschauer, da ihn in der Regel kein vermittelnder oder kommentierender Erzähler begleitet, sodass er selbst aus den Regieanweisungen/dem Bühnenbild und den Dialogen die Handlung erschließen muss. Während Aufmerksamkeit und Konzentration bei den *geschlossenen, aristotelischen Dramen* (→ S. 121 ff.) vor allem durch die komplexen und anspruchsvollen Dialoge gefordert werden, geschieht dies in den *offenen, nichtaristotelischen Dramen* (→ S. 122 ff.) durch die meist episoden- und sprunghafte Gestaltung des Handlungsgangs.

Die Entwicklung der Spielstätten

Die Anlage und die räumliche Beschaffenheit der Spielstätten sowie die technischen Möglichkeiten wirkten sich nachhaltig auf die Gestaltung der Dramen aus. Die Amphitheater sind frühe Zeugnisse der hoch entwickelten Theaterkultur der Antike. Bekannte und gut erhaltene Beispiele sind z. B. das griechische Theater in Ephesos (Türkei) bzw. das Amphitheater in Orange (Südfrankreich). Diese Spielstätten, die für damalige Verhältnisse bereits sehr weit entwickelt waren, prägten die Form der antiken Dramen, da die baulichen und technischen Gegebenheiten schnelle Veränderungen im Bühnenbild nicht zuließen (→ Lehre von den drei Einheiten, S. 121).
Im Gegensatz zu dieser hohen Kultur des Dramas fanden im Mittelalter die Schauspiele im Allgemeinen auf öffentlichen Plätzen statt, wobei die Dekorationselemente schlicht und mobil sein mussten. Das änderte sich erst mit Beginn der Neuzeit, da die Spielstätten zunehmend in geschlossene Säle verlegt wurden. In Anlehnung an das antike römische Theater bestanden die Bühnen aus einem Bühnenhaus im Hintergrund und einer freien Vorderbühne. Diese konnte allerdings durch Vorhänge verschlossen werden.
Die Konstruktion der Drehbühne erweiterte diese neuen Möglichkeiten noch einmal erheblich, da mehrere Bühnenbilder gleichzeitig vorbereitet sein konnten und Ortswechsel schnell und mehrfach wiederholt durch die Drehung der Bühne zu realisieren waren. Diese Entwicklung kennzeichnet vor dem Hintergrund gesellschaftlicher Veränderungen den Übergang vom aristotelischen zum nichtaristotelischen Drama (→ S. 121 f.).
Im Vergleich zu den antiken Theaterbühnen verfügen unsere heutigen modernen Bühnen über eine sehr komplexe Bühnentechnik. Dazu gehören z. B. der Einsatz filmischer Mittel und die Einbindung von Videoinstallationen sowie die digitale Steuerung der Licht- und Toneffekte. Moderne Theaterstücke können daher völlig anders konzipiert werden bzw. auch bewusst auf die Ausschöpfung dieser Möglichkeiten verzichten.
Parallel zu den großen Bühnen gibt es in vielen Städten kleinere Studiobühnen, auf denen auf begrenztem Raum und mit für heutige Verhältnisse eher schlichten technischen Mitteln experimentelle Inszenierungen dargeboten werden. Die Reduktion des technischen Aufwands und die unmittelbare Nähe zum Publikum werden dabei nicht als Manko, sondern als Herausforderung betrachtet. Dies gilt in gewisser Weise auch für die freien Theater.
Die Spielpläne unserer Theater zeigen deutlich, dass trotz der oben beschriebenen Entwicklung der Spielstätten die klassischen Dramen, die unter anderen Voraussetzungen entstanden sind, immer noch gespielt werden. Das liegt unter anderem daran, dass viele klassische Dramen eher zeitlos bedeutsame Themen behandeln bzw. dass sie als Teil unserer Kultur und Allgemeinbildung gelten.

Formen des Dramas

Das aristotelische Drama (geschlossene Form)

Aristotelische Dramen bzw. Dramen der geschlossenen Form orientieren sich stark am Aufbau antiker Dramen sowie an den diesbezüglichen Beobachtungen und Aussagen des griechischen Philosophen Aristoteles (384 – 322 v. Chr.), die dieser im Hinblick auf die Gattung der Tragödie in seiner Schrift „Poetik" (um 335 v. Chr.) festhielt. Dabei leitete er aus der Analyse zeitgenössischer Dramen allgemeine Regeln für den Aufbau von Tragödien ab. Seine Ausführungen zum antiken griechischen Drama besaßen vor allem in der Zeit des französischen Klassizismus und im Verlauf der Weimarer Klassik dogmatischen Charakter. Zu den Aussagen des Aristoteles, die die Konzeption der Dramen dieser aber auch noch späterer Zeiten bestimmten, gehören vor allem:
- die Lehre von den „drei Einheiten"
- der Aufbau des (antiken) griechischen Dramas (siehe Schaubild)
- die Ständeklausel
- die Lehre von der Katharsis

Die Lehre von den „drei Einheiten"

Mit Bezug auf die Gegebenheiten des griechischen Amphitheaters setzte Aristoteles fest, dass eine Aufführung nur bei Tageslicht – also höchstens in der Zeit von Sonnenaufgang bis Sonnenuntergang – stattfindet und wegen der besonderen Beschaffenheit der damaligen Bühnen nur an einem Ort spielt. Daraus folgte, dass nur einsträngige Handlungen ohne Nebenhandlungen dargeboten wurden. Aus diesen auf die spezifische Bühnensituation zugeschnittenen Aussagen entwickelten die Dramentheoretiker der französischen Klassik als Forderung für die Gestaltung von Dramen und insbesondere von Tragödien die sogenannte „Lehre von den drei Einheiten":
- Einheit der Zeit
- Einheit des Ortes
- Einheit der Handlung

Der Aufbau des griechischen Dramas

Die von Aristoteles beschriebenen griechischen Dramen waren in der Regel aus drei oder fünf Akten aufgebaut, wobei die einzelnen Akte jeweils eine spezifische Funktion besaßen. In seiner Schrift „Die Technik des Dramas" (1863) hat Gustav Freytag entsprechende Aussagen des Aristoteles systematisiert.

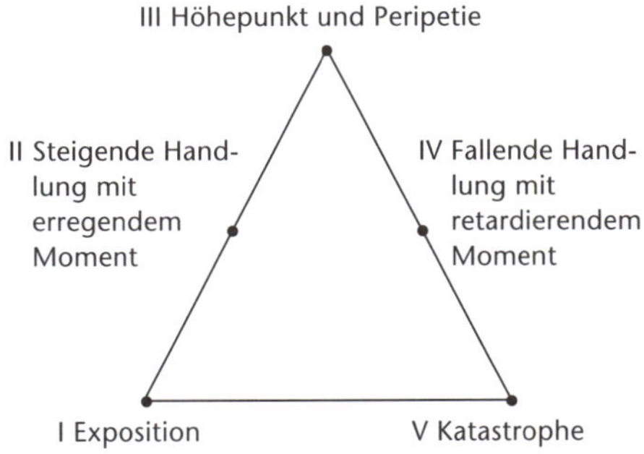

1. Akt	**Exposition**	Einführung in Ort, Zeit, Hauptfiguren und zentrale Motive
2. Akt	**Steigende Handlung**	Die Handlung spitzt sich zu durch Interessenskonflikte, Intrigen usw.
3. Akt	**Höhepunkt/ Peripetie**	Die Zuspitzung der Handlung/des Konfliktes erreicht ihren Höhepunkt, sodass es zu einem Wendepunkt (Peripetie) kommt, der zum Erfolg oder Scheitern der Hauptfigur führt.
4. Akt	**Fallende Handlung**	Auf dem Weg zum Untergang bzw. zur Rettung kommt es zu Verzögerungen (retardierenden Momenten), die der Steigerung der Spannung auf den Ausgang dienen.
5. Akt	**Katastrophe**	Häufig verbunden mit dem Tod der Hauptfigur kommt es in der Tragödie zum Untergang, der aber in der Regel einen moralischen und ideellen Sieg darstellt. In der Komödie folgt demgegenüber nach der fallenden Handlung die Rettung bzw. die Lösung des Konflikts (häufig durch eine Eheschließung).

Der Aufbau vor allem der älteren Dramen entspricht häufig diesem Aufbauschema. Bei Dreiaktern entfallen die Akte II und IV.

Die Ständeklausel

Für die Figuren galt bis zur Entwicklung des → bürgerlichen Trauerspiels vor allem durch Gotthold Ephraim Lessing (1729–1781) die Ständeklausel, die französische Dramentheoretiker des 18. Jahrhunderts im Anschluss an Aristoteles formuliert hatten. Demnach waren nur solche Figuren „tragödienwürdig", die eine möglichst hohe *tragische Fallhöhe* aufzuweisen hatten. Das Personal der Tragödie bestand daher vor allem aus Göttern, Königen und adligen Personen. Für die Komödie, deren Bedeutung wesentlich niedriger eingestuft wurde, galt diese Ständeklausel nicht.

Die Lehre von der Katharsis

Nach Aristoteles sollte die Gesamtkonzeption der Tragödie, als *Nachahmung* (*mimesis*) einer abgeschlossenen Handlung von gewisser Größe, dazu beitragen, beim Zuschauer *Furcht* (*phobos*) und *Mitleid* (*eleos*) zu erregen, wovon man sich eine *reinigende Wirkung* von eben diesen Affekten durch die Identifikation mit den Dramenfiguren versprach.

Das nichtaristotelische Drama (offene Form)

Mit dem Begriff *nichtaristotelisches Theater* werden im Allgemeinen alle dramatischen Stücke bezeichnet, die den aristotelischen Regeln nicht bzw. nur sehr bedingt entsprechen. Die Dichter des → Sturm und Drang z. B. haben sich ganz bewusst über das feste und statische Regelwerk der Dramen der geschlossenen Form hinweggesetzt, indem sie die Einheit des Ortes und der Handlung durch die Verwendung von *Fetzenszenen* aufgaben und Prosa statt Verse nutzten. Sie lehnten die dem strengen

Formalismus frönenden französischen Dramen inhaltlich und formal ab und nahmen sich die offene Form der Dramen von William Shakespeare zum Vorbild.
Entsprechende Umbrüche hat es im Verlauf der Entwicklung des Dramas immer gegeben, auch zum Beispiel während der Epoche der → Klassik. Ebenfalls sind die Dramen Christian Dietrich Grabbes (1801–1836) und Georg Büchners (1813–1837) aus der Epoche des → Jungen Deutschlands zu den nichtaristotelischen Stücken zu zählen. Aber erst im 20. Jahrhundert erreichte das nichtaristotelische Drama mit dem → epischen Theater Bertolt Brechts und dem absurden Theater einen eigenen und maßgeblichen Stellenwert.

Das bürgerliche Trauerspiel

Für das bürgerliche Trauerspiel, das primär von Gotthold Ephraim Lessing in der Epoche der → Aufklärung begründet wurde, ist wesentlich, dass es statt in Versen in Prosa verfasst ist und mit der → Ständeklausel der klassischen Tragödie bewusst bricht, indem hauptsächlich niedriger Adel und das Bürgertum zum Personal der Stücke gehören. Dementsprechend sind auch die Themen und Konflikte gestaltet, die in erster Linie den Bereich der Familie und der privaten Beziehungen betreffen sowie Fragen der Moral und des Anstands zum Gegenstand haben.
Lessing befasst sich in seinem bürgerlichen Trauerspiel „Emilia Galotti" (1772) als erster mit dem Problem adliger Willkür vor dem Hintergrund der Spannungen, die sich aus privaten Beziehungen zwischen den adligen und bürgerlichen Ständen ergeben. Dieses und andere Stücke Lessings enthalten bereits gesellschaftskritische Ansätze, die im weiteren Verlauf der Entwicklung des Dramas an Bedeutung gewinnen und zunehmend zu einer künstlerischen Reflexion gesellschaftlicher Verhältnisse führen.

Das epische Theater

Bertolt Brecht (1898–1956) wendet sich mit seiner Dramaturgie des *epischen Theaters* besonders gegen die klassischen drei Einheiten des Ortes, der Zeit und der Handlung, gegen die Einfühlung des Zuschauers und die → Katharsis. Stattdessen will er durch seine Art von Theater erreichen, dass der Zuschauer Distanz zum dargestellten Geschehen aufbaut und dieses kritisch reflektiert. Um zu verhindern, dass der Zuschauer sich in das gespielte Stück hineinversetzt, sich mit den Figuren identifiziert, mit ihnen mitempfindet und mit ihnen leidet, verwendet das epische Theater verschiedene *Verfremdungseffekte* (sogenannte *V-Effekte*). Dazu gehören die Einbindung von Liedern und Songs in das Geschehen auf der Bühne (*Montagetechnik*), die Verwendung von Bildern, Texten und Spruchbändern auf und vor der Bühne, die teilweise direkte Ansprache der Zuschauer durch die Schauspieler sowie das Improvisieren. So entsteht beim Zuschauer weder eine Illusion, noch wird ihm die Identifikation mit den Figuren ermöglicht: Es wird ihm jederzeit völlig bewusst gemacht, dass er nur ein Theaterstück sieht. Diesen Zweck soll auch die Kargheit der Bühnenausstattung unterstützen.

Elemente dramatischer Texte

Handlung

Im Gegensatz zur Epik entfalten Dramen die Handlung in der Regel weniger aus aktionsstarken Begebenheiten, sondern stärker aus inneren Konflikten der Figuren.
Die Entwicklung des Dramas und die gravierenden Veränderungen in der Bühnentechnik (→ S. 120) wirken sich deutlich auf den Aufbau und die Gestaltung der Handlung aus. Die Handlung in den meisten aristotelischen Dramen (geschlossene Form) verläuft *linear* und besteht nur aus einem Handlungsstrang (Ausschnitt des Ganzen). Bei den nichtaristotelischen Dramen (offene Form) entwickelt sich die Handlung in der Regel nichtlinear und besteht aus mehreren Handlungssträngen bzw. Einzelsegmenten (Ganzes in Ausschnitten).
Je nach Zuordnung des Dramas (Entstehungszeit) ergeben sich für die Analyse einer ausgewählten Szene also unterschiedliche Beobachtungsschwerpunkte:

Lineare Handlung – Ein Ausschnitt des Ganzen

- Aristotelische Dramen, bei denen es sich meistens um Drei- oder Fünf-Akter handelt, entsprechen im Allgemeinen einem *festem Aufbauplan*. In der Regel gibt es daher nur einen Handlungsstrang und Nebenhandlungen sind eher die Ausnahme. Die einzelnen Szenen sind fester Bestandteil der Funktion, die der jeweilige Akt im Aufbauplan des Dramas einnimmt. Die einzelne Szene ist daher der *steigenden* oder *fallenden* Handlung zuzuordnen.
- Der *Konflikt*, der in einem Widerstreit der Meinungen und Wertvorstellungen, in der Widersprüchlichkeit der Charaktere oder in dem Gegeneinander der Handlungsziele begründet sein kann, stellt das Kernstück der dramatischen Handlung dar.
- Die *Exposition* ist in den aristotelischen Dramen ein zentrales Strukturelement, deren Aufgabe es ist, den Zuschauer auf die bevorstehende Bühnenhandlung vorzubereiten. Die Exposition kann gleichermaßen vergangenheits-, gegenwarts- und zukunftsbezogen sein, indem sie den Zuschauer/Leser über die Vorgeschichte der Handlung unterrichtet, ihn mit Ort, Zeit und Personen des Stücks vertraut macht und bereits mögliche Konflikte andeutet.
- Die Übergänge von der einen zur anderen Szene werden durch die Beibehaltung des Schauplatzes, durch den Verbleib einer Figur auf der Bühne oder andere Mittel miteinander eng verklammert (sog. *liaison des scènes*).
- Neben- bzw. Parallelhandlungen werden meist nur durch die Technik der *Mauerschau* (*Teichoskopie*) oder des *Botenberichts* eingebunden. Das heißt, dass eine erhöht stehende Figur unmittelbar von einem Ereignis berichtet, das gerade für die anderen unsichtbar (quasi hinter einer Mauer) stattfindet bzw. dass jemand eine Botschaft überbringt, in der über eine andere Handlung berichtet wird.
- Der *Schluss* bringt die Lösung des Konflikts, die je nach Form des Dramas häufig mit dem Tod des Protagonisten verbunden ist (*Tragödie*) bzw. zu einem unverhofft glücklichen Ende geführt wird (*Komödie*).

Nichtlineare Handlung – Das Ganze in Ausschnitten

- Die nichtaristotelischen Dramen bzw. die Dramen der offenen Form lassen sich keinem festen Aufbauplan zuordnen, zumal sie aus einer sehr unterschiedlichen Anzahl von Akten und Szenen bestehen können. Die Handlung verläuft meist nicht linear, sondern sprunghaft, indem einzelne Episoden aus einem oder auch mehreren Handlungssträngen herausgegriffen werden.
- Eine Exposition wie in den aristotelischen Dramen ist meist nicht vorhanden, sondern das Geschehen entfaltet sich häufig im Sinne eines *analytischen Dramas*. Das heißt, dass die für den *Konflikt* entscheidenden Ereignisse nicht erst durch den Gang der Handlung vermittelt werden, sondern von Anfang an die Voraussetzung für die Handlung darstellen und im Verlauf des Dramas nach und nach aufgedeckt werden.
- *Neben-* bzw. *Parallelhandlungen* sind möglich, da die zeitliche Ausdehnung der Handlung deutlich länger als im aristotelischen Drama sein kann (keine Bindung an die Einheit der Handlung) und häufig *Zeitsprünge* und *Ortswechsel* beim Übergang von der einen zur anderen Szene vorliegen. Die Technik der Mauerschau bzw. des Botenberichts spielen daher kaum noch eine Rolle. Die Gleichzeitigkeit von Handlungen wird im Nacheinander der Szenenabfolge dargestellt.
- Im Gegensatz zum aristotelischen Drama bleibt der *Schluss* häufig offen und die Generierung von Lösungsmöglichkeiten wird an die Zuschauer/Leser delegiert.
- Die Handlung entfaltet sich in ihrer Gesamtheit nicht aus einer klar strukturierten Abfolge von einzelnen Szenen und Akten, sondern aus teilweise eher isolierten *Einzelszenen*, die sehr kurz und unvermittelt sein können (*Fetzenszenen*), um schlaglichtartig Aspekte der Handlung zu thematisieren.

Erschließungsfragen für die Analyse

- Ist die Szene Teil einer linearen bzw. nichtlinearen Handlung? Gehört sie zur Haupt-, Neben- oder Parallelhandlung?
- Wie beeinflusst die Szene den weiteren Handlungsverlauf? Welche Funktion und Bedeutung hat die Szene für die Entwicklung der Handlung? (Diese Fragen lassen sich nur bei Kenntnis des gesamten Dramas beantworten).
- Wie ist die zu interpretierende Szene mit der vorausgehenden und nachfolgenden Szene verbunden? Gibt es Zeitsprünge oder Ortswechsel im Übergang von der vorausgehenden bzw. zur nachfolgenden Szene?

Raum- und Zeitgestaltung

Die Gestaltung des Raumes und der Zeit sind an der Entfaltung der Handlung beteiligt, da es schon einen erheblichen Unterschied bedeutet, ob das gesamte Drama nur an einem oder an mehreren Schauplätzen spielt bzw. ob es nur den begrenzten Zeitraum eines Tages oder eine Zeitspanne von mehreren Wochen, Monaten oder auch Jahren umfasst. Für die Analyse einer Szene ist es also wichtig, die Raum- und Zeitgestaltung im Kontext des gesamten Stückes zu beachten.

Raumgestaltung

- Die Angaben zum Raum (synonym verwendet werden *Schauplatz* und *Handlungsort*) sind in den aristotelischen Dramen meist wenig konkret, da stärker als in den nichtaristotelischen Dramen die Handlung durch die Dialoge und nicht durch einen aktionsstarken Raum vorangetrieben wird. Der zeitliche Hintergrund, in den die Handlung einzuordnen ist, bestimmt dabei die Vorstellung des Raumes.
- Die häufigen und meist schnell aufeinanderfolgenden *Ortswechsel* in nichtaristotelischen Dramen bedingen, dass dort oft genauere Angaben zum Raum gegeben werden, denn der Zuschauer/Leser muss die Möglichkeit haben, die Ortswechsel gedanklich nachzuvollziehen. Hinzu kommt, dass der Raum sich wesentlich deutlicher auf das Agieren der Figuren auswirkt.
- Zu *Requisiten* und *Kostümen* werden in dramatischen Texten nur selten direkte Aussagen getroffen. Die konkrete Ausgestaltung ist Bestandteil der jeweiligen Inszenierung, die sich in der Regel aber an dem zeitlichen Hintergrund orientiert.
- Je nach dramaturgischem Konzept ergibt sich aus dem Zusammenspiel von Bühnenraum, Requisiten und Kostümen eine sehr geschlossene und realitätsnahe Ausgestaltung der Bühne oder es wird durch Reduktion bzw. Verfremdung des Bühnenbilds bewusst gemacht, dass es sich bei der Darstellung um eine Inszenierung handelt. Vor allem das epische Theater und zeitgenössische Theaterstücke bevorzugen die zweite Variante.

Zeitgestaltung

- Je nach Grundkonzeption und zentraler Thematik eines Dramas wird die Zeit, in der die Handlung spielt, mehr oder weniger stark präzisiert. Dramen, in denen eher grundlegende menschliche Konflikte oder Ideen und Werte im Mittelpunkt stehen, sind zeitlich nicht konkret gebunden. Dramen, die historische Ereignisse bzw. gesellschaftliche Probleme aufgreifen, müssen den zeitgeschichtlichen Hintergrund durch die Dialoge bzw. die Gestaltung der Bühne (→ Raumgestaltung) verdeutlichen. Besonders im epischen Theater werden die aktuellen zeitlichen Bezüge durch die Präsentation von Prospekten (Plakate bzw. Stellwände mit Fotos, Zeitungsartikel, Spruchbänder usw.) im unmittelbaren Umfeld der Bühne hergestellt.
- Die zeitliche Struktur eines Dramas wird geprägt durch das Verhältnis zwischen *Spielzeit* und *gespielter Zeit*. In Analogie zu den Termini → Erzählzeit und → erzählte Zeit in der Epik bezeichnet die *Spielzeit* dabei den Zeitraum, den eine Aufführung umfasst, während *gespielte Zeit* den Zeitraum angibt, den die Handlung umfasst. In aristotelischen Dramen ist dies unter Berücksichtigung der Einheit der Zeit in der Regel ein Tag, in den nichtaristotelischen Dramen können dies Tage, Wochen oder auch Jahre sein. Aus dem im gesamten Drama vorliegenden Verhältnis zwischen Spielzeit und gespielter Zeit ergibt sich eine eher *zeitraffende* (Spielzeit ist kleiner als gespielte Zeit) oder *zeitdehnende* (Spielzeit größer als gespielte Zeit) Handlung. Eine Besonderheit dramatischer Texte besteht darin, dass die einzelne Szene immer *zeitdeckend* ist, da im Dialog der Figuren Spielzeit und gespielte Zeit übereinstimmen. Bei der Analyse einer dramatischen Szene ist deshalb zu

berücksichtigen, wie die Szene in das zeitliche Kontinuum des gesamten Stücks eingebettet ist.
- Besonders in den nichtaristotelischen Stücken mit einer längeren gespielten Zeit und folglich häufigeren Zeitsprüngen wird die zeitliche Zuordnung einer Szene durch Formulierungen, die Verknüpfungen herstellen oder Anspielungen auf vorausgehendes oder nachfolgendes Geschehen enthalten, kenntlich gemacht. Der Hinweis z. B. auf eine Aktivität, die eine Figur in Zukunft ausführen will (z. B. „um das zu klären, muss ich XY aufsuchen"), verklammert zeitlich die Szene mit einer anderen, in der dieser Plan konkretisiert wird.

Erschließungsfragen für die Analyse
- Gibt es direkte Hinweise zum Handlungsort und zur Ausgestaltung des Raumes im Text? Wie kann oder muss man sich den Raum vorstellen, in dem die Figuren agieren?
- Sind Anfang bzw. Ende der Szene durch einen Ortswechsel gekennzeichnet?
- Werden Bezüge dieser Szene zu anderen Szenen über die Wahl des Schauplatzes hergestellt?
- Gibt es wichtige Requisiten, die den Schauplatz näher bestimmen?
- Wie ist die Szene in die zeitliche Struktur des gesamten Dramas eingebettet?
- Liegen beim Übergang von der vorausgehenden Szene zur nachfolgenden Szene Zeitsprünge vor? Wie werden diese Zeitsprünge deutlich gemacht? Gibt es in den Formulierungen der Figuren zeitliche Verklammerungen?

Figuren und Figurenkonstellationen

Die Figuren im Drama können grundsätzlich als *Charaktere* bzw. *Typen* bezeichnet werden. Von einem Charakter spricht man, wenn die Figur im Drama differenzierter dargestellt wird, so dass man verschiedene Eigenschaften und Verhaltensweisen kennen lernt. Von einem Typ oder Typus spricht man dagegen, wenn eine Figur mehr oder weniger nur auf einen Aspekt (z. B. Geiz, Gewalttätigkeit usw.) reduziert wird.
- Die *Namen* bzw. die *Bezeichnung der Figuren* können bereits deutliches Indiz für die Figurenzeichnung sein, wenn z. B. *sprechende Namen* (*Oberlin, Schufterle, Grimm, Gottlieb Biedermann ...*) verwendet werden oder den Figuren nur Funktionsbezeichnungen (*Doktor, 1. Handwerksbursche ...*) zugewiesen werden. Der Anordnung der Figuren im Personenverzeichnis, eventuell ihren Namen und den vielleicht beigefügten Angaben zu ihrem Status lassen sich unter Umständen bereits Informationen darüber entnehmen, welche Rolle die Figuren im Stück spielen bzw. in welcher Beziehung sie zueinander stehen.
- Als *Protagonisten* bezeichnet man Figuren des Dramas, die die Handlung maßgeblich vorantreiben, wobei nicht unbedingt die Titelfigur des Dramas darunter sein muss. Die Hauptfiguren werden häufig auch mit den Begriffen *Held* oder *Anti-Held* bezeichnet, je nachdem, ob sie selbstbewusst, eigenverantwortlich und aktiv am Verlauf des eigenen Schicksals beteiligt (Held) oder eher passiv und leidend fremden Mächten und Kräften ausgesetzt sind (Anti-Held). Erst mit Aufhebung der → Ständeklausel in den nichtaristotelischen Dramen werden auch Anti-Helden zu den Hauptfiguren der Dramen.

- Da in dramatischen Texten kein Erzähler die direkte Charakterisierung (→ S. 177) der Figuren übernehmen kann, charakterisieren sich die Figuren durch ihr Verhalten und vor allem durch das gesprochene Wort selbst bzw. werden indirekt durch die Aussagen anderer charakterisiert. Speziell im zweiten Fall ist dabei zu berücksichtigen, dass diese Art der Charakterisierung nicht objektiv ist, da sie aus der Perspektive einer anderen Figur vorgenommen wird.
- Die Figuren in einem Drama werden erst wirklich lebendig und dadurch charakterisiert, dass sie in der Interaktion mit anderen Figuren gezeigt werden. Jede Figur ist eingebunden in eine *Figurenkonstellation*, die z. B. bestimmt wird durch den Grad der Zuneigung, Abneigung oder Feindschaft zu einer anderen. Um Charaktereigenschaften zu verdeutlichen, werden einzelnen wichtigen Figuren *Gegenspieler* oder *Kontrastfiguren* gegenübergestellt.
- *Gestalt, Mimik, Gestik, Körperhaltung* und *-bewegung* sowie die *Kleidung* charakterisieren eine Figur. Allerdings finden sich dazu in den Dramentexten meist nur wenig konkrete Hinweise (Regienanweisungen), sodass der Leser entsprechende Vorstellungen aus der Handlung und vor allem aus dem gesprochenen Wort selbst entwickeln muss. Dem Zuschauer einer Aufführung wird diesbezüglich bereits eine Interpretation angeboten. Bei der Analyse einer Dramenszene muss also deutlich werden, ob es sich bei Aussagen zum äußeren Erscheinungsbild um eine eigene Interpretation oder um konkrete Vorgaben handelt, die durch Textbelege nachgewiesen werden können.

Sprache und Dialogführung

- Der Dialog ist das zentrale Merkmal dramatischer Texte, denn das Drama lebt vom gesprochenen Wort. Die Analyse einer Dramenszene muss deshalb im besonderen Maße auf die inhaltliche Aussage und die formale Gestaltung der Dialoge (Ausdrucksweise, Wortwahl, Satzbau usw.) eingehen.
- Das Prinzip der → Ständeklausel prägt im aristotelischen Drama auch die Sprache, sodass der Sprachstil der Figuren getragen bzw. gehoben ist und bis hin zum *Pathos* reichen kann. Die Sprache der Figuren ist kunstvoll gestaltet, reich an Sprachbildern und anderen → rhetorischen Mitteln. Der Text ist häufig in → Blankversen geschrieben. Vorherrschend ist ein *hypotaktischer Sprachstil.*
- In nichtaristotelischen Dramen werden Stilebenen und die Ausdruckshaltung gemischt und es findet eher eine Orientierung an der Alltagssprache statt (verschiedene *Soziolekte, Jargon, spontane Äußerungen, „Aneinandervorbeireden"* oder *„Schweigen"*). Anders als beim geschlossenen Drama, wo das Bewusstsein die Sprache dominiert, dominiert hier die Sprache über das Bewusstsein. Ausrufe, elliptische und *parataktische Satzkonstruktionen* sind Ausdruck einer lebendigen, spontanen und emotionalen Sprache, die die Figuren deutlich charakterisiert.
- Die gründliche Analyse der Dialoge muss *kommunikative Strukturen* mitberücksichtigen, da der Dialog immer eine Form der Interaktion ist. Das bedeutet, dass nicht nur inhaltlich geklärt wird, *was* genau gesagt wird, sondern auch *wie* diese Inhalte kommuniziert werden. Dazu gehört, dass man Aussagen zum Sprachstil, d. h. zur Wortwahl, zum Satzbau und zu den verwendeten rhetorischen Figuren,

trifft. Qualitativ wirksam werden entsprechende Aussagen aber erst, wenn sie nicht nur beschrieben, sondern in der Deutung funktionalisiert werden.
- *Sprechtempo, Tonfall* und *Lautstärke* werden in dramatischen Texten nur selten durch Regieanweisungen präzisiert und müssen daher aus dem dargestellten Geschehen erschlossen werden, sollten aber im direkten Zusammenhang mit der sprachlichen und kommunikationstheoretischen Analyse berücksichtigt werden.
- Um den Zuschauer an Gedanken einer Figur teilnehmen zu lassen, finden *Monologe* bzw. die Technik des *Beiseitesprechens* Anwendung. Beide Formen sind, wenn auch etwas realitätsfern, typische dramaturgische Elemente, da es eher ungewöhnlich ist, dass eine Person längere Zeit laut für sich selbst spricht (Monolog) bzw. dass eine Person quasi hinter vorgehaltener Hand ihre Gedanken laut preisgibt (Beiseitesprechen), während andere anwesend sind. Das Beiseitesprechen wird in der Regel durch die Regieanweisung „beiseite" deutlich angegeben.
- In den Dramen der offenen Form, speziell im → epischen Theater, wird der Zuschauer direkt angesprochen, indem z. B. eine Figur die Rolle quasi verlässt und sich unmittelbar an das Publikum wendet. Im *Monodrama*, einem monologischen Einpersonenstück, werden diese Techniken prägendes Gestaltungsmittel, da es Dialoge im eigentlichen Sinne hier nicht mehr gibt.

Erschließungsfragen für die Analyse
- Handelt es sich bei den agierenden Figuren eher um Charaktere oder Typen? Kann eine der Figuren als Protagonist der Handlung bzw. als Held oder Anti-Held bezeichnet werden?
- Wie ist die einzelne Figur in die Figurenkonstellation des gesamten Stücks bzw. in die Szene eingebunden? Gibt es direkte Gegenspieler oder Kontrastfiguren?
- Wie und wodurch charakterisieren sich die Figuren selbst bzw. werden sie von anderen charakterisiert?
- Welchen Anteil hat die Sprache an der Charakterisierung der Figuren?
- Auf welchem Sprachniveau entwickelt sich das Gespräch? Handelt es sich um eine gebundene oder eher freie und emotionale Sprache?
- Welche Wirkung wird durch den Satzbau und die Wortwahl erreicht?
- Welche rhetorischen Figuren werden verwendet und welche Funktion haben sie?
- Wie müssten Sprechtempo, Tonfall und Lautstärke in einzelnen Passagen der Dialoge gestaltet sein?
- Welche kommunikativen Strukturen werden in den Dialogen deutlich? Wie groß sind die Redeanteile der Figuren? Welche Figur ergreift die Initiative im Gespräch und welche Figur beendet es?
- Gibt es Tendenzen zur Monologisierung der Dialoge?

Rahmenthema 3: Literatur und Sprache um 1900 – neue Ausdrucksformen der Epik

Literarische Moderne (ca. 1880–1925)

Das Nebeneinander bzw. die Gleichzeitigkeit unterschiedlichster, z. T. widersprüchlichster literarischer Strömungen, Stile (Stilpluralismus), Tendenzen, Entwürfe, Programme (Polarität), basierend auf der Orientierungslosigkeit in einer durch gesellschaftliche, ideologische, normative und ästhetische Brüche gekennzeichneten Welt prägt die Zeit um 1900. Laut Thomas Mann weist dies auf den „Willensausdruck dieser sehr reich bewegten Zeit, in der viele Strömungen [...] sich überkreuzten und ineinander übergingen" hin. Man spricht auch von der „Gleichzeitigkeit des Ungleichzeitigen": Der Widerspruch, z. B. zwischen dem sich als autonom verstehenden Individualkunstwerk und der entstehenden Massenkultur (Trivialliteratur), gilt als Grundmuster der „Literarischen Moderne". Die propagierte „Modernität" ist das gemeinsame Bindeglied dieser heterogenen und disparaten Richtungen und Stile, weshalb die Zeit vor dem Ersten Weltkrieg heute nicht als das Ende des 19. Jahrhunderts, sondern als der Beginn des 20. Jahrhunderts gesehen wird.
Den anerkannten literarischen Strömungen des → Naturalismus, Impressionismus und → Expressionismus werden andere Stilrichtungen, die aus der bildenden Kunst oder aus dem französischen Kulturraum übernommen wurden, an die Seite gestellt: *Symbolismus, Ästhetizismus, Décadence, Fin de Siècle, Neuklassik, Neuromantik, Jugendstil, Dadaismus* und v. a. m. Allen gemeinsam ist ein verändertes, z. T. neues Verhältnis zur Sprache, deren Leistungsfähigkeit als Mittel der Kommunikation als problematisch erlebt wurde (Sprachkrise als Bewusstseins- und Wahrnehmungskrise). Wichtigstes Dokument dieser Sprachskepsis ist Hugo von Hofmannthals fiktiver Brief des Lord Chandos („Ein Brief", 1901). Zu den bedeutendsten Autoren der Zeit zählen neben Hugo von Hofmannsthal Stefan George, Franz Kafka, Thomas und Heinrich Mann, Robert Musil und Rainer Maria Rilke.
Anhand der oben skizzierten Auffächerung der Literatur der Jahrhundertwende mit ihren unterschiedlichen Strömungen und Tendenzen, den teils aus der bildenden Kunst, aus der Architektur, der Geschichte übernommenen Bezeichnungen lässt sich das grundsätzliche Problem der Einteilung der Literatur in Epochen, die vermeintlich streng voneinander getrennt sind, sehr gut demonstrieren. Daher legitimiert sich auch der Begriff des Epochenumbruchs um 1900, da dieser die literarischen Erscheinungen im Sinne der Diskontinuität hervorhebt. Gerade die divergierenden mentalen und kulturellen Konzepte, die sich teils ergänzen, teils miteinander konkurrieren oder sich widersprechen, befördern die Differenzqualität der einzelnen literarischen Strömungen. Diese Epochenumbrüche lassen sich besonders für die Zeit um 1800, um 1900, aber auch um 2000 feststellen. Im Spannungsfeld der ästhetischen Konzepte reagieren die Autor(inn)en direkt oder verzögert auf die rasanten Veränderungen ihrer Lebenswelt, auf politische Veränderungen oder Modernisierungsschübe, im technischen, wissenschaftlichen oder gesellschaftlichen Feld.

Krise und Erneuerung des Erzählens

Die Erschütterung der Weltsicht durch den Anbruch der Moderne hat zu einer Erschütterung des Sprachverständnisses geführt. Die Sprachskepsis steigert sich zur Sprachkrise, die – hier liegt das Paradoxon vor – sprachlich virtuos von den Autoren in Gedichten und Essays thematisiert wird, etwa in der bildreichen Sprache des rhetorisch durchkomponierten *Chandos-Briefes*. Da sich nunmehr die Welt, mithin der *Gegenstand des Erzählten*, in radikalem Wandel befindet, und die Sprache, also das *Medium des Erzählens*, nicht mehr unbefangen verwendet werden kann, geraten auch die traditionellen Erzählmuster, somit die *Form des Erzählens*, in die Kritik. Chronologische Erzählmuster, in sich geschlossene, runde Figurenzeichnungen und stringente Erzählperspektiven, wie sie bis zum bürgerlichen Realismus galten, scheinen ungeeignet, die neu wahrgenommene Komplexität und Heterogenität der Welt zu erfassen. Die Erneuerung des Erzählens setzt ein. Die folgende Gegenüberstellung zeigt wesentliche Aspekte dieses Wandels der Erzählweise auf, der auf der Krise des Erzählens basiert:

Traditionelles Erzählen	Modernes Erzählen
Wahrnehmung der Welt als überschaubar, verstehbar	Wahrnehmung der Welt als unübersichtlich, vielschichtig und brüchig, Zweifel an der Wahrnehmung und dem darstellenden Medium Sprache
Handlungsverlauf orientiert sich am Erzählkern, ist linear und kausal motiviert und geschlossen	Handlungsverlauf z. T. fragmentiert, sprunghaft und assoziativ, offene Handlung, offene Sinnfragen
Erzähler häufig in Er/Sie-Form, auktorial, führt den Leser durch die erzählte Welt, kommentiert Figuren, verfügt über Innen- wie Außensicht, Erzählperspektive bleibt konstant, ordnende Funktion	Erzähler häufig in Ich-Form oder personal, subjektive Figurenperspektive oder neutraler Erzählerbericht, Erzähler zieht sich hinter die Figuren zurück
Helden stehen im Mittelpunkt, exemplarische Entwicklung, gesellschaftliches Muster	Krise des Helden, Antihelden, Brüchigkeit, Infragestellung der allgemeinen Relevanz, radikale Subjektivität
konventioneller Erzählbericht, szenische Darstellung und Figurenrede, chronologisch geordnete realistische Weltsicht des Erzählers	Psychologisierung der Darbietungsweise: innerer Monolog, Stream of Consciousness, Perspektivwechsel, heterogene Zeitstruktur, Simultaneität des Erzählten, Montagetechnik
Hervorhebung des Erzählers als souveräne schöpferische Kraft des Erzählvorgangs, Sinnstiftung	Betonung des impliziten Lesers, der Sinn aus den erzählten Facetten generieren muss, kein Anspruch auf allgemeingültige Sinnstiftung

Realismus (ca. 1850–1890)

Epochenbegriff

Man unterscheidet zwischen a) typologischem Realismusbegriff (Realismus als epochenübergreifendes Darstellungsmerkmal) und b) literaturgeschichtlichem Epochenbegriff *Realismus*. Der Epochenbegriff *Realismus* bezeichnet die europäische Literaturepoche zwischen Romantik und Naturalismus. Wirklichkeitsnähe, Lebensechtheit, Widerspiegelung der Alltagswelt sind gefordert, außerdem Beispielhaftigkeit, Verdichtung, Verklärung („poetischer Realismus") im Sinne eines poetischen Mehrwerts, der das gewöhnliche Bild der Erscheinungen übersteigt. Die Wirklichkeit soll durch Auswahl und Konzentration auf Details entstehen, die Distanzierung des Autors wird gefordert.

Geschichte und Gesellschaft

1848/49 Gescheiterte Revolution
ab 1864 Aufstieg Preußens
1870/71 Deutsch-französischer Krieg, Proklamation des preußischen Königs Wilhelm I. zum Deutschen Kaiser in Versailles, Einigung des Reichs, Bismarck Reichskanzler („Gründerzeit")
1878 „Sozialistengesetze": Unterdrückung sozialdemokratischer Gruppierungen
1888–1918 Wilhelm II. deutscher Kaiser („Wilhelminisches Zeitalter"); Beginn des deutschen Imperialismus

- zunehmende Industrialisierung; rasante Technikentwicklung, beschleunigte Lebensverhältnisse; Urbanisierung, Proletarisierung der Arbeiterschicht, soziale Probleme (Klassengegensätze)
- Tendenzen weiblicher Emanzipation: Frauen im Erwerbsleben, zunehmendes Infragestellen traditioneller Rollenbilder

Literarisches Leben – Themen und Motive der Literatur

- großer Einfluss frz. und russ. Epik auf den deutschen Roman (G. Flaubert *Madame Bovary*; L. Tolstoi *Anna Karenina, Krieg und Frieden*)
- Auseinandersetzung von Individuum und Gesellschaft
- soziale und politische Fragen der Zeit, Eheprobleme: kritische Reflexion in Bildungsromanen

Welt- und Menschenbild

- große Veränderungen, aufkommende Naturwissenschaften bewirken sowohl Fortschrittsglauben als auch Orientierungslosigkeit durch Verlust von traditionellen Werten und Normen
- materialistische, diesseits orientierte Grundhaltung, Bedeutungsverlust der Religion
- in Teilen des Bildungsbürgertums trotz wirtschaftlicher Prosperität eher resignative Grundstimmung; konservative Wertehaltung, Gebundenheit an soziale Schicht
- Adel und Offizierskorps bestimmen weitgehend das gesellschaftliche Leben, Vorbildfunktion alles Militärischen: Untertanenmentalität, Pflichterfüllung gegenüber dem Staat

Gattungen, Autor(inn)en, Werke

bevorzugte Gattung: Epik
F. Hebbel (1813–1863) *Maria Magdalena* (Drama)
Th. Storm (1817–1888) *Pole Poppenspäler, Der Schimmelreiter, Immensee*
Th. Fontane (1819–1898) *Irrungen, Wirrungen, Frau Jenny Treibel, Effi Briest, Der Stechlin*
G. Keller (1819–1890) *Die Leute von Seldwyla; Der grüne Heinrich*
C. F. Meyer (1825–1889) *Das Amulett, Der Schuss von der Kanzel*
A. Stifter (1805–1868) *Nachsommer, Bunte Steine*
Gustav Freytag (1816–1895) *Soll und Haben*

Naturalismus (ca. 1880–1900)

Epochenbegriff

Der *Naturalismus* gilt als europäische Strömung; Vorbilder für die deutsche Literatur sind die gesellschaftskritischen Romane des Franzosen É. Zola, die skandinavische Literatur von H. Ibsen, A. Strindberg, die russische von F. Dostojewski, M. Gorki. Das Programm des Realismus wird eingeengt auf a) die Darstellung des Elends von Kleinbürgertum und Proletariat, b) die Kritik an der Doppelmoral und Gleichgültigkeit des Bürgertums hinsichtlich ungelöster sozialer Probleme der Industriegesellschaft. Von Arno Holz wird die Formel *Kunst = Natur – x* entwickelt; x soll möglichst klein sein, d. h. das Kunstwerk gilt als umso vollkommener, je mehr es sich der Natur (= die sozialen Verhältnisse) annähert. Das bedeutet eine möglichst objektive Darstellung der Wirklichkeit, Absehen von der subjektiven Meinung und Deutung der Künstler. Neue Darstellungsmittel werden eingesetzt wie Dialekt und Umgangssprache, Verzicht auf gebundene Sprache (gilt als unnatürlich), *Sekundenstil* (Deckungsgleichheit von erzählter Zeit und Erzählzeit).

Geschichte und Gesellschaft

um 1890 erste Regierungsjahre Wilhelms II., letzte Regierungsjahre Bismarcks: deutschnationale Euphorie

- Hochphase des deutschen Imperialismus (Tendenz zum Militarismus)
- einseitige Entwicklung und Verteilung des Kapitals (u. a. durch Bismarcks Schutzzollpolitik)
- Zuspitzung der sozialen Lage, Verschärfung gesellschaftlicher Gegensätze

Literarisches Leben – Themen und Motive der Literatur

- sozialkritische Tendenzen, Künstler in Opposition zur gutbürgerlichen Gesellschaftsordnung
- Durchschnittsmenschen als Produkt ihres Milieus, ihrer Umgebung
- Großstadt: Arbeitermilieu, Mietskasernen, Elendsquartiere, Arbeits- und Obdachlosigkeit, Familienprobleme, soziale Verelendung, Krankheit, Alkoholismus
- von Wilhelm II. als „Rinnsteinkunst" diffamiert

Welt- und Menschenbild

- Einbeziehung neuster Erkenntnisse der Naturwissenschaften; antimetaphysischer, empirischer Positivismus
- Einfluss der deterministischen Gesellschaftstheorie des französischen Philosophen Auguste Comte
- Der Mensch wird im Bedingungsgefüge (Determinismus) von Psyche, Trieben, sozialem Milieu und Umwelt gesehen und begriffen, dadurch werden seine Verhaltensweisen determiniert
- Leugnung des freien Willens zugunsten eines kausalgesetzlichen Ablaufs der Dinge

Gattungen, Autor(inn)en, Werke

Dominanz des Dramas

Johannes Schlaf (1862–1941) und Arno Holz (1862–1941) beide v. a. als Autorenteam tätig: *Papa Hamlet, Die Familie Selicke*

G. Hauptmann (1862–1946) *Vor Sonnenaufgang, Der Biberpelz, Die Ratten, Die Weber*

Expressionismus (ca. 1905–1925)

Epochenbegriff

1911 wird *Expressionismus* als Begriff für eine Berliner Sammelausstellung französischer Maler verwendet, danach auf die Literatur übertragen und gilt als Ausdruck des Protests junger Künstler aus mittelständischem, z. T. großbürgerlichem Milieu (oft Doppelbegabungen) gegen das wilhelminische Bürgertum mit seinen erstarrten Konventionen sowie das kapitalistische Wirtschaftssystem. Der Zusammenschluss von Künstlergruppen spiegelt sich in einer Vielzahl von Manifesten und Programmatiken. Die Suche nach dem „Neuen Menschen" („Menschheitspathos"), nach ihm adäquaten neuen Ausdrucksformen, findet sich vor allem in Lyrik und Drama: Ablehnung des Mimesis-Gedankens der Kunst, Propagierung der „Ästhetik des Hässlichen". Oft stehen traditionelle Form (z. B. Sonett) und provozierender Inhalt als Ausdruck für katastrophale Erschütterungen der Zeit in Kontrast. Asyndetischer Reihungsstil, elliptischer Satzbau, starke Bildlichkeit und Metaphorik, Farbsymbolik, Synästhesie, Neologismen und Montage sind weitere epochentypische Mittel und Formen.

Geschichte und Gesellschaft

1908 Automobilisierung (Fließbandproduktion Ford)
1910 Halleyscher Komet: Hoffnung auf Erneuerung und Angst vor Untergang der alten Gesellschaftsordnung
1912 Untergang der *Titanic*: Erschütterung in den Fortschrittsglauben
1914–18 Erster Weltkrieg: Zusammenbruch der k.u.k.-Monarchie, Niederlage Deutschlands, Abdankung des Kaisers
1915 A. Einsteins Relativitätstheorie
1917 Russische Oktoberrevolution
1918 Bürgerkrieg in Berlin, Münchner Räterepublik
1918/19 Friedensvertrag von Versailles; Weimarer Republik; „Dolchstoßlegende", hohe Reparationszahlungen Deutschlands

- neue Medien: Rundfunk und Film vereinnahmen die Unterhaltungsindustrie

Welt- und Menschenbild

- kritische Auseinandersetzung mit den Errungenschaften der modernen Zivilisation
- Protestbewegungen gegen erstarrte Konventionen und verlogene Moral einer als überkommen empfundenen bürgerlichen Gesellschaft
- „Janusgesicht der Moderne": Zukunftseuphorie sowie Skepsis gegenüber Technik und Erneuerung; Kriegseuphorie sowie totale Ablehnung des Krieges, Pazifismus
- Kunst als Beitrag zur Weltveränderung

Gattungen, Autor(inn)en, Werke

vorherrschende Gattung: Lyrik, später auch Drama (G. Kaiser); K. Pinthus' Anthologie *Menschheitsdämmerung*
Gottfried Benn, Paul Boldt, Jakob van Hoddis, Georg Heym, Else Lasker-Schüler, Alfred Lichtenstein, Oskar Loerke, Ernst Stadler, August Stramm, Georg Trakl

Literarisches Leben – Themen und Motive der Literatur

- Weltende, Apokalypse, Werteverfall, Gewaltfantasien: Endzeitstimmung als Bild für Zusammenbruch der abendländischen Kultur
- Großstadt mit all ihren Facetten
- kritische Auseinandersetzung mit technischem Fortschritt (Eisenbahn)
- Krieg, Tod, Sinnlosigkeit des Lebens; Orientierungslosigkeit, Dissoziation des Ich, Anonymität, Kommunikationslosigkeit
- antiidyllische Naturlyrik
- Visionen von Aufbruch, Revolution

Prüfungsrelevantes Wahlpflichtmodul: Literatur als Zeitdiagnose. Der Erste Weltkrieg: literarische Versuche zur Bewältigung der „Urkatastrophe des 20. Jahrhunderts“

Für die Abiturprüfung 2016 ist im Rahmenthema 3 „Literatur und Sprache um 1900 – neue Ausdrucksformen der Epik“ das Wahlpflichtmodul „Literatur als Zeitdiagnose. Der Erste Weltkrieg: literarische Versuche zur Bewältigung der ‚Urkatastrophe des 20. Jahrhunderts‘“ vorgesehen. Die beiden prüfungsrelevanten Texte sind Erich Maria Remarques „Im Westen nichts Neues“ (1928/29) und Edlef Köppens „Heeresbericht“ (1930; 2. Teil, 7. Kapitel). Vertiefend für Kurse auf erhöhtem Anforderungsniveau ist Ernst Jüngers Text „In Stahlgewittern“ (1920; letzte Edition 1978; Kapitel: „Die Doppelschlacht bei Cambrai“) vorgegeben.

Darstellung und Deutung des Krieges bei Remarque

„Dieses Buch soll weder Anklage noch ein Bekenntnis sein. Es soll den Versuch machen, über eine Generation zu berichten, die vom Kriege zerstört wurde – auch wenn sie den Granaten entkam.“ Remarques knappes Vorwort ist in zweifacher Weise kennzeichnend für den Beststeller: Es erhebt den Anspruch auf Authentizität, möchte berichten, was gewesen ist, und stellt die „verlorene Generation“ in den Mittelpunkt.

Mit „Im Westen nichts Neues“ fiktionalisiert der Autor Kriegserlebnisse des Ersten Weltkriegs. Es sind eigene Erfahrungen und Erlebnisse, die dem Autor noch zu Kriegszeiten von Kameraden berichtet wurden. Im Zentrum des Romans steht eine kleine Gruppe Soldaten um den Protagonisten Paul Bäumer. Vom Lehrer zur freiwilligen Meldung für den Kriegsdienst gedrängt, stellt sich schon während der Ausbildung Ernüchterung und im Fronteinsatz die vollständige Desillusionierung ein.

Die industrialisierte Kriegsführung, die Materialschlacht wird in der einfachen, nüchternen Sprache des jungen Protagonisten dargestellt. Gezeigt wird das Massentöten bis ins physische Detail. Der Mensch wird mechanisch zerstört. Die Reflexionen Bäumers legen die psychischen Verheerungen des Krieges offen: Kameradschaft wird zum nahezu einzig positiven Wert im Krieg und stützt den Überlebenswillen, doch angesichts einer permanenten Todesangst wird der Mensch reduziert auf seine Grundbedürfnisse. Das Grauen lässt den Menschen zum „Tier“ werden. Politisches bleibt weitgehend ausgespart, Fragen nach dem Sinn des Krieges werden im Roman nur oberflächlich diskutiert und versanden – die Gruppe der Soldaten zielt auf das Überleben in der Gegenwart. Vergeblich. Fast ausnahmslos wird die Gruppe ausgelöscht. Bevor auch der Ich-Erzähler getötet wird, ist der Leser Zeuge seiner Bilanz des Krieges: „Ich bin jung, zwanzig Jahre alt; aber ich kenne vom Leben nichts anderes als die Verzweiflung, den Tod, die Angst und die Verkettung sinnlosester Oberflächlichkeit mit dem Abgrund des Leidens. Ich sehe, daß Völker gegegeneinandergetrieben werden und sich schweigend, unwissend, töricht, gehorsam töten. Ich sehe, daß die klügsten Gehirne der Welt Waffen und Worte erfinden, um das alles noch raffinierter und länger dauernd zu machen.“ (Kapitel 10)

Vergleich der Romanschlüsse bei Remarque und Köppen: Erzählweise, Figurengestaltung, Bewertung des Krieges

Remarques Roman nutzt die Ich-Form zur Darstellung des Kriegserlebnisses aus der Perspektive des Protagonisten. Dies geschieht episodisch, teilweise mit Rückblenden, Erzähltempus ist das Präsens. Kampfhandlungen und deren Konsequenzen werden detailliert dargestellt, wirken eindringlich auf den Leser und abstumpfend auf die Figuren. Teilweise werden Waffenwirkungen und Leiden der Soldaten in ihrer Vielfalt nur aufgereiht: „Granaten, Gasschwaden und Tankflottillen – Zerstampfen, Zerfressen, Tod". Die Figuren werden in szenischer Darstellung deutlich, ihre Sprache ist schlicht, neben den ehemaligen Schülern sind es Handwerker und ein Bauer. Knappe Sätze in Alltagssprache prägen ihre Gespräche. Die Innenwelt des Protagonisten verdeutlicht der Autor durch diverse innere Monologe. Die Kritik konzentriert sich dabei auf die Sinnlosigkeit des Krieges und die Folgen für die kämpfende, „verlorene" Generation.

Mit dem Tod des Protagonisten übernimmt ein auktorialer Erzähler die Schilderung der Umstände, mit denen der Roman schließt: Paul Bäumer stirbt gegen Ende des Krieges – „sein Gesicht hatte einen so gefaßten Ausdruck, als wäre er beinahe zufrieden damit, daß es so gekommen war." Der Heeresbericht notiert lakonisch: „Im Westen sei nichts Neues zu melden."

Edlef Köppens „Heeresbericht" erzählt vom Leutnant Adolf Reisiger. Einst kriegsbegeistert, kehren die Kriegserlebnisse seine Sichtweise um. Wie Paul Bäumer erkennt auch er die Sinnlosigkeit des Krieges, doch anders als Remarques Hauptfigur überlebt er und wird in ein „Irrenhaus" eingesperrt, als er verkündet: „Ich mache den Krieg nicht mehr mit." Reisiger verweigert sich, er versichert, nicht verrückt zu sein, sondern im Krieg das „größte aller Verbrechen" erkannt zu haben. Köppens Heeresbericht ist in Er-Form verfasst, später wechselt er zur Ich-Form, und erzählt ebenfalls in knapper, teilweise szenisch angepasster, hektischer und authentischer Weise von Kriegserlebnissen, dem mechanisierten Töten und dem Angriff der Tanks. Deutlich wird die Hilflosigkeit der Figuren beschrieben, ihre Angst und die Frage nach dem „Warum?". Erzählerisch ist dieser Text an vielen Stellen jedoch weitaus virtuoser als Remarques Roman. Satzreihen, teilweise elliptisch, und Wiederholungen bilden die Dynamik des Angriffs ab. Mittels der Montagetechnik werden die fiktionalen Szenen mit Dokumenten vermischt, eine Parodie von Schillers Ballade „Der Handschuh" wird auf den Tankangriff gemünzt und eingebunden. Der innere Monolog des festgesetzten Reisigers prägt schließlich das Ende des Heeresberichtes: Der Protagonist wirft sich die Mittäterschaft beim „Verbrechen" des Krieges vor und klagt so all die anderen an, die ihn deswegen für verrückt halten. Ein fiktionaler Krankenbericht am Schluss dokumentiert die einzige Antwort, die Reisiger noch bereit ist zu geben: „Es ist ja immer noch Krieg. Leckt mich am Arsch!"

Remarques Roman bietet mit Paul Bäumer deutliches Identifikationspotenzial, vermittelt so die Kritik am Krieg. Erzählerisch drastischer und inhaltlich greller wird die Ablehnung des Krieges bei Köppen vorgetragen.

Ernst Jüngers Haltung zum Krieg: Sachlich distanziertes Registrieren der Kriegswirklichkeit oder Heroisierung?

Ernst Jüngers Kriegsbuch „In Stahlgewittern" basiert auf seinen Kriegstagebucheinträgen der Jahre 1914–1918 und erhebt somit schon anhand der Textgattung Anspruch auf Authentizität. Über Jahrzehnte hinweg hat Jünger jedoch immer wieder in unterschiedlicher Weise in den Text eingegriffen. Jünger tritt als berichtendes Ich auf, ein Offizier, schildert gemütliche, ja idyllische Momente des Soldatenlebens, berichtet detailliert über das militärische Vorgehen, die Handlungen des Feindes, nutzt genaue Raumangaben und militärische Fachbegriffe. Details der Kämpfe werden ebenso dargestellt wie unterschiedliche Arten von Verwundungen und das Sterben der Soldaten. Thematisch fügt sich Jüngers Text somit wie Remarques und Koeppens Text in die Reihe der Kriegsbücher ein, die den Krieg an der Westfront in den Fokus rücken. Was diesen Text heraushebt, sind jedoch Stil und Haltung des Verfassers. In nüchternem, teils kühlem Stil steht die präzise Dokumentation grauenvoller Ereignisse der Materialschlacht und des Grabenkampfes neben Landschaftsbeschreibungen und Scherzhaft-Anekdotischem.

Jüngers Einstellung zum Krieg schillert in verschiedenen Facetten: Im respektvollen, humanen Umgang mit dem Gegner erscheint die Haltung nahezu „sportlich", dann sieht er überwältigte Engländer als „gewaltigen Fang [...] mit der sich steigernden Freude des Waidmannes". Jünger schildert seine eigene Verwundung im Grabenkampf und stellt fest: „Gleichzeitig verbluteten in diesem mörderischen Grabenstückchen sämtliche Unteroffiziere und ein Drittel meiner Kompanie." Nur wenige Sätze später äußert er sich euphorisch über die „Stoßtruppführer". Sie sind für ihn „die Fürsten des Grabens", sie agieren „mit harten, entschlossenen Gesichtern, tollkühn, geschmeidig vor und zurück springend, mit scharfen, blutdürstigen Augen" in „ihrem Reich".

Im Bild des Stoßtruppführers spiegelt sich Jüngers Haltung zum Krieg. Mit dem Stoßtruppführer stilisiert Jünger den Soldaten – und in erheblichem Maße sich selbst – zum heroischen Krieger. Ernst Jünger berichtet, wie er für seine Kampfhandlungen bewundert, beglückwünscht und mit dem höchsten Orden geehrt wird, nicht ohne zu erwähnen, dass er die Lazarette wegen seiner „fünften Doppelverwundung" nicht „behelligte".

Der Krieg hat für Jünger eine gleichsam mythische Kraft, die dem Grabenkämpfer erst den Erfahrungsraum für das Mutige, Männliche, Todesverachtende schaffen kann. Auf dieser Darstellung und Deutung des Krieges basiert die überaus kontroverse Rezeption, die Jüngers Texten in der Literaturwissenschaft zuteilwird.

Rahmenthema 4: Vielfalt lyrischen Sprechens

Was ist Lyrik?

Lyrik ist der Fachausdruck für Gedichte. Ein Gedicht ist leicht von einem erzählenden Text zu unterscheiden: Es gliedert sich in Verse und hat daher einen Flatterrand. Oft sind Gedichte auch in Strophen unterteilt und gereimt.

Lyrik zeichnet sich durch „verdichteten" Sprachgebrauch aus. Die sinnliche Seite der Sprache steht häufig im Mittelpunkt:
- der Klang der Wörter
- die Folge der Wörter in einem Sprechzusammenhang (Rhythmus)
- das Verhältnis von betonten und unbetonten Silben
- die Optik der Wörter

Bildlichkeit trägt in vielen lyrischen Texten zu einer Bedeutungsbildung bei, die Wahrnehmungen und Gefühle in besonders strenger Form, allerdings durchaus mehrdeutig vorstellt. Individuelle, sehr persönliche Sichtweisen auf Gegenstände überwiegen. Gedichte sind vielfach „Verdichtung", zeichnen sich durch besondere Prägnanz aus. Ein Beispiel:

Hilde Domin (1909–2006)
Nicht müde werden (1964)

Nicht müde werden
sondern dem Wunder
leise
wie einem Vogel
die Hand hinhalten

Hilde Domin: Nicht müde werden. Aus: Dies., Gesammelte Gedichte. Frankfurt a. M.: S. Fischer 1987, S. 294

Bei diesem modernen Gedicht wird mithilfe eines Vergleichs eine Art Lebensweisheit ausgedrückt. Das „Wunder" wird mit einem flatterhaften „Vogel" verglichen, dem man die Hand hinhalten soll, obwohl es natürlich lange dauern kann, bis er sich auf einer ausgestreckten Hand niederlässt. Man soll die Hoffnung auf ein Wunder also nicht aufgeben, auch wenn es manchmal aussichtslos erscheint.
Dies ist zunächst eine textimmanente Erschließung. Darüber hinaus können Fragen zum biografischen oder literarhistorischen Kontext – Hilde Domin hat viele Jahre im Exil verbringen müssen – Deutungshinweise liefern (→ S. 17 f.). Eine vorschnelle Interpretation der Gedichtaussage als Ausdruck biografischer Brüche und schwieriger Situationen im Leben der Autorin sollte allerdings vermieden werden (Sprecher im Gedicht → S. 143).

Ein kurzer Abriss zur Geschichte der Gattung

Lyrik gilt als diejenige poetische Gattung, die menschliche Stimmungen in stärkster Weise ausdrücken kann. Abgeleitet vom griechischen Wort *lyrikós* (zum Spiel der Lyra, der Leier gehörend) wird der Lied- und Vortragscharakter der antiken Herkunft betont. Seit dem 18. Jahrhundert wird die heute noch übliche Definition von Lyrik als eine der drei Hauptgattungen neben → Epik und → Dramatik gebraucht.
Bei dem Formenreichtum, den die Lyrik seit der Antike entwickelte, sind als Grundkonstanten → Rhythmus, → Metrum, → Vers, teilweise auch → Reim und → Strophe zu identifizieren.

Die germanische Stabreimkunst, deren Gesetze nicht überliefert sind, sondern erst im 19. Jahrhundert rekonstruiert wurden, ist heute allenfalls in Wendungen wie „Haus und Hof" noch nachzuweisen, prägte aber bis zum *Hildebrandslied* (althochdeutsch, 9. Jahrhundert) eine eigenständige lyrische Tradition im nordwestlichen Europa.
Als besondere Blütezeit gilt das Hochmittelalter (11.–13. Jahrhundert). Der höfische *Minnesang* ist vor allem mit Walther von der Vogelweide (um 1170 bis ca. 1230) verbunden, aber auch bedeutende Versepen wie das „Nibelungenlied" kennzeichnen diese Epoche. Eine weitere im deutschsprachigen Raum entstandene Dichtkunst ist der zunftbürgerliche *Meistergesang* im 16. Jahrhundert, verbunden vor allem mit dem Namen Hans Sachs (1494–1576).
Als eigentlicher Beginn einer vor allem an italienischen Renaissancevorbildern geschulten und orientierten Dichtkunst in deutscher Sprache gilt das aus heutiger Sicht strenge Regeln der Form benennende „Buch von der deutschen Poeterey" (1624) von Martin Opitz (1597–1639). Die damit erstmals theoretisch fundierte Barocklyrik fand Ausprägungen vor allem im weltlichen und geistlichen → Sonett, aber auch in *Kirchenliedern* oder → Epigrammen sowie weiteren in dieser Epoche gepflegten lyrischen Formen.
Als ein Höhepunkt deutscher Literatur gilt (nicht nur in der Lyrik) das dichterische Schaffen von Johann Wolfgang Goethe (1749–1832), Friedrich Schiller (1759–1805) und Friedrich Hölderlin (1770–1843) sowie die Lyrik der → Romantik, verbunden mit Namen wie Novalis (1772–1801) oder Joseph von Eichendorff (1788–1857).
Mit Heinrich Heine (1797–1856) wird eine häufig ironisch gebrochene romantische Lyrik verbunden, aber auch politisch engagierte Dichtung des → Vormärz.
Während die von Goethe und Schiller geprägte Lyrik des → Sturm und Drang und der → Klassik als Stimmungs-, Erlebnis- oder Ausdrucksdichtung charakterisiert und als – aus heutiger Sicht – traditionell bezeichnet wird, gilt die sogenannte *Moderne* als dem Leser gegenüber bewusst sperrig.
Wenn Einfühlen und Nacherleben, auch Schönheit als nicht nur ästhetische Kategorie das Typische klassischer Lyrik umreißen, ist gerade im Verzicht auf Formbegrenzung bzw. im bloßen Spiel mit der Form die Moderne ausgewiesen, in Frankreich seit der Mitte des 19. Jahrhunderts, in Deutschland eher um 1900.

Die im → Naturalismus, → Expressionismus oder Dada entwickelten sprachlichen Entgrenzungen haben im 20. Jahrhundert keine ausschließlich daran anknüpfende „Dichterschule“, sondern auch Gegenbewegungen und eine von manchen als epigonal (nachahmend) betrachtete Lyrik mit gestalterischen Bezügen auf die klassischen Vorbilder hervorgebracht. Eine Tendenz zur Verrätselung und zum Experiment ist allerdings seit dem Epochenumbruch um 1900 aus der deutschsprachigen Lyrik nicht mehr wegzudenken.

Möglichkeiten der Einordnung von Lyrik bieten – zunächst unabhängig von literarhistorischen Kontexten – thematisch und motivisch begründete Zuordnungen:

Gedichte	Thema/Motiv
Alltagslyrik	Erfahrungssplitter und persönliche Impressionen aus dem Alltag sind kennzeichnend (z. B. in der Lyrik von Rolf Dieter Brinkmann).
Gedankenlyrik	Weltanschauliche und philosophische Fragen werden thematisiert (z. B. Lebenskrisen, Identitätsprobleme, Menschenbild).
Großstadtlyrik	Thema ist das Erleben der Großstadt (vor allem im Expressionismus stark vertreten, z. B. Georg Heym „Der Gott der Stadt“).
Liebeslyrik	Wonnen und Schmerzen der Liebe gehören zu den ältesten Motiven in der Lyrik und werden häufig gefühlsbetont verarbeitet.
Naturlyrik	Naturbegegnung und Naturerleben – wie der Jahreszeitenwechsel – sind ein vorrangiges Thema (z. B. in der Romantik).
Poetologische Lyrik	Gedichte werden zum Gegenstand des Gedichts und als Form reflektiert (z. B. in Goethes „Gedichte sind gemalte Fensterscheiben“ oder in Brechts „Schlechte Zeit für Lyrik“).
Politische Lyrik	Aussagen zu politischen Ereignissen sind als Appell/Kritik formuliert (z. B. im Vormärz/Junges Deutschland: Heinrich Heine „Die schlesischen Weber“).

Formen der Lyrik

Gedichte können nach inhaltlichen, formalen und literarhistorischen Gesichtspunkten klassifiziert werden, z. B.:

Formen der Lyrik	Merkmale
Ballade	In Versform erzählte Geschichte mit Dialogelementen. Die Zuordnung zur Lyrik ist aber umstritten; andere Kategorisierungen betonen die epischen und dramatischen Aspekte der Ballade.
Elegie	Formstrenges Klagelied in der Antike; Trauer, Schwermut und Sehnsucht sind zentral.
Epigramm	Sinngedicht; kurz und pointiert formulierter, scharfsinniger Einfall, manchmal satirisch. Im Unterschied zum *Aphorismus* in Reimform verfasst.
Hymnus/ Hymne	Ursprünglich ein Lob- und Preisgesang in der Kirchenliturgie; bei Goethe und Schiller freier gefasst.
Lied	Oft Volkslied, einfache Verse; Höhepunkte der Lieddichtung im Mittelalter (*Minnesang*) und der Romantik um 1800.
Ode	Ursprünglich ein Chorgesang im antiken Drama; dann rhythmisch freier, mit feierlichem Inhalt.
Sonett	14-zeilige Gedichtform seit der italienischen Renaissance; im → Barock besonders beliebt; besteht in der Regel aus zwei → Quartetten und zwei → Terzetten.

Darüber hinaus gibt es noch weitere Formen bzw. Klassifizierungen, z. B.:
- *Anakreontik*, eine Stilrichtung Mitte des 18. Jahrhunderts nach antikem Muster; heitere und graziöse Verse in Anlehnung an Anakreon (ca. 580–490 v. Chr.)
- experimentelle Gedichtformen, in denen die Sprache selbst zum Inhalt und Zweck des Gedichts wird, z. B. in der *konkreten Poesie* mit Vertretern wie Eugen Gomringer (*1925) und Ernst Jandl (1925–2000)
- Kleinformen wie z. B. *Haiku*, *Elfchen* und *Limerick*

Das Sonett

Eine besonders typische Gedichtform des Barock (1600–1720), auch im → Expressionismus vertreten, stellt das Sonett dar, das Ihnen hier exemplarisch vorgestellt wird. Die 14 Zeilen werden zumeist in zwei *Quartette* (Strophe mit je vier Versen) und zwei *Terzette* (Strophe mit je drei Versen) gegliedert und realisieren sehr häufig ein typisches Reimschema – im Barock nach italienischem Vorbild (Francesco Petrarca 1304–1374) –, mit doppelten Blockreim der Quartette abba abba cdc cdc (dagegen bei Shakespeare: abab cdcd efef gg). Am französischen Vorbild orientierte sich die deutschsprachige Barockdichtung beim Versmaß durch den Gebrauch von → Alexandrinern.

Der asymmetrische Aufbau des Sonetts erzeugt eine formale und inhaltliche Spannung. Themen können dadurch argumentativ entfaltet werden; der Sprecher im Gedicht kann sein Thema reflektieren.
Im Rahmen der Poetikvorgaben des Barock stellen die Quartette in *These* und *Antithese* Aussagen über einen bestimmten Kanon von Themen (z. B. Liebe, Tod/Vergänglichkeit, vanitas) vor, die Terzette bündeln diese Aussagen und führen sie zu einer *Synthese*. Das Sonett ist auf das pointierte Ende hin angelegt, zeigt damit eine Finalstruktur. Ein Beispiel:

Paul Heyse (1830–1914)
Schlussgedicht der „Waldmonologe aus Kreuth" (1908)

Sieh das Sonett! Kannst du ein Gleichnis nicht
In seiner Strophen Viergestalt gewahren,
Das Bild von zwei verbundnen Menschenpaaren?
Voran die Eltern, Leute von Gewicht.

Was er mit seinem würd'gen Tone spricht
Bestätigt sie, bemüht, ihm zu willfahren.
So schwierig manchmal auch die Reime waren,
Sie hält sich stets an seiner Seite dicht.

Dann folgen flink den Alten auf dem Fuß
Von schlankem Wuchs leichtherzig die zwei Jungen,
die man für Liebesleutchen halten muss.

Er raunt ins Ohr ihr zarte Liebkosungen,
Und mit des letzten Reims behändem Schluss
Hat sein Terzinchen küssend er umschlungen.

Paul Heyse *Schlussgedicht der „Waldmonologe aus Kreuth"*. Aus: ders., Gesammelte Werke. Dritte Reihe. Bd. V. Stuttgart/Berlin: J. G. Cottasche Buchhandlung, 1924. S. 282.

Das Reimschema in Heyses Sonett weicht nur im zweiten Terzett vom Barockmuster ab. Anhand des Bildes von zwei Paaren zweier Generationen wird die Sonettform vorgestellt, in der Abweichung vom Vorbild nicht stärker variierend als schon im Barock möglich.
Nicht nur in klassisch gebauten Gedichten wie im barocken Sonett sind häufig *Gegensatzpaare* zu finden. Gegensätze, Widersprüche, widerstreitende Gefühle im Gedicht sind Möglichkeiten, um der Gedankenstruktur näher zu kommen. Auch *Steigerungen* oder *Wendungen* – etwa im abschließenden Vers oder Verspaar – bieten Hinweise.

Elemente lyrischer Texte

Motiv – Thema – Titel

Mit dem Ermitteln von Widersprüchen oder Wendungen sind erste Schritte einer Gedichtanalyse eingeleitet. Diese Analyse ähnelt gelegentlich einer Übersetzungsarbeit, denn die gedankliche Struktur erschließt sich meist nicht auf den ersten Blick. Mithilfe einiger Aspekte ist es möglich, sich dieser Struktur zu nähern:
Oft wird ein *zentrales Motiv* oder auch *Leitmotiv* im Gedicht verarbeitet, das Veränderungen erfährt oder zumindest Präzisierungen (z. B. unerfüllte Liebe). Die Worte, die zu diesem Motiv in Beziehung stehen, zeigen die *Motiventwicklung* an. Damit eng zusammenhängend ist das *Thema* des Gedichts, auf das häufig auch der *Titel* hinweist. Dieser Titel bzw. diese Überschrift, wenn sie nicht dem Eingangsvers entspricht, hat eine Hinweisfunktion, die in der Analyse zu klären ist.

Das Gedicht als Kommunikationsangebot

Sprecher (im Gedicht)

Wie im Bereich der Epik kann die Autorin bzw. der Autor nicht mit dem – ausdrücklich oder unmerklich – Sprechenden im Gedicht gleichgesetzt werden. Eine Nähe oder gar Übereinstimmung zwischen dem, der im Gedicht seine Stimme erhebt, und der Verfasserin bzw. dem Verfasser des Gedichts ist im Einzelnen nachzuweisen. Gelegentlich wird der Begriff *lyrisches Ich* als Synonym für jedes Sprechen im Gedicht benutzt. Als eine Art Oberbegriff für dieses Sprechen – unabhängig von seiner konkreten Ausprägung – setzt sich aber zunehmend der Terminus *Sprecher im Gedicht* oder nur Sprecher durch. Damit werden sowohl die identifizierbaren Sprechrollen (zumeist eine) als auch ein gestaltloses Sprechen (das Fehlen eines erkennbaren Sprechers) benannt.

Sprechweise

Der Sprecher im Gedicht kann in ganz unterschiedlicher Weise kommunizieren: Trotz der subjektiven Färbung und der häufig erkennbaren Selbstäußerung in vielen Gedichten ist auch ein *sachliches Sprechen* möglich. Hilde Domins Gedicht „Nicht müde werden" kann als Appell verstanden werden, als Aufforderung des Sprechers an sich selbst oder an andere.
Eine ironische Aussage ist im Gedicht ebenfalls möglich; die Kurzform des → Epigramms gilt als geradezu prädestiniert für Ironie. Ein Beispiel:

Der Deutsche Krieg (um 1628) *Friedrich von Logau (1604–1655)*

Was hat doch bracht das deutsche Kriegen?
Dass wir nun ruhn, weil wir ja liegen.

Friedrich von Logau: Der Deutsche Krieg. Aus: Heinz Ludwig Arnold (Hg.), Deutschland! Deutschland? Texte aus 500 Jahren von Martin Luther bis Günter Grass. Frankfurt a. M.: S. Fischer 2002, S. 73

Vers – Metrum – Reim

Vers und Zeilenumbruch

In Gedichten wird der *Zeilenumbruch*, die Anordnung der Textzeilen auf einer Druckseite, in besonderer Weise genutzt. Dieser Umbruch kann in drei Erscheinungsformen beschrieben werden:

Enjambement (Zeilensprung)	Der Satz- und Sinnzusammenhang reicht über das Vers- oder Strophenende, hinaus. Das Enjambement hebt vor allem Begriffe am Versende hervor.	Über allen Gipfeln / Ist Ruh … (J. W. Goethe, „Ein gleiches / Wandrers Nachtlied“)
Hakenstil	In dieser Folge von Enjambements erscheinen die Verse durch die übergreifenden Satzbögen wie verhakt.	Danke ich brauch keine neuen / Formen ich stehe auf / festen Versesfüßen und alten / Normen Reimen zu Hand … (Ulla Hahn, „Ars poetica“)
Zeilenstil	Satz- und Versende fallen zusammen.	Wer reitet so spät durch Nacht und Wind? / Es ist der Vater mit seinem Kind; / Er hat den Knaben wohl in dem Arm, / Er fasst ihn sicher, er hält ihn warm. … (J. W. Goethe, „Erlkönig“)

Metrum

Die Betonungsverhältnisse im Gedicht werden, wenn sie regelmäßig sind, als *Metrum* oder *Versmaß* bezeichnet. Dabei unterscheidet man die Silbenabfolge, die sogenannten *Versfüße*, in *betonte* x̂ und *unbetonte* Silben x.
Davon unterscheidet man den *Rhythmus*, der zwar diese Betonungen beim Sprechen berücksichtigt, aber dem Sinn der Worte und Sätze folgt.
Die Begriffe für das Versmaß und die regelmäßigen Strophenformen stammen aus der griechischen Antike.

Die wichtigsten Fachbegriffe zur Lyrik

Begriff	Erläuterung	Beispiel
Metrum	Versmaß mit Versfüßen als kleinsten Einheiten	betonte Silbe: x̂ unbetonte Silbe: x
Hebungen	betonte Silben im Vers: Je nach Zahl der Hebungen im Vers kann etwa vom jambischen Fünf- oder Sechsheber als Versmaß gesprochen werden.	Vor grauen Jahren lebt' ein Mann in Osten ... (G. E. Lessing) x x̂ x x̂ x x̂ x x̂ x x̂ x (Blankvers: 5-hebig) Du siehst, wohin du siehst, nur Eitelkeit auf Erden (A. Gryphius) x x̂ x x̂ x x̂ x x̂ x x̂ x x̂ x (Alexandriner: 6-hebig)
Senkungen	unbetonte Silben im Vers	
Versfüße		
Jambus	zweihebiger Versfuß: unbetont – betont	Der Mond ist aufgegangen x x̂ x x̂ x x̂ x
Trochäus	zweihebiger Versfuß: betont – unbetont	Nacht ist wie ein stilles Meer x̂ x x̂ x x̂ x x̂
Daktylus	dreihebiger Versfuß: betont – unbetont – unbetont	Leidenschaft führt mir die ... x̂ x x x̂ x x
Anapäst	dreihebiger Versfuß: unbetont – unbetont – betont	Aus der Hand frisst der Herbst ... x x x̂ x x x̂
Versformen		
Hexameter	epischer Vers aus sechs Versfüßen (meist Daktylen) um eine Silbe gekürzter letzter Versfuß	Hûrtig mit Dônnergepôlter entrôllte der tûckische Mârmor (Homer)
Alexandriner	sechshebiger Vers mit 12 oder 13 Silben	→ Hebungen
Knittelvers	vierhebiger, unregelmäßiger Vers	Hâbe nun, âch! Phîlosophîe, Jûristerêi und Mêdizîn ... (J. W. Goethe)
Blankvers	fünfhebiger Jambus	→ Hebungen
Distichon	Kombination von zwei Versen: ein daktylischer Vers mit sechs bzw. fünf Versfüßen (Hexameter, Pentameter	Wanderer, kommst du nach Sparta, verkündige dorten, du habest / uns hier liegen gesehn, wie das Gesetz es befahl. (griech. Grabinschrift – Epitaph – übersetzt von F. Schiller)

Strophenformen		
einfache Liedstrophe	vierzeilige Strophe mit häufig regelmäßigem Wechsel betonter und unbetonter Silben (alternierendes Metrum) und Endreim mindestens zweier Verse	Wie herrlich leuchtet Mir die Natur! Wie glänzt die Sonne! Wie lacht die Flur! (J. W. Goethe, *Mailied*)
Sestine	sechszeilige Strophe mit regelmäßigem Reimschema	*aabbcc* oder auch: *ababcc*

Reim

Das klangliche Element des *Reims* prägt traditionell gebaute Gedichte. Mithilfe des Reims sind zahlreiche Möglichkeiten dichterischen Ausdrucks verbunden:

Reim	Gleichklang zweier oder mehrerer Lautgruppen	
Reimarten	– *Stabreim:* anlautende Konsonanten → Alliteration – *Endreim:* auslautende Vokale und Konsonanten – *Assonanz:* gleichlautende Vokale – *Binnenreim:* zwei oder mehr Wörter in einem Vers reimen sich	Man(n) merkt manches Strand – Sand Zug – Buch Oh Holpern und Stolpern
Reimschema/Reimstellungen	Darstellung der verschiedenen Endreimformen durch Kleinbuchstaben	– *Paarreim:* aabbcc … – *Kreuzreim:* abab … – *umarmender Reim:* abba
Versende		
Kadenz	Form des Versendes: – *klingende oder weibliche Kadenz:* Abschluss mit betonter und unbetonter Silbe (x̂ x) – *stumpfe oder männliche Kadenz:* Abschluss mit einer betonten Silbe (x x̂)	Fest gemauert in der Erden x̂ x x̂ x x̂ x x̂ x Steht die Form, aus Lehm gebrannt. x̂ x x̂ x x̂ x x̂ (F. Schiller, *Das Lied von der Glocke*)

Wortwahl und Satzbau

Eine ungewöhnliche Satzstellung ist vielen Gedichten eigen, auch unvollständige Sätze oder gar Satzfetzen finden sich in moderner Lyrik häufiger. Damit kann z. B. ein pathetischer Ton verbunden sein; Ungewohntes und damit Ungewöhnliches wird erzeugt. Ein Beispiel:

Bertolt Brecht (1898–1956)
Erinnerung an die Marie A. (1924)

1
An jenem Tag im blauen Mond September
Still unter einem jungen Pflaumenbaum
Da hielt ich sie, die stille bleiche Liebe
In meinem Arm wie einen holden Traum.
[...]

Bertolt Brecht: Erinnerung an die Marie A. Aus: Ders., Werke. Große kommentierte Berliner und Frankfurter Ausgabe, Bd. 11: Gedichte 1. © Bertolt-Brecht-Erben, Suhrkamp Verlag 1988, S. 92

Mit → Ellipsen, Wiederholungen (→ Anapher, → Parallelismus) von Wörtern oder Satzteilen erzeugen Gedichte ihre je eigene Stimmung. Diese Mittel sind auch in der → Rhetorik gebräuchlich.

Sprachliche Bilder/Bildlichkeit

Sprachliche Bilder werden in allen mündlichen und schriftlichen Kommunikationssituationen gebraucht. Wenn ein Baby als *Sonnenschein* bezeichnet wird, ist das Alltagssprache. Das *sprachliche Bild* ist der Oberbegriff zu Metapher, Vergleich, Metonymie, Allegorie und Symbol (→ rhetorische Mittel, S. 148 ff.). All diese Bilder sind auch außerhalb von Lyrik zu finden; viele werden oft unbewusst angewendet. Manche Bilder sind im Sprachgebrauch bereits so etabliert, dass sie gar nicht mehr als solche erkannt werden. (*Ich habe einen Berg von Aufgaben.*)
In der modernen Dichtung sind Verrätselungen in sprachlichen Bildern zu finden; man bezeichnet sie als *Chiffren*. Ursprünglich meint Chiffre ein Geheimzeichen, das nur durch Kenntnis eines „Schlüssels" entziffert, also: dechiffriert, werden kann. In der Lyrik geht es um Worte und Wörter, die – abgelöst von ihrer ursprünglichen Bedeutung – ihren Sinn erst im vom Dichter geschaffenen Assoziationsraum gewinnen. In Paul Celans „Todesfuge" handelt es sich bei der Wendung von der „schwarzen Milch der Frühe" um eine solche Chiffre; in der Lyrik des Expressionismus steht die Farbe „blau" für einen solchen neu geschaffenen Assoziationsraum.

Rhetorische Mittel

Folgende rhetorische Figuren und Fachbegriffe können Ihnen als Hilfsmittel für die Textanalyse sehr von Nutzen sein:

Fachbegriff/rhetorische Figur	Erklärung	Beispiel
Allegorie	Sinnbild für einen abstrakten Begriff	*Justitia* als Frau mit verbundenen Augen; Waage und Schwert als Sinnbild für *Gerechtigkeit*
Alliteration	Wiederkehr des gleichen Anlauts bei mehreren aufeinanderfolgenden Wörtern	Milch macht müde Männer munter
Anakoluth	grammatisch fehlerhafte Satzkonstruktion; Satzbruch	Es ist zwar teurer und es ist klein.
Anapher	Wiederholung mindestens eines Wortes am Vers- oder Satzanfang	Es zu kämmen gegen den Strich/ Es zu paaren widernatürlich / Es nackt zu scheren (M. L. Kaschnitz, „Ein Gedicht")
Antithese	Gegenüberstellung gegensätzlicher Aussagen	Tages Arbeit; abends Gäste; / Saure Wochen, frohe Feste! (J. W. Goethe)
Apostrophe	Form der Anrede: Abwendung vom Publikum, Hinwendung zu anderen Ansprechpartnern	Ihr Götter, steht mir bei!
Assonanz	Reim nur der Vokale, nicht der ganzen Silbe	Romanzen vom Rosenkranz (C. Brentano)
Asyndeton / asyndetische Reihung	Aneinanderreihung ohne beiordnende Konjunktion (Gegenteil → Polysyndeton)	Falschgeldprägen, Lichtausknipsen, Zähneputzen, Totschießen. (G. Grass, „Die Blechtrommel")
Chiasmus	kreuzweise bzw. spiegelbildartige Stellung von Satzgliedern	Die Kunst ist lang! / Und kurz ist unser Leben. (J. W. Goethe, „Faust I")
Ellipse	unvollständiger Satz	Wohin gehst du? *Nach Hause.*
Epipher	Wiederholung des gleichen Worts / der gleichen Wörter am Schluss parallel gesetzter Wortgruppen oder Sätze	Doch alle Lust will *Ewigkeit,* / will tiefe, tiefe *Ewigkeit!* (Friedrich Nietzsche, „Also sprach Zarathustra")

Euphemismus	Untertreibung, mildernder oder beschönigender Ausdruck	*ein kleines Problem* (statt: *eine schwierige Situation*)
Hyperbel	Übertreibung	blitzschnell; Schneckentempo
Inversion	Umstellung von Wörtern im Gegensatz zur üblichen Syntax	Einen Krimi lese ich gern.
Ironie	Es wird das Gegenteil von dem gesagt, was gemeint ist.	Ich finde es prima, dass du heute wieder zu spät kommst.
Klimax	Höhepunkt; steigernde Reihung	Heute back' ich, morgen brau' ich, übermorgen hol' ich der Königin ihr Kind. (Rumpelstilzchen)
Litotes	Verneinung oder Abschwächung des Gegenteils	*nicht hässlich* (statt: *schön*) *nicht übel* (statt: *gut*)
Metapher	Bedeutungsübertragung in der Beziehung der Ähnlichkeit; sprachliches Bild	Mauer des Schweigens; Licht der Wahrheit; *Durchbohrt* hat mich der Läst'rung *giftiger* Speer. (F. Schiller)
Metonymie	Ersetzung eines Wortes durch ein anderes, das mit ihm in einer logischen Verbindung steht	*Das Weiße Haus meldet …* (statt: *Der amerikanische Präsident …*)
Neologismus	Wortneuschöpfung	schwerschwarz (G. Grass, „Die Blechtrommel")
Onomatopoesie	Lautmalerei	grrrrmpft!; knistern und knastern
Oxymoron	Verbindung zweier sich widersprechender Begriffe	bittersüß; schwarze Milch (P. Celan, „Todesfuge")
Paradoxon	(scheinbarer) Widerspruch	Die Tragödie des Alters ist nicht alt zu sein, sondern jung. (O. Wilde)
Parallelismus	Wiederholung derselben Wortstellung bei nebeneinandergereihten Satzgliedern oder Sätzen	Heiß ist die Liebe, kalt ist der Schnee. Wie ist das Wetter, wie ist die See?
Personifikation	Vermenschlichung von Tieren, Gegenständen oder abstrakten Begriffen	Väterchen Frost; die Sonne lacht

Pleonasmus	überflüssige Verbindung von Wörtern mit gleicher Bedeutung zur Verstärkung	schwarzer Rappe; weißer Schimmel
Polysyndeton	Reihung von beiordnenden Konjunktionen (Gegenteil → Asyndeton)	*Und* es wallet *und* siedet *und* brauset *und* zischt. (F. Schiller, „Der Taucher")
Prämisse	Grundannahme, auf der weitere Überlegungen aufbauen	Ich glaube an den Menschen und das heißt, ich glaube an seine Vernunft! (B. Brecht, „Leben des Galilei")
Reputatio	Vorwegnahme eines möglichen Einwands, der sogleich widerlegt wird	Sie werden sagen, dass ..., aber ...
rhetorische Frage	Frage, auf die keine Antwort erwartet wird oder deren Antwort bereits feststeht	Möchten Sie gerne Ferien?
Suggestivfrage	Frage, die eine bestimmte Auslegung durch den Zuhörer nahelegt	Könnte es vielleicht sein, dass Ihnen Hausarbeiten lästig sind?
Syllogismus	logische Denkfigur, bei der aus zwei Prämissen ein Schluss gezogen wird	Stimmbänder sind notwendig, um sprechen zu können. Fische haben keine Stimmbänder. Also können Fische nicht sprechen.
Symbol	ein konkretes Zeichen für ein bestimmtes Handeln oder einen bestimmten Gegenstand	*Kreuz* als Symbol des christlichen Glaubens; *Taube* als Symbol für Frieden
Synästhesie	Vermischung verschiedener Sinneseindrücke	heiße Musik; schreiende Farben
Synekdoche	Bezeichnung, die einen Teil für das Ganze setzt (Pars pro Toto) oder das Ganze durch einen Teil wiedergibt (Totum pro Parte)	Wir flehen um ein *wirtlich Dach* (für: *gastfreundliches Haus*) (F. Schiller)
Tautologie	Doppelaussage, oft synonym zu → Pleonasmus gebraucht	nackt und bloß; einzig und allein; alter Greis
Vergleich	bildhafter Hinweis auf einen anderen Bereich	Er ist schlau wie ein Fuchs.

Rahmenthema 5: Literatur und Sprache von 1945 bis zur Gegenwart

Geschichte, Politik und Gesellschaft

Die Nachkriegszeit von 1945 bis 1949

1945–1949 Aufteilung Deutschlands in vier Besatzungszonen, Sonderstatus Berlins, Kriegsverbrecherprozesse in Nürnberg

1947 amerikanische Wirtschaftshilfe durch den „Marshall-Plan" zum Aufbau Westdeutschlands und Europas

1948 Währungsreform

1948–1949 Blockade Berlins, zunehmend Politik des Kalten Krieges

Aufbruch zweier deutscher Staaten

1949 Gründung der Bundesrepublik Deutschland und der Deutschen Demokratischen Republik; Beginn der „Ära Adenauer" (CDU)

1950–1953 Koreakrieg

1952 regelmäßige Fernsehsendungen; Watson und Crick entdecken die Struktur der DNA

1953 Arbeiteraufstände in der DDR am 17. Juni

1955 Beitritt der Bundesrepublik zur Nato, Beitritt der DDR zum Warschauer Pakt

1956 Ungarnaufstand, Unruhen in Polen, Verbot der KPD in der Bundesrepublik

1957 Sowjetunion startet den Satelliten „Sputnik"; Gründung der Bundeswehr; in der Bundesrepublik zunehmender Wohlstand

1961 Bau der Berliner Mauer; Eichmann-Prozess in Frankfurt

1962 Kuba-Krise (Streit um russ. Raketenstützpunkt unmittelbar zu den USA)

1963 Besuch des amerikanischen Präsidenten John F. Kennedy in Berlin

1964 Eskalation des Vietnam-Krieges

1966 Große Koalition, Entstehen der APO (Außerparlamentarische Opposition)

1968 Studentenunruhen (USA, Frankreich, BRD), „Prager Frühling", von den Truppen des Warschauer Pakts niedergeschlagen

1969 Mondlandung der Amerikaner

Offenere Gesellschaft – Bedrohung von innen

1970 neue Ostpolitik Bundeskanzler Brandts (SPD), deutsch-polnischer Vertrag in Warschau

1971 Machtwechsel in der DDR: Erich Honecker wird Nachfolger Walter Ulbrichts

1972 Unterzeichnung der Ost-Verträge: Verpflichtung auf Gewaltverzicht

1973 Aufnahme der BRD und DDR in die UNO, Waffenstillstand in Vietnam

1975 Unterzeichnung der KSZE-Akte in Helsinki, Höhepunkt der Ost/West-Entspannung

1977 „Deutscher Herbst": RAF verübt zahlreiche terroristische Anschläge in der Bundesrepublik; erster „Personal Computer"

1979 erster großer Atomkraftwerkunfall in Harrisburg/USA

1982 Misstrauensvotum gegen Helmut Schmidt (SPD), Helmut Kohl (CDU) neuer Bundeskanzler

Auf dem Weg zur deutschen Einheit

1985 Gorbatschow wird Generalsekretär der UdSSR, Beginn der Liberalisierung Osteuropas, Schlagwörter: Glasnost (Transparenz), Perestroika (Umgestaltung)

1986 Atomkraftwerkunfall in Tschernobyl/UdSSR

1989 Flucht von DDR-Bürgern über Ungarn, nach friedlicher Revolution ausgehend von Montagsdemonstrationen in der Leipziger Friedenskirche am 9. November Grenzöffnung

1990 „Wiedervereinigung": Beitritt der neuen Bundesländer zur Bundesrepublik

1991 Golfkrieg, Proteste in Bundesrepublik

1997 geklontes Schaf Dolly

1999 erste Klonierung menschlicher Zellen

2005 Angela Merkel (CDU) wird erste Bundeskanzlerin

Literatur von der Nachkriegszeit bis zur Gegenwart unter besonderer Berücksichtigung des Aspekts „Wirklichkeitserfahrungen und Lebensgefühle Jugendlicher"

Literatur der Nachkriegszeit

Für die Literatur in den ersten Jahren nach Kriegsende etablieren sich die Begriffe „Kahlschlagliteratur" (Weyrauch), „Literatur der Stunde Null", „Trümmerliteratur" (Böll). Sie bezeichnen Werke der Emigranten und Heimkehrer nach dem Krieg. In ihnen manifestiert sich ein Misstrauen gegenüber dem unter den Nationalsozialisten zu Propagandazwecken missbrauchten emotionalisierenden, pathetischen Sprachgebrauch.

Die Autoren sind auf der Suche nach neuen adäquaten Ausdrucksformen und Ausdrucksmitteln der Literatur. Sie verwenden eine karge, schmucklose Sprache, und es entsteht „hermetische Lyrik". In der Auseinandersetzung mit dem Nationalsozialismus fordern sie Wahrheit und Mitmenschlichkeit. Themen ihrer Literatur sind die Sinnlosigkeit des Krieges, andererseits erfahrene Menschlichkeit, daneben Not, Gefangenschaft, Heimkehrerschicksale.

Markantes Ereignis ist die Gründung der „Gruppe 47" (Böll, Grass, Koeppen, Johnson, Walser), die eine realistische Schreibweise fordert und eine sozialkritische Grundhaltung hat. Vor allem in Kurzgeschichten und Erzählungen gelingt es den Autoren, die Nachkriegsnot auf die Perspektive junger Menschen hin zu verdichten.

Luise Rinser balanciert in der unmittelbar nach dem zweiten Weltkrieg verfassten Kurzgeschichte „Die rote Katze" das moralische Dilemma existenzieller Not aus, das einen Jungen zum Mörder macht. Um zu unterbinden, dass seine Familie weiterhin eine Katze durchfüttert, obwohl nicht genug zu essen da ist, tötet der Junge das Tier und gehorcht damit der Vernunft statt seinem Gefühl.

Wolfgang Borchert knüpft in seiner vermutlich Anfang 1947 verfassten Kurzgeschichte „Die Küchenuhr" das Gefühl völliger Fassungslosigkeit angesichts des Verlusts der Eltern und der Zerstörung des Zuhauses an den titelgebenden Alltagsgegenstand. Dass die Küchenuhr zu symbolträchtiger Zeit stehen bleibt und bei dem Er-Erzähler das frühere Nachhausekommen und Empfangenwerden von seiner Mutter lebendig werden lässt, ist Ausdruck der Lebenssituation einer ganzen Generation junger Menschen, der die Jugend und die Hoffnung auf die Zukunft genommen worden sind und denen nur noch die Erinnerung an eine heile Welt geblieben ist.

Heinrich Böll führt in der 1950 veröffentlichten Kurzgeschichte „Wanderer kommst du nach Spa..." das Bildungsethos der Nazis ad absurdum. Er tut dies ganzheitlich über den gewählten Ort der Handlung, ein früheres Gymnasium, das in Kriegszeiten zum Lazarett umfunktioniert ist, und in der Figurenzeichnung des jungen Ich-Erzählers, der ironischerweise vor drei Monaten noch Schüler der Schule war und nun schwer verletzt durch den Schulraum getragen wird, vorbei an formvollendeten antiken Statuen. Mit Zynismus wird so die Ideologie in deren Konsequenzen deutlich gemacht: Ohne Arme und mit nur noch einem Bein ist der Protagonist sämtlicher erlernter Fähigkeiten beraubt.

Zwei deutsche Literaturen

In der **Zeit von 1949 bis zur Wende 1989** gibt es zwei deutsche Literaturen, die sich aufgrund der stark divergierenden politischen und gesellschaftlichen Rahmenbedingungen jeweils unterschiedlich entwickeln.

In der **Bundesrepublik** treten die Autoren konsequent für Demokratie ein; zunehmend geraten sie in Spannung zur offiziellen Politik der Adenauer-Ära und kritisieren Wohlstandsgesellschaft, Remilitarisierung, Spießertum. Literarisch verdichtet wird vom Wiederaufstieg alter Nazis oder auch dem Einfluss von Unternehmen und Kirchen nach dem Krieg erzählt.

Die nonkonformistische Haltung gegenüber der bundesdeutschen Wirtschaftswundergesellschaft führt verstärkt zur Politisierung der bundesrepublikanischen Literatur, für die das Jahr 1960 wie die folgenden Jahre insofern einen Einschnitt bilden, als sie in dieser Zeit mit Autoren wie den Schweizern Friedrich Dürrenmatt und Max Frisch, der Österreicherin Ingeborg Bachmann sowie mit Heinrich Böll, Günter Grass, Uwe Johnson, Wolfgang Koeppen, Siegried Lenz und Martin Walser Anschluss an die Weltliteratur findet. Themen der Romane sind die Vergewisserung der eigenen Identität, kritische Distanz zu den gesellschaftspolitischen Entwicklungen in der Bundesrepublik, auch Modellentwürfe einer humanitären Gesellschaft.

> **Günter Grass'** Novelle „Katz und Maus", 1961 publiziert, macht das titelgebende Spiel zu einem Grundmotiv. Die Novelle fragt u.a. nach der Verantwortung für die Deportation eines Lehrers in der Nazizeit. Erzählt wird im Rückblick aus der Perspektive eines Jungen, der nuanciert von den Schwierigkeiten seiner ambivalenten Freundschaft zu einem Schulkameraden und von vermisster Zuverlässigkeit berichtet.

Auch in dieser Zeit bedienen sich Schriftsteller explizit der Perspektive Jugendlicher, schreiben so noch einmal unmittelbarer.

Ende der 1960er-Jahre entwickelt sich, analog zum kritischen Zeitgeist, eine engagierte Literatur der Arbeitswelt sowie der Alltagskultur; ebenso ist die Politisierung der Literatur im Zuge der Studentenrevolte von 1968 und die Hinwendung zum Dokumentarischen zu beobachten. Diese Literatur (Theaterstücke, Gedichte, auch Romane) arbeitet häufig mit Tatsachenmaterial, wie z.B. Zeitungsmeldungen, Reportagen, Prozessakten, Protokollen, Interviews, und verarbeitet diese Sachtexte z.T. in Form von Collagen und mithilfe der Montagetechnik. Beispiele dafür sind: Günter Wallraff „Der Aufmacher", „Ganz unten", Rolf Hochhuth „Der Stellvertreter", Heinar Kipphardt „In der Sache J. Robert Oppenheimer", Peter Weiss „Die Ermittlung" und als Vertreter der politischen Lyrik, anknüpfend an die Tradition Bertolt Brechts, Hans Magnus Enzensberger. Der Beginn der 68er-Ära fällt mit dem Ende der „Gruppe 47" zusammen. Es gibt

> **Uwe Timm** verknüpft in seinem Roman „Heißer Sommer", erschienen 1974, die persönliche Geschichte eines Studenten mit dem Zeitgeschehen (Studentenrevolte). Er macht die Spirale wachsender Radikalität und Gewaltbereitschaft verstehbar, zeigt aber auch einen neuen gangbaren Ausweg auf: Der Protagonist findet, als er mit der Bereitschaft zu Waffengewalt gegen „das System" konfrontiert ist, seinen Weg zurück zum Studium – er möchte Lehrer werden und auf diese Weise gesellschaftlich etwas bewegen.

nicht viele literarische Texte, die sich im Kontext der Lebenssituation von Jugendlichen explizit mit der Studentenbewegung auseinandersetzen.
Für die Literatur der 1970er-Jahre, nach den Studentenunruhen und der APO-Zeit, setzt sich „Neue Subjektivität" als Sammelbegriff durch. Die Literatur, die unter diesem Begriff subsumiert wird, ist gekennzeichnet durch die Abkehr von der politischen Literatur der 1960er-Jahre. Sie wendet sich (wieder) stärker der Verarbeitung individueller Erfahrungen und der Auseinandersetzung mit der unmittelbaren Umgebung, mit der eigenen Lebenssituation und ihrer Krisen, mit Beziehungsproblemen zu. Entsprechend dem individuellen Anspruch auf Authentizität ohne verbindliche Leitvorstellung ist häufig die Ich-Erzählung zu finden. In diesem Zusammenhang sei auch die Frauenbewegung genannt, die Emanzipationsprozesse provoziert und vorantreibt, Bewusstseinsänderungen anstößt und auch der Literatur neue Impulse verleiht. Erwähnt werden sollte die Gründung der Zeitschriften „Courage" (1976) und „Emma" (1977). Bekannte Autorinnen sind Ingeborg Bachmann, Ulla Hahn, Elfriede Jelinek, Sarah Kirsch, Brigitte Kronauer, Christa Reinig, Karin Struck, Gabriele Wohmann; für die DDR Brigitte Reimann, Maxie Wander und Christa Wolf.
Die Diskussion Mitte der 1980er-Jahre unter dem Stichwort „Multikultur" eröffnet den Blick für eine deutschsprachige Literatur ethnischer und kultureller Minoritäten, die die Dominanz der deutschen Perspektive durchbricht zugunsten einer differenzierten Sichtweise des Eigenen durch die Konfrontation mit dem Fremden. Eine eigenständige Migrantenliteratur gewinnt seit Ende der 1970er-Jahre zunehmend an Kontur, wird Bestandteil der deutschen Gegenwartsliteratur und thematisiert Erfahrungen der Zerrissenheit und Heimatlosigkeit, das Leben zwischen den Kulturen, Parallelwelten innerhalb der deutschen Gesellschaft sowie Auseinandersetzungen mit der deutschen Sprache, mit positiv genutzter Zweisprachigkeit sowie Sprachverlust.

Feridun Zaimoglu, deutscher Schriftsteller türkischer Herkunft, wurde zunächst, als 1995 sein Buch „Kanak Sprak – 24 Misstöne vom Rande der Gesellschaft" erschien, als „Bürgerschreck" abgetan, bevor er 2003 für seine Erzählung „Häute" in seinem literarischen Anspruch gewürdigt wurde. Zaimoglu wendet die diskriminierenden Neologismen des Titels ins Gegenteil. Hatten die Deutschen früher Gastarbeiter als „Kanaken" herabgewürdigt, macht er diesen Ausdruck mutig zu einem kulturellen Kennzeichen und entwickelt eine „Kunstsprache" für seine 24 konstruierten Interviews mit realem Gehalt, die einen eigenen Blick auf Deutschland werfen.

In der **DDR** gestaltet sich die anfängliche Entwicklung anders. In der kritischen Auseinandersetzung mit der Zeit des Nationalsozialismus wird Exilliteratur stark rezipiert; der in der DDR aufgelegte KZ-Roman von Anna Seghers, „Das siebte Kreuz" (1942/46), findet besondere Beachtung. Rasch erfolgt die Einbürgerung der Elite der antifaschistischen Literatur, denn diese wird als Instrument zum Aufbau des Sozialismus verstanden. Die Literatur der DDR ist in erster Linie kulturpolitisch gesteuert. So entsteht Preislyrik auf Lenin und Stalin; die polemische Abgrenzung zur BRD ist wichtig. Man benutzt den Terminus „Ankunftsliteratur" (nach dem Roman „Ankunft im Alltag" von Brigitte Reimann). 1959 wird die erste Bitterfelder Konferenz mit dem Motto „Greif zur Feder, Kumpel" abgehalten: Arbeiter werden aufgefordert, ihren sozialistischen Arbeitsalltag

literarisch umzusetzen, Schriftsteller gehen in die Produktion. Die Literatur der DDR ist bis zum Ende der 1960er-Jahre eng verbunden mit dem in der Sowjetunion entwickelten Schreibkonzept des „Sozialistischen Realismus“, das auf den beiden Bitterfelder Konferenzen 1959 und 1964 programmatisch formuliert wird. Das gesellschaftspolitische Ziel dieses Schreibkonzepts ist es, die Erziehung zur sozialistischen Persönlichkeit, die Identifikation mit den Zielen des politischen Systems, ein positives Handeln (literarische Figuren als Vorbilder) zur Beschleunigung des politisch-ökonomischen Fortschritts zu ermöglichen. Beispiele hierfür sind u. a. Christa Wolfs 1963 erschienene Erzählung „Der geteilte Himmel“ und Erik Neutschs Roman „Spur der Steine“ aus dem Jahr 1964. Formexperimente und das Bemühen um den Anschluss an die literarische Moderne, wie sie die Literatur der Bundesrepublik der 1960er-Jahre kennzeichnet, werden in der DDR als „Formalismus“ oder „Subjektivismus“ von der offiziellen Kulturpolitik abgelehnt.
Die von Partei und Regierung gesetzten Vorgaben wirken sich unterschiedlich auf das künstlerische Schaffen aus: Neben affirmativen Grundhaltungen (Johannes R. Becher, Hermann Kant) zeigen sich auch Tendenzen, die Widersprüche, Risse, Brüche in der Gesellschaft anhand der Auseinandersetzung des Individuums mit den gesellschaftlichen Rahmenbedingungen aufzuzeigen (u. a. Volker Braun, Stefan Heym, Günter Kunert, Reiner Kunze, Erich Loest, Ulrich Plenzdorf, Brigitte Reimann, Christa Wolf).
Nach der Ablösung des Staatsratsvorsitzenden Walter Ulbricht durch Erich Honecker sind Liberalisierungstendenzen zu bemerken. Honeckers Aussage vom „Ende aller Tabus in der Kunst“ fördert eine lebhafte Diskussion um die Möglichkeiten und Grenzen der schriftstellerischen Arbeit.
In dieser Zeit finden sich auch in der DDR Schriftsteller, die die Perspektive Jugendlicher einnehmen und deren Recht auf eigene Lebensgestaltung reklamieren. Dabei wird anhand elementarer Alltagssituationen das Leben Jugendlicher in der DDR widergespiegelt.
Andere kritische Autoren werden mit Schreibverbot belegt und vom Staatssicherheitsdienst überwacht. Spektakulär ist die Ausbürgerung Wolf Biermanns 1976 nach einem Konzertauftritt in Köln, die eine gemeinsam unterzeichnete Protestaktion von über 70 Kulturschaffenden nach sich zieht. Als Reaktion darauf folgen Repressalien gegen die Protestierenden in Form von Hausarresten, Verhaftungen, Publikationsverboten, Ausschlüssen aus dem Schriftstellerverband. Über 100 Künstler verlassen in dieser Zeit freiwillig oder unfreiwillig die DDR, unter ihnen Jurek Becker, Peter Huchel, Uwe Johnson, Reiner Kunze, Günter Kunert, Erich Loest, Monika Maron, Sarah Kirsch.

> In **Ulrich Plenzdorfs** 1978 verfasster Erzählung „kein runter kein fern“, die 1984 veröffentlicht wurde, ist die grundlegende Problematik des repressiven Staates in der individuellen Geschichte eines jungen Protagonisten gefasst. Dieser hat unter den Disziplinierungsmethoden seines autoritären Vaters, Mitarbeiter bei der Staatssicherheit, zu leiden und darf zur Strafe nicht runter zum Spielen und auch nicht fernsehen. Am zwanzigsten Jahrestag der Gründung der DDR gerät er irrtümlich in eine Demonstration, die ihn an der Berliner Mauer mit seinem älteren Bruder konfrontiert, der als „Grenzschützer“ einem Schießbefehl zu folgen hat.
> In Plenzdorfs Roman „Die neuen Leiden des jungen W.“ wird mit montageartigem Rückbezug auf den Goethe'schen Briefroman die Geschichte eines nonkonformistischen und tabuüberschreitenden jungen Mannes erzählt.

Einer der Protestierenden ist **Volker Braun**, lange Jahre beim Berliner Ensemble. In der Erzählung „Unvollendete Geschichte" zeichnet er die Geschichte einer jungen Frau namens Karin nach, die er 1973 in Magdeburg interviewt hat. Literarisch verdichtet zeichnet er ihren Erkennensprozess nach, während dessen ihr die hermetische Enge der sozialistischen Verhältnisse deutlich wird und sie in eine tiefe Lebenskrise gerät.

Reiner Kunze wurde ausgewiesen, nachdem er das Manuskript seiner 1975 entstandenen Prosasammlung mit dem ironisch gemeinten Titel „Die wunderbaren Jahre" 1976 in den Westen hatte schmuggeln und veröffentlichen lassen. In seinen Texten fordert er für Jugendliche letztendlich immer wieder die Freiheit zu individueller Entwicklung ohne den politischen Druck, sich um die Gesellschaft „verdient" zu machen.

Stellt man die **zwei deutschen Literaturen** der 1970er-Jahre gegenüber, fallen gemeinsame Grunderfahrungen auf: Adoleszenz-Probleme, die in der eigenen Persönlichkeit bis hin zum Äußeren begründet sind, die Brüchigkeit von Freundschaft in dieser Zeit, das Leben in einem ganz eigenen „Mikrokosmos" und ein entsprechendes Lebensgefühl (in Abgrenzung zur Erwachsenenwelt), daneben Probleme in der Beziehung zum anderen Geschlecht. Dies sind gemeinsame Lebensgefühle, die im Kontext unterschiedlicher politischer Rahmenbedingungen und damit Wirklichkeitserfahrungen stehen.

In der Thematik nähern sich die beiden Literaturen ab Anfang der 1980er-Jahre einander an: wachsendes Katastrophenbewusstsein, Angst vor atomarer Bedrohung, Rückzug in die Innerlichkeit (Volker Braun, Christoph Hein, Irmtraut Morgner, Christa Wolf) prägen die Literatur. Auch die neue Lyrikgeneration zeigt sich kritisch gegenüber dem Staat (Stefan Döring, Reiner Kunze, Lutz Rathenow). Emotionen werden zentrales Gestaltungsmoment.

Mitte der 1980er- bis in die 1990er-Jahre hinein wird der aus der Kunsttheorie stammende und ebenfalls von der Architektur besetzte Begriff der „Postmoderne" populär. Im Rückgriff auf traditionelle literarische Erzähltechniken (z. B. das auktoriale Erzählen, die chronologisch aufgebaute, geschlossene Erzählung), konventionelle Themen (Entwicklungs- und Bildungsroman des 18. und 19. Jahrhunderts) und historische Aspekte setzt sich diese Literatur mit der Moderne (1880–1925) kritisch auseinander. Die Vielzahl der Stile und Stilmischungen, die ironische Brechung der konventionellen Erzählerfigur und Thematik kennzeichnen diese Literatur, die mit der Tradition spielt; unzählige Anspielungen auf bekannte Werke, die in Form der Intertextualität in den Werken wiederzufinden sind, setzen einen gut informierten Leser voraus.

Ein literarisch verdichteter Spiegel des Familienzerfalls, entstanden zur Zeit der zerfallenden DDR, ist die Erzählung „Das Muschelessen", mit der **Birgit Vanderbeke** 1990 ihr literarisches Debüt gab. Szenario ist eine Wartesituation vor dem titelgebenden Miesmuschelessen: Über etwa vier Stunden erwartet eine Mutter mit ihren beiden bereits volljährigen Kindern die Rückkehr des Vaters von einer Dienstreise. Im Laufe dieser Wartezeit erfahren Tochter und Sohn wie der Leser von der Ich-Erzählerin viel über den Vater, dessen Familiengeschichte, der Flucht aus der DDR kurz vor dem Mauerbau, seinen persönlichen Werdegang im Westen und den Hintergrund der gelebten autoritären, an seinen Bedürfnissen ausgerichteten Familienstrukturen.

Literatur nach der Wende

Die 1990er-Jahre werden oft als Zeit der „Spaßgesellschaft“ bezeichnet, die sich durch Illusionsverlust und Gleichgültigkeit auszeichne.

Entscheidendes Ereignis für neue Themen innerhalb der Gegenwartsliteratur ist die „Wende“ 1989/90 mit der Wiedervereinigung der beiden deutschen Staaten. Die Auseinandersetzung mit der jeweiligen Vergangenheit, historische Erinnerungen, geistige, politische und finanzielle Probleme der Vereinigung, Berlin als neue Hauptstadt, persönlicher und kultureller Identitätsverlust, hohe Arbeitslosigkeit, Fremdenhass werden zu zentralen Themen. Die Authentizitätssuche dauert bis in das neue Jahrtausend hinein.

Trotz der vielen Autobiografien, Tagebücher, Essays und Romane als vielfältige literarische Formen der 1990er-Jahre schreiben Literaturwissenschaftler der Literatur dieser Zeit Zeichen der Krise zu: Ihr wird Langeweile, wenig Talent vorgeworfen. Literaturdebatten lösen immer noch maßgebliche Autoren der „Gruppe 47“ aus, so Günter Grass mit „Ein weites Feld“ (1995) und Martin Walser mit „Tod eines Kritikers“ (2002).

Sibylle Berg zeichnet dieses Lebensgefühl in ihrem Roman „Ein paar Leute suchen das Glück und lachen sich tot“ (1997) plastisch nach. Ihre zehn in fast seziererischem Stil profilierten Protagonisten haben alle etwas Zeittypisches gemeinsam: ihre Empfindungen und ihre Worte bleiben schal, ihre Sehnsüchte unerfüllt.

Die Diskrepanz von Ersehntem und dann Erlebtem thematisiert sie auch in ihrer Kurzgeschichte „Hauptsache weit“ aus dem Jahr 2001, in der sie die Geschichte eines jungen Mannes erzählt, der eine dreimonatige Asienreise macht. Wirkungsvoll vermittelt die Autorin Wahrnehmungen, Gefühle und Gedanken des Protagonisten in der empfundenen Einsamkeit, die sich nur in Momenten der Kommunikation mit den Daheimgebliebenen aufhellen.

In ihrem Roman „denkmalimkopf“ aus dem Jahr 2002 setzt sich **Dörte Franke** über die Figur einer jungen Frau namens Klara mit ihrer DDR-Vergangenheit auseinander. Sie konstruiert die Situation eines Wiedersehens mit den Eltern, die wegen staatsfeindlicher Aktivitäten inhaftiert waren. Von ihrem Vater fordert Klara ihr zustehende Unterhaltszahlungen; in ihr steigt während der Begegnung aber auch das Gefühl der Verletztheit auf, sie rechtet mit dem Vater, der Ideale verraten hat, und der Mutter, deren Flugblattaktion zur Verhaftung durch die Stasi geführt hat. Deutlich werden die auch in der DDR gelebten Ideale wie die Forderung der Autorin nach persönlicher Ehrlichkeit.

Jakob Hein repräsentiert diese Tendenz mit seiner kritischen Rückerinnerung an die eigene Jugend in der DDR in seinem Roman „Neue T-Shirts und alte Klamotten“ (2003) und ganz besonders anschaulich in dem Kapitel „Nu werdense nich noch frech“ erzählt: Aus der Ich-Perspektive, dabei mit ironischer Distanzierung, wird die vermeintlich belanglose Situation erzählt, wie ein Personalausweis überreicht wird. Es zeigt sich darin aber die mit der neuen Freiheit verknüpfte, hoffnungsvolle Erwartung.

Tendenzen im neuen Jahrtausend

Ein weiterer Umbruch ist aus heutiger Sicht beim Übergang vom 20. zum 21. Jahrhundert festzustellen: Die neue Informations- und Medienkultur, Internet und Globalisierung, die Popkultur und Spaß- bzw. Eventgesellschaft, die verstärkten „turbo"kapitalistischen Anzeichen und die teilweise Abkehr von einer ausgewogenen sozialen Marktwirtschaft finden sich als Themen in der Literatur wieder. Verbunden mit diesen oben genannten Aspekten macht sich bei vielen Menschen Angst breit vor einer ungewissen Zukunft.

Exemplarisch angeführt sei hier **Benjamin von Stuckrad-Barre**, Schriftsteller und Journalist, der durch seinen Debütroman „Soloalbum" (1998) Beachtung fand. Der namentlich nicht benannte Ich-Erzähler bekommt ein Fax geschickt, mit dem seine Freundin sich nach vier Jahre währender Beziehung unkonventionell von ihm trennt. Erst in diesem Moment wird dem jungen Mann deutlich, dass er sie liebt. Im Laufe der erzählten Romanhandlung versucht er sie zurückzugewinnen, isoliert sich dabei aber immer mehr in seiner verwahrlosten Wohnung. Aus seiner Einsamkeit bricht er nur aus, um gelegentlich Parties zu besuchen. Dort trinkt er viel, konsumiert Drogen und sucht Ablenkung bei anderen Frauen. Das Buch ist „aufgemacht" wie ein Plattenalbum mit A- und B-Seite, die einzelnen Kapitel sind nach Songs der Band „Oasis" benannt.

TIPP

Der Blick auf die Jahrhundertwende fordert zu einem Vergleich mit den Rahmenthemen 1 und 3 heraus. Hier ist ein ertragreicher, bündelnder Semesterübergriff möglich.

Rahmenthema 6: Reflexion über Sprache und Sprachgebrauch

Mit Blick auf die **Abiturprüfung 2016** ist dieses im 1. Halbjahr des 2. Schuljahres der Kursstufe angesiedelte Rahmenthema von besonderer Relevanz. Die Themenfelder a) **„Sprache“** mit Bezug auf das **Pflichtmodul „Tendenzen in der deutschen Gegenwartssprache“** und b) **„Medien“** mit dem **Wahlpflichtmodul „Medienkritik“** können Gegenstand der länderübergreifenden Abiturprüfungsaufgabe [auf e. A.] sein, das Wahlpflichtmodul ist auf g. A. ebenso verpflichtend.

Tendenzen in der deutschen Gegenwartssprache

Die zunehmende Globalisierung und die dabei vermehrt entstehenden multikulturellen Gesellschaftsformen ebenso wie der Einzug der neuen Medien in unser Alltagsleben fordern und fördern gegenwärtig interlinguale, also sprachübergreifende Entwicklungsprozesse. Unterschiedliche Kulturen und Sprachräume wachsen enger zusammen, sodass sich Sprachen stärker mischen. Zugleich wandeln sich die Kommunikationsformen in unserer Gesellschaft rasant.

Blick zurück in die Sprachgeschichte

Sprache kann zu keinem Zeitpunkt als fertiges Gebilde verstanden werden. Alle Sprachen unterliegen einem kontinuierlichen Entwicklungsprozess. Veränderungen der Sprache stehen in der Regel in einem Bezug zu gesellschaftlichen Veränderungen. Sprache ist quasi als ein lebendiger Organismus zu betrachten, der auf gesellschaftliche Verhältnisse reagiert, aber diese auch beeinflussen kann. Unter phylogenetischem (stammesgeschichtlichem) Blickwinkel geht man davon aus, dass die Sprachentwicklung der einzelnen Sprachen ein Prozess ständiger Bereicherung bei zunehmender Komplexität des Systems ist. Veränderungen der Sprache vollziehen sich im Allgemeinen fließend über einen längeren Zeitraum hinweg durch die Verwendung in der Praxis durch „Selbstregulation“.

Einfluss der Anglizismen auf die deutsche Sprache

Sprachschützer bzw. -pfleger sahen und sehen in dem Einfluss fremder Sprachen – so im zunehmenden Anteil an Anglizismen in der deutschen Sprache – einen Verlust der Identität. Diese sprachpuristischen Tendenzen werden häufig als Ausdruck des Nationalstolzes interpretiert. So ist beispielsweise zu erklären, warum in Frankreich der Computer als „ordinateur“ bezeichnet wird. Deutsche Sprachgesellschaften wie der 1997 gegründete „Verein Deutsche Sprache e. V.“ setzen sich für die Pflege der deutschen Sprache ein, indem sie z. B. einen Anglizismenindex als Nachschlagewerk veröffentlichen, dem deutsche Entsprechungen entnommen werden können. Mit Nachdruck wird betont, dass dieser Index weder fremdenfeindlich noch sprachpuristisch motiviert sei, sondern lediglich dazu anrege, deutsche Ausdrücke zu verwenden, um einer Durchmischung der deutschen Sprache entgegenzuwirken.
Kritiker setzen dagegen, Sprachen an sich könnten nicht zerstört werden, seien vielmehr einem ständigen Wandel der Zeit unterworfen und besäßen einen Mechanismus der Selbstregulation. Interlinguale Entwicklungsprozesse werden hier vielmehr als

eine Bereicherung verstanden und sind für sie Anlass zu einer fruchtbaren Auseinandersetzung mit Bedeutungsverschiebungen.

Einebnung von Unterschieden zwischen den Varietäten

„Varietäten" nennt man solche Sprachformen, deren Gebrauch durch Einflussfaktoren geprägt ist, die außerhalb der Sprache selbst liegen. Dies sind vor allem Zeit, Raum, Schicht, Situation u. a., die in den verschiedenen Bereichen der Sprechgestaltung (Phonetik, Wortschatz, Syntax …) zu unterschiedlichem Sprachgebrauch führen. Varietäten stehen nicht klar abgegrenzt nebeneinander, sondern besitzen Teilschnittmengen. Sprecher besitzen zumeist eine „innere Mehrsprachigkeit", d. h. ein gewisses Repertoire an Varietäten und wählen daraus – wenn auch nicht unbedingt intentional – je nach Gesprächspartner und situativem Kontext.
Exemplarisch als Einebnungstendenz ist im KC II der Rückgang der regional begrenzten Dialekte benannt. Daneben wird auf die Assimilation fachsprachlicher Termini in der Allgemeinsprache hingewiesen, die nicht nur an den Bereich der neuen Medien gebunden ist.

Einebnung von Unterschieden zwischen geschriebener und gesprochener Sprache

Während mit der Schriftlichkeit einerseits und der Mündlichkeit andererseits traditionell zwischen zwei medialen Erscheinungsformen der Sprache unterschieden wird, findet sich in der geschriebenen Umgangssprache heute ein sich rasant ausbreitendes Phänomen, das diese klare Grenzziehung überschreitet.
Charakteristisch für die Rahmenbedingungen der schriftlichen Kommunikation ist ursprünglich die raumzeitliche Distanz zwischen Sender und Empfänger. Für die Kommunikation bedeutet dies zunächst, dass nonverbale und paraverbale Mittel (wie etwa Mimik und Gestik bzw. Modulationen der Stimme und der Sprechlautstärke) im Prozess des Schreibens nicht zur Verfügung stehen. Da eine direkte Rückmeldung oder Rückfragen des Empfängers nicht möglich sind, ist schriftsprachliche Kommunikation primär monologisch, was wiederum bedeutet, dass die entsprechende sprachliche Äußerung im Vorfeld sehr genau geplant werden muss, um Missverständnisse zu vermeiden und um sicherzustellen, dass der Empfänger alle zum Verständnis notwendigen Informationen erhält. Klassischerweise wird dabei zum Abfassen von Briefen, Mitteilungen, Protokollen etc. die standardsprachliche Varietät gewählt, deren ursprüngliche Funktion auch darin bestand, schriftliche Kommunikation über nationale Dialektgrenzen hinweg zu ermöglichen.
Die fortschreitende Entwicklung der Kommunikationstechnologie führt zunehmend zur Verwendung der Umgangssprache auch in schriftlichen Mitteilungen, wie hauptsächlich im WhatsApp Messenger oder Facebook Messenger, aber auch in SMS. Da hier eine raumzeitliche Distanz zwischen Sender und Empfänger besteht, wird versucht, non- und paraverbale Informationen etwa mittels sogenannter „Emoticons" (Smileys, die die jeweilige Befindlichkeit des Senders ausdrücken sollen) zu kommunizieren.

Einebnung von Unterschieden zwischen den Stilebenen

Im schriftlichen wie mündlichen Sprachgebrauch zu findende Ausdrucksformen bezeichnet man auch als Stile. Ein Stil wird dadurch charakteristisch, dass spezifische, an einen Mitteilungszweck geknüpfte Stilmittel, zu denen auch die „rhetorischen Figuren" zählen, verwendet werden. Unterschieden werden

- **Zeitstil**, der erkennbar zeittypische Gestaltungsmerkmale aufweist und besonders in schriftlich verfassten Texten deutlich wird,
- **Funktionalstil**, der je nach kommunikativer Funktion in bestimmten gesellschaftlichen Bereichen, etwa in der Presse, Verwaltung …, aber auch im Alltag verwendet wird,
- **Gruppenstil**, der sich vor allem in berufs- und auch altersspezifischen Stilelementen manifestiert,
- **Individualstil**, mit dem die typischen sprachlichen Eigenheiten eines einzelnen Sprechers/Autors klassifiziert werden.

Die Grenzen zwischen den einzelnen Stilebenen verschwimmen jedoch zunehmend. Auf die Verwendung gehobener Sprachstile wird mehr und mehr verzichtet. Solche Veränderungen betreffen nicht nur die Schreibweise und den Wortbestand, sondern auch die Grammatik, wie z. B. die zunehmende Ersetzung des sächsischen Genitivs durch Dativkonstruktionen zeigt („der Hut vom Mann" statt „der Hut des Mannes") oder der weitgehende Verzicht auf die Verwendung des Konjunktivs I bei der indirekten Rede im alltäglichen Sprachgebrauch.

Sprachwandel oder Sprachverfall?

Durch Untersuchungen gerade auf der Stilebene sehen sich die Sprachkritiker in ihrer Position gestützt, dass die Sprache verfalle. Es ist Arbeitsfeld der sogenannten **Sprachkritik** im Sinne von **Sprachpflege** bzw. **Stil-/Textkritik**, sich mit bestehenden Sprachnormen auseinanderzusetzen, um diese zu bewerten und auf unangemessenen Sprachgebrauch aufmerksam zu machen. Im Zentrum des Interesses stehen dabei in erster Linie das gesprochene (und geschriebene) Wort in öffentlichen Institutionen (Politik, Medien usw.), aber auch das sich verändernde Sprechen überhaupt. Erklärtes Ziel ist es, durch das Aufzeigen von Missständen (z. B. Bürokratensprache, Häufung von Fremdwörtern, falsche Verbstellung im Kausalsatz, falscher Kasusgebrauch, Häufung von Anglizismen und Wörtern aus anderen Sprachen, sexistischer Sprachgebrauch …) einen Beitrag zu Bewusstwerdung und so zur Verbesserung der Sprachkultur zu leisten.
Dagegen steht die Position anderer Sprachforscher, die bei der Sprachentwicklung von den wirksamen Kräften der Selbstregulation, entsprechend eher neutral von einem **Sprachwandel** statt von einem Sprachverfall sprechen.

Sprachliche Vielfalt: Der multidimensionale Varietätenraum der deutschen Sprache

Innere Mehrsprachigkeit: Varietäten und Stile der deutschen Gegenwartssprache

Der Blick öffnet sich mit diesem Unterrichtsaspekt auf die deutsche Standardsprache und ihre Varietäten. Die **Standardsprache**, auch als „Hochdeutsch" bezeichnet, ist von überregionaler Geltung und wird besonders in der Schriftsprache, in den Medien sowie in allen Zusammenhängen benutzt, in denen Sprecher Wert auf eine normierte, schriftnahe Ausdrucksweise Wert legen. Der – wenn auch keineswegs konsensfähige – Terminus der (regionalen) **Umgangssprache** bezeichnet demgegenüber die im Alltag gesprochene Sprache. Auf der Wort- und Satzebene finden sich hier Regelaufweichungen (beispielhaft haben Sie sich möglicherweise mit der Konjunktion „weil" befasst), daneben besondere Auffälligkeiten in der Aussprache, die teils aus dem Dialekt abgeleitet sind, zudem häufig Füllwörter usw.
Spezifischer wird der Begriff des Soziolektes verwendet, der unterschiedlich definiert, teils auch als Synonym für „Gruppensprache" gebraucht wird, im engeren Sinne aber als an eine soziale Schicht gebunden, der ein Sprecher angehört, verstanden werden kann. Sogenannte **Sondersprachen** sind an eine definierte Gruppe gebunden, die etwas gemeinsam hat (Alter, gemeinsames Hobby ...) und über die Sprache ihre Zusammengehörigkeit stärkt. Dies kann auch eine Geheimsprache sein. Die **Fachsprache** teilen sich Sprecher von Berufsgruppen. Da sie teils nicht mehr für die Allgemeinheit verständlich ist, wird (abwertend) vom „Jargon" (Jägerjargon ...) gesprochen. Zwei weitere Varietäten seien abschließend angeführt: der **Genderlekt** als spezifischer Sprachgebrauch von Männern bzw. Frauen, der aktuellen Forschungsergebnissen zufolge sozialisationsgeprägt und nicht durch das biologische Geschlecht bestimmt ist, und schließlich der **Idiolekt** (griechisch – wörtlich übersetzt: „eigentümlich Gesagtes"), der die individuelle Sprachverwendung einer einzelnen Person fasst. Er wird unter Berücksichtigung der Herkunft, Sozialisation und Bildung des Sprechers analysiert und ist in Bezug auf die jeweilige(n) Sprechergruppen, zu denen der Sprecher gehört, zu verstehen.

Jugendkulturen und Sprachstile Jugendlicher

Vielfältig verknüpfbar auch mit den anderen Rahmenthemen ist das Thema Jugendsprache. Die Jugendsprache ist eine zumeist mündliche, aber in modernen medialen Kommunikationsformen durchaus auch schriftlich verwendete, altersspezifische Gruppensprache, die identitätsstiftende Interaktion ermöglicht. Sie unterliegt einem besonders raschen Wandel, der sich vor allem auf der Ebene der Sprechweise (Lautkürzungen, -schwächungen, -abwandlungen wie bei dem Gebrauch des Substantivs „Alter") vollzieht. Im Bereich der Lexik zeichnet sich die Jugendsprache durch Wortneuschöpfungen und Übertragungen aus dem Englischen aus, in der Phraseologie durch feststehende Formulierungen und Redensarten, in der Semantik durch Neubedeutungen wie bei „ätzend" und in der Syntax beispielsweise durch verkürzten Satzbau und Ähnliches. Die Jugendsprache wird einerseits für ihre Kreativität und Innovation gelobt, andererseits aber auch als Beispiel des Sprachverfalls (→ S. 161) beklagt. Diese Klage wird verstärkt laut, seit die Jugendsprache aufgrund der neuen Medien verstärkt Einzug in die Schriftsprache gehalten hat und z. B. auch in die Jugendliteratur übernommen wird.

Übergangsvarietäten: Migration und Sprachgebrauch

Die sogenannte **Kanak Sprak** (hawaiianisch „kanaka" bedeutet „Mensch", Ende des vorletzten Jahrhunderts wurde das Wort negativ konnotiert) ist als **Übergangsvarietät**, gesprochen von Menschen mit Migrationshintergrund, zu verstehen. Sie besitzt Besonderheiten in der Wortwahl, Wortbildung und Syntax und wird heute überwiegend von türkischstämmigen Jugendlichen gesprochen. Aber auch deutsche Jugendliche, besonders in Großstädten, verwenden sie zum Teil. Man spricht in diesem Fall von Transgression.

Die deutsche Sprache unter dem Einfluss der neuen Medien

Einfluss der neuen Medien auf die deutsche Sprache

Die Sprachverwendung in SMS-, E-Mail- und WhatsApp-Nachrichten bewegt sich, je nach Grad der Privatheit und der Adressatenbezogenheit, in einem Kontinuum zwischen Standard- und Umgangssprache. Die Sprachverwendung in Onlinechats, auch als Internetslang oder Netspeak bezeichnet, ist im Wesentlichen durch die gleichen Merkmale geprägt, wobei hier – anders als bei den oben genannten Sprachverwendungsformen über neue Medien – die Kommunikationssituation sowohl synchron als auch dialogisch und somit der echten Mündlichkeit vergleichbar ist. Dies wiederum führt zu einer relativ geringen Distanz zwischen Sender und Empfänger und zu einem ausgeprägten Grad an Spontaneität der Kommunikation. Dadurch ist eine hohe Frequenz von Regelverstößen hinsichtlich Orthografie und Grammatik bedingt, die in der Standardsprache inakzeptabel wäre, jedoch in der Privatheit des Chats als Form der geschriebenen Umgangssprache die Regel ist. Eine sprachliche Sonderform der Chatkommunikation stellt die sogenannte Leetspeak dar, bei der die Mitteilungen verschlüsselt werden, indem Buchstaben durch Zahlen oder Sonderzeichen ersetzt werden, um so etwa in öffentlichen Chaträumen unerwünschte Zuhörer von der eigenen Kommunikation auszuschließen.

Prüfungsrelevantes Wahlpflichtmodul: Medienkritik

Dieses **zweite** für die Abiturprüfung 2016 **verbindlich gesetzte abiturprüfungsrelevante Wahlpflichtmodul**, das mit doppelter Relevanz (siehe oben) thematisch Berücksichtigung finden könnte, ist vom Niedersächsischen Kultusministerium an digital verfügbare Beiträge geknüpft. Als abiturrelevante Unterrichtsaspekte sind für **alle** Deutschkurse die Frage „Einführung des Faches Medienkunde an Schulen?" und der Aspekt „Mediennutzung Jugendlicher" verbindlich festgelegt, vertiefend ist für Kurse auf **e. A.** zudem die Entscheidungsfrage „Medien: Fluch oder Segen?" gesetzt.

Die ebenso festgesetzte Aufgabenart **„Materialgestütztes Schreiben: Materialgestütztes Verfassen argumentierender Texte"** lässt sich hiermit gut verknüpfen. (Erläuterungen zum Umgang mit entsprechenden Materialien und dem Anspruch an diese Aufgabenart finden Sie im Rahmen des Erwartungshorizontes, → S. 11 f.)

Einführung des Faches Medienkunde an Schulen?

Für Sie, die Sie in einem Deutschkurs auf **grundlegendem** oder aber **erhöhtem** Anforderungsniveau unterrichtet worden sind, hat das Kultusministerium zwei verbindliche Beiträge gesetzt, mit denen in zwei Zeitungen von überregionaler Bedeutung ein „Blick über den Zaun" in die Diskussion um Medienbildung in der Schweiz und daraus ableitbare Perspektiven für deutsche Schulen angeboten werden. René Donzé gibt einen Einblick in die dortige Unterrichtspraxis und Planungen zur Stiftung von Medienkompetenz sowie fachliche Qualifikation von Lehrkräften; Katja Irle interviewt einen der auch von Donzé angeführten herausragenden Informatiker wie Mediendidaktiker und schärft damit einige der Aspekte weiter aus.
René Donzé betitelt seinen in der Sonntagsausgabe der renommierten „Neuen Zürcher Zeitung" vom 21.10.2012 publizierten Beitrag provokativ mit der These „Was Schüler am Computer lernen, ist Glückssache".
Der Text weist folgende Argumentationsschritte auf:
Eingangs skizziert Donzé die praktische Arbeit in der „i-factory im Luzerner Verkehrshaus – ohne PC, Laptop oder Tastatur" und stellt so das als „Computer science unplugged" bezeichnete Konzept vor, mit dem Grundlagen der Informatik, vor allem die geforderte Präzision, spielerisch erfahrbar gemacht werden.
Anschließend problematisiert er die Unklarheiten in der Diskussion um den schulischen Medienkompetenzerwerb: Er nimmt die Unterscheidung von Beat Döbeli-Honegger, Professor am Institut für Medien und Schule, Pädagogische Hochschule Schwyz, auf, der die Informations- und Computer-Technologie in „ICT als Werkzeug" und „ICT als Thema im Unterricht" unterteilt. Die Werkzeuge – Lernprogramme, Präsentationsmittel, Textverarbeitung –, die den Unterricht attraktiver und effizienter machen, seien unstrittig, entsprechende Lehrmittel, Websites und Kurse stünden zur Verfügung. Hingegen betreffe ein „pädagogische[r] und ideologische[r] Streit" ICT als Thema, verknüpft mit der Frage: „Sollen Schüler als Anwender, Medienkonsumenten oder Programmierer geschult werden?"
Zwei Positionen kontrastiert Donzé in dieser Auseinandersetzung:

- Das Konzept des Erwerbs von „Medienkompetenz" als „vierte[r] Schlüsselkompetenz neben Lesen, Schreiben, Rechnen", das in der Lehrerausbildung im Zentrum stehe und das Friederike Tilemann, Leiterin Medienbildung an der Pädagogischen Hochschule Zürich, inhaltlich füllt: „Schüler sollen lernen, mit den Medien und ihren Inhalten kritisch, selbstbestimmt und verantwortungsvoll umzugehen, eigene Medienprodukte zu gestalten und ihre Ideen mit deren Hilfe auszudrücken".
- Programmieren als obligatorisches Fach für alle, damit die Schüler „früh mit algorithmischer Denkweise konfrontiert" werden, ist die Forderung des ETH-Professors Jurai Hromkovic, der den obigen Ansatz als „dürftigen Pseudoinformatikunterricht" kritisiert und vor einer „Bildungskatastrophe" warnt.

Im Weiteren stützt sich Donzé auf Professor Dominik Petko, Leiter der Abteilung Forschung und Entwicklung der Pädagogischen Hochschule Zentralschweiz in Goldau (PHZ Schwyz), der festgestellt hat, dass die Schweizer Schulen gut ausgerüstet sind, die Infrastruktur aber schlecht genutzt wird.
Laut Detailauswertungen der Pisa-Studie 2009, so Professor Dominik Petko, Leiter der Abteilung Forschung und Entwicklung der Pädagogischen Hochschule Zürich, gebe es drei gravierende Faktoren für die Qualität des ICT-Unterrichts: 1.) die Nutzung vorhandener PCs, 2.) die Ausbildungspraxis für Lehrkräfte und 3.) die Überzeugung der Lehrkräfte, die „vom Nutzen überzeugt" sein müssten, damit sie PCs im Unterricht „regelmäßig und gewinnbringend" einsetzten.
Donzé zeigt einen „Teufelskreis" auf, den es zu durchbrechen gelte: Die Lehrkäfte seien „digital ungebildet", auch wenn die jüngeren „vielleicht spielerischer mit den Geräten um[gingen], doch die meisten verstehen ihre Funktionsweise ebenfalls nicht", so die Einschätzung Professor Beat W. Zemps, Präsident des Dachverbands Schweizer Lehrer, der das „Hauptproblem in den Kompetenzen und der Motivation" der Lehrkräfte sieht. Diese „informatische Bildungslücke" führt Beate Kuhnt, Projektleiterin im Informatik-Förderprogramm einer Schweizer Stiftung, auf die Abschaffung von Informatik als „Grundlagenfach an Mittelstufen" 1995 zurück, die heutigen Lehrkräfte hätten sich keine grundlegenden Kenntnisse aneignen können. Erst ab 2007 sei Informatik wieder eingeführt worden, allerdings nur als „Ergänzungsfach". Kuhnts Ziel ist jedoch eine Schulung der Lehrkräfte in „informatischer Didaktik" und die Wiedereinführung von Informatik als „gymnasiales Grundlagenfach", zudem „ein eigenes Fach für ICT-Anwendungen an der Volksschule". (In Niedersachsen hingegen wird selbst die ab dem Schuljahr 2015/16 geplante Stundentafel hinter der ursprünglichen Entwurfsfassung, die Informatik ab Klasse 9 vorgesehen hätte, zurückbleiben, vermutlich aus Gründen des Lehrermangels in diesem Fach.)
Einig seien sich die „Fürsprecher der digitalen Bildung", so zitiert Donzé schließlich die Medienpädagogin Friederike Tilemann: „Die Praxis zeigt seit Jahren, dass der fächerübergreifende Ansatz nicht ausreicht." Die Bildungsplanung in der Schweiz beherzigt dies jedoch nicht, lediglich in einem Kanton habe man „eine Wochenstunde Medienbildung" eingeführt, dies unter Lehrplanmitarbeit des oben zitierten Beat Döbeli-Honegger, der auch die „Entwicklung des ersten gemeinsamen Lehrplans für die 21 Deutschschweizer Kantone" begleite, in dem allerdigs kein neues Fach vorgesehen sei, vielmehr ICT und Medienbildung „als überfachlicher Bereich" angelegt seien, die Lerninhalte einzelnen Fächern zugeschrieben werden.
Angesichts des Umstandes, dass „Informatik als Wort oder gar Programmieren im Entwurf nirgends" vorkomme, weiß sich Donzé mit Mediendidaktikern und Fachleuten einig, die befürchten, „dass es weiterhin dem Zufall überlassen bleibt, wie ernsthaft diese Inhalte vermittelt werden. Und welche überhaupt."

Katja Irle schärft durch ihr nicht weniger provokativ „Facebook auf dem Stundenplan" betiteltes Interview mit dem bereits erwähnten Informatiker und Mediendidaktik-Professor Beat Döbeli-Honegger, das in der Frankfurter Rundschau vom 27.02.2013 erschienen ist, einige Aspekte aus:

Döbeli-Honegger stärkt das Verständnis der Medienbildung als grundlegender „Kulturtechnik, die alle Schülerinnen und Schüler beherrschen sollten", unabhängig vom Engagement des Lehrers.
Er plädiert dafür, „zweigleisig" vorzugehen, ein eigenes Schulfach einzuführen, um so den Inhalten „Raum und Verbindlichkeit" geben zu können – zumindest für eine gewisse „Übergangszeit" –, zugleich aber auch die „digitalen Medien und den Umgang mit ihnen [...] in anderen Fächern fest [zu] veranker[n]", mit dem Ziel, dass Medienkompetenz verbindlich „auf einem akzeptablen Niveau in allen Schulen implementiert wird, wofür er eine Zeitspanne von 30 Jahren annimmt.
Dieses zusätzliche Fach „Medienbildung" brauche, wie im Kanton Solothurn in der Schweiz eingeführt, eine Zusatzstunde, wobei Irle auf den Beschluss der Kultusministerkonferenz in Deutschland von 2012 hinweist, „Medienbildung als ‚Pflichtaufgabe schulischer Bildung' zu verankern", was allerdings in den Bundesländern sehr unterschiedlich umgesetzt werde. Dem stellt Döbeli-Honegger den in der Schweiz zentral erarbeiteten „Lehrplan 21" gegenüber, mit dem die Versammlung der Bildungsverantwortlichen nun erstmals „für alle deutschsprachigen Kantone einen gemeinsamen Lehrplan zu gestalten [vereinbart haben] – inklusive Medienbildung".
Als inhaltlichen Rahmen hält Döbeli-Honegger eine „Mischung aus drei Komponenten" für zielführend: „Erstens müssen sie die digitalen Medien kompetent anwenden können. Zweitens sollten sie die Potenziale und Gefährdungen der neuen Medien kritisch hinterfragen. Und drittens sollten Schüler einen altersgerechten Informatikunterricht erhalten."
Döbeli-Honegger fordert diesen Unterricht möglichst schon in der Kita, zumindest aber ab der Grundschule, „spätestens" in der 5./6. Klasse. Die Lebenswirklichkeit der Kinder habe sich gewandelt. So könne dem häuslichen „Konsum" kritische Bewusstheit gegenübergestellt werden, etwa die „Frage des richtigen Maßes mit den Schülerinnen und Schülern beobachtet und diskutiert werden – was eben nicht in allen Familien geschieht".
Dem Gegenargument, Kinder brauchten Zeit für andere Aktivitäten, statt noch mehr Zeit „mit digitalen Dingen [zu] verbringen", hält er entgegen, die Auseinandersetzung habe „weder Ausflüge in die Natur noch Sport oder andere Unterrichtsmedien" ersetzende Funktion. Dies weiß er durch ein Forschungsprojekt bestätigt, in dem Schüler Smartphones für den Unterricht bekommen haben: Keineswegs hätten sie nur noch mit diesem digitalen Medium arbeiten wollen.
Schüler, so Döbeli-Honeggers Einschätzung, mögen verglichen mit ihren Lehrern „zum Teil technisch besser informiert sein, aber es fehlt ihnen an Lebenserfahrung". Für ein Schulfach „Medienbildung" spreche, dass sie etwa nicht wüssten, „was sie von sich in sozialen Netzwerken preisgeben sollten und was nicht". Sie brauchten „die Begleitung der Erwachsenen".

Mediennutzung Jugendlicher

Medienskeptiker sehen in der mit der Handyqualität wachsend extensiven Nutzung digitaler Medien die Gefahr, zwischenmenschliche Kommunikation könne sich vom unmittelbar personalen Austausch zunehmend hin zu einem medialen Miteinander

über digitale Medien verändern, letztendlich in die Beziehungslosigkeit führen. Befürworter stellen hingegen die gewonnenen zusätzlichen Kontaktmöglichkeiten heraus. So ist es hilfreich, anhand der Forschungsergebnisse, die in nichtlinearen Texten dargestellt sind, eine eigene faktenbasierte Position zu finden, die beide Seiten im Blick hat.
Das **verbindlich** vorgegebene nichtlineare Datenmaterial – Diagramme zu der Nutzungspraxis Jugendlicher im Vergleich zur Gesamtbevölkerung und der sich in der Pubertät rasant steigernden Verweildauer – bietet orientierungshilfreiche Forschungsergebnisse, die alljährlich veröffentlicht werden, inzwischen also über die gesetzten Materialien hinaus auch schon für 2013 verfügbar sind.

Medien: Fluch oder Segen?

Die Entscheidungsfrage, ob digitale Medien – vor allem die Computer- und Handynutzung – nun „Fluch oder Segen" seien, wird gesamtgesellschaftlich konträr diskutiert. In Ihren Kursen auf **erhöhtem** Anforderungsniveau sind Sie nun **verbindlich** gefordert, sich vertieft mit Pro- und Kontraargumenten auseinanderzusetzen, dies auf der Basis des Beitrages „Always on – Überleben in der Mediengesellschaft" von **Lutz Frühbrodt** in dem Magazin „Die zweite Aufklärung – Forum für Medienkritik und Gesellschaftsentwürfe" vom 01.12.2012:
Der Untertitel problematisiert bereits die Ausrichtung weiter gesellschaftlicher Bereiche an der Medienwirksamkeit und mahnt, Massenmedien – vom Fernsehen bis zum Smartphone und Internet – bestimmten „ganz wesentlich unser berufliches und privates Leben". Nicht wir machten uns „die Welt Untertan", so ist in Anlehnung an den Schöpfungsauftrag formuliert, sondern würden „zugleich Sklave der neuen Medientechnologien".
In sechs Gliederungspunkten legt Frühbrodt eine für uns Heutige verfängliche Entwicklung dar und fragt nach einer möglichen Perspektive, einem „Ausweg":
Frühbrodt skizziert die Ausbreitung der Massenmedien seit Beginn des 20. Jahrhunderts und führt den erstmals in den 1980er-Jahren geprägten Begriff der „Mediengesellschaft" an. Nach einer Definition des Kommunikationswissenschaftlers und Politologen Ulrich Saxer von 1998 ist dies ein „Phänomen", das geprägt sei durch „über technische Hilfsmittel realisierte Bedeutungsvermittlung", das „eine allgegenwärtige und alle Sphären des gesellschaftlichen Seins durchwirkende Kraft entfaltet". Diese habe bis heute noch einmal deutlich an „Durchdringung, Innovation, Vielfalt bis hin zur Unübersichtlichkeit" zugenommen.
Nachrichten, so Frühbrodts These, könnten „nie neutral sein". Er sieht eine Entwicklungstendenz darin, dass die Medientechnologie „vom Buch über den Telegraph und den Fotoapparat über das Radio und Fernsehen bis zum Internet", also „über die Jahrhunderte verstärkt in Richtung ‚Info-Happen'" weise, der undifferenziert und zudem „ohne Einbettung in den größeren Zusammenhang serviert" werde.
Einflussfaktor sei zudem, „wer die gesellschaftlich relevante Bedeutung über die Massenmedien vermittelt". Frühbrodt nennt neben den von den Parteien „dominierten" öffentlich-rechtlichen Medienanstalten kritisch „Mediendynastien" mit „dezidiert kommerzielle[n] Interessen, die eine ganz bestimmte Form von Gesellschaftsordnung

voraussetzen" und weist auf den Einfluss sozialer Medien, hier Google und Facebook, durch selektive Nachrichtenfilter, auch wenn sich dem Blogger als kleine „digitale Gegenöffentlichkeit" entgegensetzten.
Das Theorem der Medientheoretiker, es gebe einen wechselseitigen Wirkeinfluss von Medien und Gesellschaft, schärft Frühbrodt dahingehend aus, dass die Medienproduzenten die Gesellschaft dominierten. Er schreibt von der „Mediatisierung" unserer Kultur und Gesellschaft, wir passten uns den Medien an, zitiert er den Mediensoziologen Andreas Ziemann und erläutert dies an Beispielen aus Sport und Politik. Er kritisiert, dass „mediale Arenen" Öffentlichkeit und Transparenz suggerierten, hingegen in der „wichtigeren, nichtmedialen Realität genau das Gegenteil der Fall" sei, nämlich „demokratische Rechte zunehmend ausgehebelt" würden.
Dem Fernsehen, auch dem PC, schreibt Frühbrodt die Funktion einer „Sozialisationsagentur" für Kinder zu, sie prägten „Wahrnehmung, Werte und Sozialverhalten (sehr) junger Menschen", und zitiert den „Bestseller-Philosoph[en]" Richard David Precht, ohne dass er in der „Medienabstinenz" als Alternative eine Chance sähe, dies verzögere lediglich den beschriebenen Prozess.

Frübrodt problematisiert eine Haltung der Erziehungsverantwortlichen, die als „gegeben" hinnähmen, man könne sich mit Medien „die Welt Untertan machen", so formuliert er den schon im Alten Testament benannten Schöpfungsauftrag (an dem der Mensch in seiner Allmachtsfantasie immer wieder aufgrund seines Größenwahns gescheitert ist). Er führt den „durchschnittliche[n] Medienkonsum (inkl. Handy und Computer) von Personen über drei Jahren satte zehn Stunden pro Tag" in Deutschland an. Medien machten „das Leben oft tatsächlich oder vermeintlich effizienter oder zumindest bequemer", ermöglichten „neue Formen der Selbsterfahrung und des sozialen Lernens", was zu einem „erweiterten Medien-Ich" führe, „zugleich aber immer abhängiger von bestimmten Medien wie Smartphone und/oder Facebook" mache.
Auch auf gesamtgesellschaftlicher Ebene finde sich dieser „immanente Widerspruch" im Fernseh- und PC-Konsum wieder, sei lediglich eine „gefühlte Integration sozialer Randexistenzen" gegeben. Durch die mediale Inszenierung könne ein „vorübergehend großes Wir-Gefühl" gestiftet werden, was durch die „enorme Ausdifferenzierung der Massenmedien, ihre extreme Vielfalt getreu dem Motto ‚Für jeden das passende Format!'" individuelle Bedürfnisse befriedige. In Mitmachformaten sei dies noch einmal stärker ausgeprägt und biete bezogen auf präsentierte Fähigkeiten kurzfristige Anerkennung.
Nicht zuletzt weist Frühbrodt mit Precht auf das Pozential der sozialen Medien zur „Befriedung ..., Müdemachung durch visuelle Reize" hin: „Wenn es keine Unterhaltungselektronik dieser Art gäbe, wäre die Unzufriedenheit unter den Unterprivilegierten viel größer." Dies manifestiere sich in spezifischen, milieugebundenen Medienerlebnissen, durch die dies gesteuert werde. Eben diese adressatenorientierte Ausdifferenzierung der Medienwelt wirkt gesamtgesellschaftlich letztlich desintegrierend.
Medien seien „Fluch und Segen zugleich", so Frühbrodts abschließende Erkenntnis. Er unterstreicht das durch sie hergestellte Spannungsverhältnis von Gesellschaft und

Einzelnen, die Gefahr, „mehr Schein als Sein" herzustellen, ohne dass wir dies noch zu merken in der Lage seien – und fordert letztendlich jeden Einzelnen auf, sich selber in seinem Medienverhalten zu reflektieren und Wege zu finden, mit diesen Widersprüchen kritisch umzugehen. Diese Fähigkeit ist für ihn wesentlich das, was Medienkompetenz ausmache.

Onlinepublikationen

René Donzé: Was Schüler am Computer lernen, ist Glückssache.
In: Neue Zürcher Zeitung am Sonntag, 21.10.2012 (http://www.nzz.ch/aktuell/startseite/was-schueler-am-computer-lernen-ist-glueckssache-1.17701979)

Katja Irle: Facebook auf dem Stundenplan.
In: Frankfurter Rundschau, 27.02.2013 (http://www.fr-online.de/wissenschaft/medien-facebook-auf-dem-stundenplan,1472788,21947150.htm)

Gerhard Lauer: (Diagramme)
- Das können Pre-Teens und Jugendliche am Computer machen
- Verweildauer bei der Onlinenutzung von 14- bis 29-Jährigen und Onlinenutzer/-innen ab 14 Jahren im Jahresvergleich
- Aktivitäten im Internet – Vergleich Gesamtbevölkerung mit 14- bis 29-Jährigen

In: Grunddaten Jugend und Medien 2012, S. 33, 38, 41
Internationales Zentralinstitut für das Jugend- und Bildungsfernsehen (Hrsg.); zusammengestellt aus verschiedenen deutschen Erhebungen und Studien von Heike vom Orde (IZI; http://www.br-online.de/jugend/izi/deutsch/GrundddatenJugend_ Medien_2012.pdf)
- aktuelle Schaubilder zur Mediennutzung Jugendlicher

(zusätzlich e. A.) Lutz Frühbrodt: Always on – Überleben in der Mediengesellschaft
In: Die zweite Aufklärung – Forum für Medienkritik und Gesellschaftsentwürfe, 01.12.2012 (http://www.zweite-aufklaerung.de/?p=2099#more-2099)

Rahmenthema 7: Filmisches Erzählen

Seit seinen Anfängen zu Beginn des zwanzigsten Jahrhunderts hat sich der Film zunehmend zu einem der wichtigsten **Massenmedien** entwickelt. Besonderen Reiz gewinnt der Film aus seiner sogenannten „**Plurimedialität**", d. h., dass er mehrere Medien (Bild, Sprache, Musik usw.) simultan miteinander kombiniert.
Bei der Analyse eines Films lassen sich sowohl Aspekte in den Blick nehmen, die auch für die Analyse literarischer Texte relevant sind, wie etwa der Handlungsort, der Handlungsverlauf oder die Figurengestaltung, als auch filmspezifische Techniken, wie z. B. die Kameraeinstellungen oder unterschiedliche Schnitt- und Montagetechniken.
Besondere Aufmerksamkeit sollte bei der Filmanalyse dem **Mise-en-Scène** eines Films gewidmet werden. Dieser aus dem Französischen stammende Begriff bezeichnet den Bildinhalt ebenso wie die Form der filmischen Inszenierung desselben. Dazu zählen u. a. der Dreh- bzw. Handlungsort (als „Set" oder auch „Location" bezeichnet), die Ausstattung (Requisiten und Kostüme), die Personen und die potenzielle Verwendung von Schriftelementen (etwa in Form von Zwischen- oder Untertiteln). Bei der Frage nach der jeweiligen Umsetzung in filmische Bilder sind vor allem Analysekategorien aus der Bildästhetik hilfreich, wie etwa die Perspektive, Achsenverhältnisse, statischer oder dynamischer Bildaufbau, Symmetrie und Asymmetrie, Flächeneinteilung, Farbe, Lichtführung usw.

> **TIPP**
>
> Obwohl im diesjährigen Abitur die Filmanalyse höchstwahrscheinlich nicht Gegenstand einer eigenständigen Aufgabe sein wird, so ist es vorstellbar, dass im Rahmen der Analyse eines literarischen Textes auch Bezüge zum filmischen Erzählen hergestellt werden sollen.

Figuren

Analog zur Analyse literarischer Figuren lassen sich die Figuren eines Films im Hinblick auf äußere und charakterliche Merkmale sowie auf ihre Beziehungen zueinander hin untersuchen. Es kann dabei unterschieden werden zwischen der **Selbstcharakterisierung** (etwa durch Handlungen, Mimik, Gestik, Aussehen, aber auch durch die Wiedergabe von Gedanken und Gefühlen in Form eines **Voice-over** aus dem Off) und der **Fremdcharakterisierung** durch Aussagen anderer Figuren. Schließlich lässt sich eine Figur aber auch durch **filmspezifische Mittel** charakterisieren, wie z. B. durch die Wahl der Kameraperspektive und -einstellung oder auch durch die Verbindung bestimmter Musik mit einer Figur. Es lassen sich – im Anschluss an literaturwissenschaftliche Analysekategorien – zwei grundlegende Figurentypen unterscheiden:

Flat Character	Wie in der Literatur sind „Flat Character“ Figuren, die zumeist eine untergeordnete Rolle spielen und sich daher im Verlauf der Handlung auch nicht nennenswert weiterentwickeln. Als Nebenfiguren übernehmen sie für die Filmhandlung nur eine punktuell wichtige „Funktionsrolle“, indem sie etwa als Zeugen eines bestimmten Ereignisses oder eines Verbrechens fungieren.
Round Character	Als Hauptakteure eines Films übernehmen „Round Character“ eine „Handlungsrolle“; ihre Charaktere sind – mehr oder weniger – komplex und differenziert dargestellt. Häufig durchlaufen diese Figuren im Handlungsverlauf eine Entwicklung und erfahren Veränderungen.

Filmisches Erzählverhalten

Vergleichbar der Verwendung einer Erzählinstanz in narrativen Texten findet sich auch in Filmen ein **Erzähler**. Anders als in der Literatur wird diese erzählende Funktion im Film allerdings durch eine Reihe von filmsprachlichen Mitteln übernommen: Neben Schnitt und Montage (dem Zusammenfügen der Filmbilder zu einem Handlungsstrang) ist dies vor allem der Ton in Form von Musik, Geräuschen und ggf. auch einer tatsächlichen Erzählerstimme im Off oder On, d. h. entweder unsichtbar außerhalb oder sichtbar innerhalb des Films. Darüber hinaus übernimmt die **Kamera** wesentlich die Funktion des Erzählers, indem sie bestimmt, was der Zuschauer von der Handlung wie wahrnimmt. Im Anschluss an die entsprechenden Kategorien für die Literaturanalyse lassen sich **drei grundlegende Formen des Erzählverhaltens** unterscheiden.

allwissende Kamera (auktoriales Erzählverhalten)	Die Kamera organisiert alle Ereignisse der Handlung und kann (etwa durch die Perspektive) auch eine kommentierende Funktion übernehmen.
subjektive Kamera (personales Erzählverhalten)	Der Blick der Kamera deckt sich mit der Wahrnehmung einer der Figuren, z. B. in Form des sogenannten „Point-of-View-Shot“.
neutrale Kamera	Zur dargestellten Handlung herrscht eine sachliche Distanz; der Kamera kommt eine primär beobachtende Funktion zu.

Kameraeinstellungen

Kameraperspektive

Als **Kameraperspektive** bezeichnet man den **Einstellungswinkel** der Kamera, der zugleich auch den **Blickwinkel** des Betrachters auf das Geschehen festlegt.

Normalsicht/ Zentralperspektive	Die Szene wird in der „Normalsicht" gezeigt; der Fluchtpunkt des Bildes befindet sich in Augenhöhe. Diese Perspektive entspricht der natürlichen perspektivischen Wahrnehmung.
Untersicht/ Froschperspektive	Der Bildgegenstand wird aus der „Untersicht" gezeigt, d. h., die Kamera – und mit ihr der Betrachter – blicken gleichsam zum Bildgegenstand auf. Im Extremfall wird diese Perspektive als „Froschperspektive" realisiert.
Aufsicht/ Vogelperspektive	Bei der „Aufsicht" wird der Bildgegenstand von oben betrachtet; die Kamera befindet sich an einer deutlich erhöhten Position. Dadurch wird es etwa möglich, auch größere Szenen von oben in ihrer Gesamtheit zu erfassen. Die „Vogelperspektive" ist dabei die extremste Form der Aufsicht.

Einstellungsgröße

Im Gegensatz zur Kameraperspektive gibt die Einstellungsgröße bzw. die Kameraeinstellung die **Größe** des im Bild gezeigten **Ausschnitts** an.

Panorama/Weit	Es wird ein Überblick über die gesamte Szenerie gegeben. Dadurch kann insbesondere die Atmosphäre des Handlungsortes eingefangen werden. Diese Einstellungsgröße wird besonders häufig zu Beginn und am Ende von Filmen eingesetzt.
Totale	Eine oder mehrere Personen sind in voller Größe in ihrer Umgebung zu sehen. Dadurch wird dem Betrachter ein Eindruck sowohl von den handelnden Personen als auch vom Handlungsort vermittelt.
Halbtotale	Die im Bildmittelpunkt stehende Person ist von Kopf bis Fuß in ihrer unmittelbaren Umgebung zu sehen. Der Fokus liegt auf der Darstellung von Aktionen, wobei jedoch zwischen Betrachter und Geschehen Distanz aufgebaut wird.
Halbnah	Die handelnden Personen sind von der Hüfte an aufwärts zu sehen, wobei Oberkörper und Gesicht im Mittelpunkt stehen. Diese Einstellungsgröße dient vor allem der Darstellung von Gesprächen zwischen zwei oder mehreren Personen.

Amerikanisch	Eine insbesondere aus Westernfilmen bekannte Einstellungsgröße: Diese reicht vom Kopf der Akteure bis knapp unterhalb der Hüfte, also dort, wo sich traditionellerweise der Pistolengurt befindet. Der Fokus liegt hierbei auf der Darstellung des Verhältnisses zwischen den Figuren sowie auf der Aktion von Armen und Händen.
Nah	Im Mittelpunkt des Bildes steht neben dem Kopf der Protagonisten auch deren Oberkörper (bis maximal zum Bauchnabel). Dadurch können insbesondere in Dialogszenen Mimik und Gestik der Akteure deutlich dargestellt werden.
Großaufnahme/ Close-up	Das dargestellte Objekt füllt den Bildraum völlig aus. Bei Personen erfolgt meist eine Konzentration auf den Kopf der Figur, wodurch gerade in Dialogszenen die Mimik klar dargestellt werden kann. Diese Einstellungsgröße erlaubt aufgrund der großen Nähe auch einen hohen Grad an Identifikation bzw. auch gerade Nichtidentifikation des Zuschauers mit der dargestellten Figur.
Detail/Makro	Ein kleiner Ausschnitt aus dem Ganzen wird bildfüllend dargestellt; bei Personen etwa nur ein Teil des Gesichts. Hierdurch wird ein Gefühl der Nähe und Intimität des Zuschauers zum Dargestellten erzeugt, das sowohl zu Anziehung als auch zu Abstoßung führen kann.

Schnitt/Montage

Die Einzelaufnahmen des Films werden mittels Montage zu einer **narrativen Struktur** zusammengefügt. Dabei erfolgt durch die Auswahl und spezifische Zusammenstellung der Szenen eine bewusste **Rezeptionslenkung**, indem etwa **Spannung** erzeugt oder die Wahrnehmung der Zuschauer auf bestimmte Aspekte gelenkt wird. Um eine raumzeitliche Kontinuität der dargestellten Handlung zu gewährleisten, gilt es bei der Montage auf die „**Continuity**" zu achten. In achronologisch erzählten Filmen können Brüche in der Handlungsführung allerdings auch gewünscht sein und durch **Schnitttechniken** wie den **Jump Cut** unterstützt werden, bei dem zwei diskontinuierliche Einstellungen durch einen Schnitt miteinander verbunden werden.

TIPP

Eine ausführliche Darstellung der Sprache des Films bietet:
Alice Bienk: Filmsprache. Einführung in die interaktive Filmanalyse. Marburg: Schüren Verlag 2008

Basiswissen

Umgang mit Texten

Epische Texte

Was ist Epik?

Die Begriffe *Epik* und *episch* benennen die Gattung der erzählenden Dichtung (lat. *prosa*) und gehen zurück auf die griechischen Wörter *epos* bzw. *epikos*: das „Gesagte", „Berichtete" oder die „Erzählung". Das griechische Epos, z. B. die „Ilias" von Homer, ist ein umfangreiches Erzählgedicht in Versform, das augenscheinlich für den öffentlichen Vortrag bestimmt war. Mit den Ritterepen des Mittelalters, z. B. das „Nibelungenlied", hält die Epik Einzug in die frühe deutsche Literaturgeschichte.
Ein epischer Text erzählt eine Geschichte. Dem Erzähltext liegt ein Erzählgegenstand zugrunde, eine *Fabel (story, plot).* Die Fabel stellt die Summe der Handlungen eines Textes in ihrer logischen Verknüpfung dar. Damit ist die Fabel ein geordneter, gegliederter und in Zusammenhänge gebrachter Stoff. Sie braucht nicht vollständig oder linear erzählt zu sein: *Rückblenden* können Vergangenes, Ausgespartes ergänzen, *Vorgriffe* können auf Zukünftiges hinweisen, *Einschübe* können Gedanken und Gefühle verdeutlichen. Manches wird stillschweigend übergangen und konkretisiert sich erst in der Fantasie des Lesers (sogenannte *Leerstellen* des Textes), anderes bekommt durch die detaillierte Beschreibung besonderes Gewicht.
Das die Gattung bestimmende Element ist das Vorhandensein eines (*fiktiven*) *Erzählers* als Vermittler der Handlung (Achtung: Der Erzähler ist nicht der Autor!), der in unterschiedlicher Form im Text in Erscheinung tritt. Er kann selbst ein Teil des fiktiven epischen Figurenensembles sein oder auch als engagierter oder distanzierter Beobachter außerhalb der Handlung das Geschehen darbieten.
Im Verlauf der Gattungsgeschichte nimmt der Erzähler in einem epischen Text höchst unterschiedliche Rollen ein, gebunden an den jeweils historischen Kontext, dem ein Text entstammt. So weist der traditionelle *Entwicklungs- und Bildungsroman* des 18. und 19. Jahrhunderts vor allem das auktoriale Erzählverhalten (→ S. 176) auf, während bereits am Ende des 19. Jahrhunderts und vor allem im 20. Jahrhundert das personale bzw. neutrale Erzählverhalten (→ S. 176) überwiegt.
In der Literatur der 1970er-Jahre und vor allem der *Gegenwartsliteratur* findet man vor allem die Erzählform des *Ich-Erzählers,* während die *Literatur der Postmoderne* (1980er- und frühe 1990er-Jahre) mit den Erzählhaltungen und Erzählformen der traditionellen Epik spielt und das auktoriale Erzählverhalten in ironischer Weise bricht.

Ein kurzer Abriss zur Geschichte der Gattung

Die ersten Romane unseres Kulturkreises entstammen der hellenistischen Zeit nach Alexander dem Großen. Der Roman zählte jedoch nicht zur Dichtung, sondern galt als „Unterhaltung". Die wenigen Romane, die erhalten blieben, wie z. B. der *Alexander-*

roman und der *abenteuerliche Liebesroman*, dienten als Vorlage für die mittelalterlichen Versromane und den Roman im → Barock (H. J. Ch. von Grimmelshausen „Simplizissimus"). Auch die deutsche Poetik nimmt den Roman erst seit dem 18. Jahrhundert ernst. Johann Wolfgang Goethe schuf mit seinem Briefroman „Die Leiden des jungen Werther" den ersten Weltbestseller; auch seine späteren Romane „Wilhelm Meisters Lehrjahre", „Wilhelm Meisters Wanderjahre" (Entwicklungs- und Bildungsroman) und „Die Wahlverwandtschaften" sowie der psychologische Roman „Anton Reiser" von Karl Philipp Moritz gelten als Vorzeigemuster ihrer Gattung. Der beliebte Trivialroman des 18. Jahrhunderts nimmt sich hingegen Ritter-, Räuber- und Schauergeschichten zum Thema.
Die Epoche der *Romantik* ist reich an Romanen von Autoren wie Jean Paul, Novalis, Friedrich Schlegel und E. T. A. Hoffmann und bevorzugt den *Künstlerroman*. Seit 1830 entwickelt sich der *realistische Roman* (Karl Immermann, Otto Ludwig, Friedrich Spielhagen, Wilhelm Raabe, Gottfried Keller, Adalbert Stifter, Theodor Fontane), der sich auch an den großen europäischen Vorbildern (Gustave Flaubert, Leo Tolstoi) orientiert. Im *Naturalismus* des ausgehenden 19. Jahrhunderts dienen ebenfalls ausländische Autoren wie Émile Zola und Fjodor Dostojewski als Modell.
Die großen Romane des Epochenumbruchs zu Beginn des 20. Jahrhunderts verfassen die Brüder Thomas Mann („Buddenbrooks") und Heinrich Mann („Professor Unrat", „Der Untertan") sowie Hermann Hesse und Joseph Roth mit gesellschaftskritischen Romanen. Sie eröffnen neue Gestaltungsmöglichkeiten, die von Autoren wie Franz Werfel, aber auch expressionistischen Autoren wie Franz Kafka („Der Prozess", „Amerika") und Alfred Döblin („Berlin Alexanderplatz") sowie von Robert Musil („Der Mann ohne Eigenschaften") weiterentwickelt werden und schließlich zu einer Formauflösung führen unter Verzicht auf einen stringenten, linearen Handlungsablauf durch Montage von Erlebnissen des Unbewussten (→ *erlebte Rede, innerer Monolog, Stream of Consciousness*).
Neue Anregungen nach 1945 erhält der deutsche Roman durch amerikanische Vorbilder (Ernest Hemingway, William Faulkner). Grundthema der Nachkriegsliteratur wird die Orientierung in einer veränderten Welt und die Aufarbeitung der Vergangenheit bei den Mitgliedern der „Gruppe 47", Heinrich Böll („Ansichten eines Clowns"), Günter Grass („Die Blechtrommel"), Wolfgang Koeppen („Tauben im Gras"), Alfred Andersch („Kirschen der Freiheit"). Charakteristisch jedoch für die Zeit der späten 1950er und frühen 1960er Jahre ist der Moment des Aufbruchs, der sich gegen die Erstarrung der sogenannten „Wirtschaftswunder-Gesellschaft" richtet und neues politisch-gesellschaftliches Engagement zeigt und fordert (Uwe Johnson, Martin Walser, Max Frisch, Siegfried Lenz, Peter Handke).
Die *Gegenwartsliteratur* ist nicht mehr mit der Literatur nach 1945 (*Nachkriegsliteratur*) identisch, sondern grenzt sich formal und inhaltlich von dieser ab. Sie ist so heterogen, sowohl Brüche als auch Traditionen des Erzählens manifestierend, dass es unmöglich ist, all diese unterschiedlichen Tendenzen in einem Überblick zusammenfassend darzustellen. Als Stichworte seien u. a. genannt: *politisch engagierte Literatur, Arbeiterliteratur, Dokumentarliteratur, Subjektivismus und Rückzug in die Innerlichkeit, Frauenliteratur, experimenteller Roman.*

Formen und Elemente epischer Texte

Zur Epik/erzählenden Dichtung gehören unterschiedlich lange und unterschiedlich strukturierte Textsorten wie:
- der Roman als epische Großform: u. a. *Abenteuerroman, Bildungsroman, Entwicklungsroman, Künstlerroman, Historischer Roman, Psychologischer Roman, Zeitroman;*
- epische Kleinformen: u. a. *Anekdote, Erzählung, Fabel, Gleichnis, Parabel, Legende, Märchen, Novelle, Kurzgeschichte, Sage.*

Epische Kleinformen bieten dem Leser immer nur einen Ausschnitt aus der Welt, eine pointierte Begebenheit, während der Roman in epischer Breite Anspruch auf die Darstellung eines größeren äußeren oder innerseelischen Zeitraums beansprucht. Jedoch sind weder die oben erwähnten Romanformen und Textsorten noch die dem Text vorangestellten Bezeichnungen immer eindeutig, einheitlich und trennscharf. Im Folgenden werden aus der Gattungsgeschichte und inhaltsbezogenen Einteilungen Zugriffe auf epische Texte vorgestellt, Grundbegriffe zur Beschreibung und Analyse präsentiert sowie Tipps und Hinweise zur schriftlichen Interpretation unterbreitet.

Grundformen des Erzählens

Erzählsituation	
Erzählverhalten	– **auktorial**: der Erzähler ist allwissend („olympisches Erzählen“), verfügt souverän über alle Momente des epischen Textes, kommentiert, reflektiert, bewertet, blickt zurück oder voraus; das Geschehen und dessen Deutung wird von ihm gelenkt; er führt den Leser durch den Text. – **personal**: aus der Sicht einer Figur, von einem Standpunkt innerhalb des Geschehens, daher eingeschränkte Sichtweise; subjektiv; Leser erhält unmittelbaren Einblick in subjektives Erleben. Um Monotonie zu entgehen und verschiedene Sichtweisen zu verdeutlichen, oft in der direkten Figurenrede die Darstellung mehrerer Figuren (Multi-/Polyperspektivität). – **neutral**: sachlich, unkommentiert, weder aus der Sicht einer Figur noch aus der eines auktorialen Erzählers; Erweckung des Anscheins von größter Objektivität.
Erzählform	– **Er/Sie-Form**: Es wird von anderen erzählt. – **Ich-Form**: Ich-Erzähler: subjektiv, eingeschränkt, authentisch anmutend. – *Erzählerbericht* als Grundform des auktorialen Erzählens. Auch in der Ich-Form kann der Erzähler auktorial als sich erinnerndes, erzählendes Ich rückblickend erzählen.

	– *Erlebte Rede* und *innerer Monolog* sind Hauptformen des personalen Erzählens. – *Sachlicher, dokumentarischer Vergangenheitsbericht* oder *szenisches Erzählen* sind Hauptformen des neutralen Erzählers, z. B. Gesprächswiedergabe ohne Zwischenkommentare.
Erzählperspektive	– **Außensicht**: Aussehen, äußerliche Informationen über Figuren, Handlungen, Beobachtungen – **Innensicht**: Gefühle und Gedanken einer Figur, ihre Überlegungen
Erzählstandort	Position des Erzählers zum Erzählten: Nähe/Distanz in räumlicher oder auch zeitlicher Hinsicht
Erzählhaltung	Einstellung des Erzählers zum Erzählten: neutral, ironisch, kritisch, (ab)wertend, ambivalent, zustimmend, euphorisch ...
Figuren	
direkte Figurencharakterisierung	Charakterisierung einer Figur durch den Erzähler selbst (in der Außensicht) oder von anderen Figuren (in der Innensicht), indem z. B. ihr Äußeres näher beschrieben, ihre Beziehungen zu anderen Personen dargestellt, ihr Handeln vor dem Hintergrund bestimmter Situationen thematisiert wird.
indirekte Figurencharakterisierung	Wenn sich die Figuren durch Inhalt und Form ihrer eigenen Äußerungen (z. B. Verhalten, wörtliche Rede, Gedanken) und ihr erzähltes Verhalten selbst charakterisieren.
Figurenkonzeption	– statische, sich nicht verändernde und – dynamische, sich verändernde Figuren – (Zeit-)Typus (eine auf wenig verallgemeinerbare Züge konzentrierte Figur) – Individuum (eine Figur mit individuell ausgestaltetem Persönlichkeitsprofil)
Figurenkonstellation	Das Zusammenwirken der Figuren und ihr Verhältnis zueinander. Aus der Figurenkonstellation ergibt sich meist der zentrale Konflikt des epischen Textes. Prägung durch – die Art der Beziehung der Figuren zueinander je nach: Geschlecht, Alter, Verwandtschaft, Bildung, beruflicher Stellung, Herkunft/Milieu, sozialem Status, Werthaltung, Normorientierung, charakterlicher Einstellung und psychischem Verhalten (z. B. Interessen, Gefühle, Wünsche, Bedürfnisse, Antriebe); – die kompositorische Konstellation der Figuren: *Parallelfiguren* (Wiederholung bestimmter Figurengruppen, z. B. auf einer anderen sozialen Ebene), *Kontrastfiguren* (z. B. bei Entgegensetzung von Lebensentwürfen).

Redeformen	
Erzählerrede	abgegrenzt von der direkten oder Figurenrede: Erzählerbericht, indirekte (Figuren-)Rede, Erzählerkommentar, Beschreibung
direkte Figurenrede	Szenische Darstellung, Dialoge, in denen sich die Figuren unmittelbar mitteilen, in traditionellen Texten durch Anführungszeichen gekennzeichnet. Gibt dem Text einen dramatischen Akzent, bezieht den Leser direkt in das Geschehen mit ein. Der Erzähler tritt hinter die Figuren zurück.
indirekte Figurenrede	oft im Konjunktiv durch den Erzähler wiedergegeben, erzeugt Distanz zum erzählten Geschehen
erlebte Rede	Wiedergabe der Gedanken einer Figur aus der Innensicht; in der Regel im Indikativ Präteritum der 3. Pers. Singular (zu sich selbst Distanz schaffend): Mischung von direkter und indirekter Rede. Oft nicht direkt zu erkennen, wo die indirekte Rede aufhört und die erlebte Rede beginnt, da diese nicht ausdrücklich gekennzeichnet wird.
innerer Monolog	unmittelbare Wiedergabe der Gedanken einer Figur in Form eines Selbstgesprächs; völliges Zurücktreten des Erzählers; in der Regel im Präsens und in der 1. Person Singular
Stream of Consciousness / Bewusstseinsstrom	vielschichtig verflochtene, formlose Aneinanderreihung von Bewusstseinsinhalten (Gedanken, Ideen, Wahrnehmungen, Gefühle, Wünsche, Träume usw.) einer Figur; erzähltechnisch eine Erweiterung des inneren Monologs, da im Stream of Consciousness oft auch Satz- und Wortfetzen vorkommen und Grammatik- oder Syntaxregeln nicht eingehalten werden (müssen); dennoch sind z. B. leitmotivische Wiederholungen durchaus erkennbar
Zeitstrukturen	
Erzähltempus	Im traditionellen Roman das Präteritum, weil nur erzählt werden kann, was bereits geschehen ist. Das sogenannte „historische Präsens“, eingebettet in das Erzähltempus des Präteritums, kann an besonders zentralen Stellen des Textes die Funktion des Präteritums übernehmen. Die Erzählung im Präsens besitzt größere Unmittelbarkeit. Das Präsens suggeriert dem Leser, die erzählte Geschichte sei noch nicht fertig, alles sei noch möglich, jedoch bedeutet die Verwendung des Präsens auch einen Mangel an Illusion und Geschlossenheit.
historische Zeit	Der historische Kontext, in den ein Text eingebettet ist, der die Handlungen der Figuren bestimmt und auf den der Text in vielfältiger Weise (Accessoires, Sprachduktus, Thematik, Topografie, Daten usw.) Bezug nimmt.

Erzählzeit **erzählte Zeit**	zeitliche Dauer des Erzählvorgangs zeitliche Dauer des erzählten Geschehens Das Verhältnis beider Aspekte ist interessant: – sie können in etwa deckungsgleich sein, – die erzählte Zeit kann vielfach gerafft werden, – die erzählte Zeit kann über ihre eigentliche Zeitdauer gedehnt werden. Modernere und experimentellere Umgangsformen mit der Zeit in epischen Texten zielen z. T. auf eine Auflösung der chronologischen Struktur ab. Bei Anwendung der Montagetechnik wird die lineare Zeitstruktur aufgelöst, um Simultaneität vorzuspiegeln.
Motive und Raumgestaltung	
Motiv	Die kleinste strukturbildende und bedeutungstragende Einheit im Werk eines Autors oder in einem Text. Eine spezielle Form ist das *Leitmotiv*, z. B. Farben, Stimmungen, Symbole, Personen, Sätze, Redewendungen und vieles mehr. Ein Leitmotiv kann als sprachliches Bild eine ordnende oder verbindende Funktion innerhalb eines Textes haben oder durch seine häufige Wiederholung die Charakteristika einer Figur, eines Ortes, eines Konflikts betonen.
Raum/ Schauplatz	Der Raum spiegelt nicht immer eine reale Topografie wider. Selbst wenn das fiktive Geschehen an einem in der Realität auffindbaren und konkret benannten Ort spielt, dient dieser vor allem dazu, die Atmosphäre, das soziale Umfeld, das Lokalkolorit zu vermitteln, in denen die Figuren leben und handeln und das sie prägt. Der Text kann von daher ein hohes Maß an Authentizität gewinnen sowie eine Wiedererkennungs- und Identifikationsmöglichkeit für den Leser schaffen (besonders im „Historischen Roman“ bzw. im „Zeitroman“). Die fiktive Topografie eines epischen Textes weist vielseitige gestalterische Funktionen auf, da sie immer in Bezug zum Handeln der Protagonisten entsteht und dieses z. B. beeinflussen, konterkarieren, motivieren kann. Im realistischen Zeit- und Gesellschaftsroman des 19. Jahrhunderts können topografische Besonderheiten leitmotivische Funktion innerhalb des Textes übernehmen. Die Raumgestaltung kann durchaus auch jeden realen Bezug verlieren und der Spiegelung und Vergegenständlichung innerer Zustände und Prozesse (innerseelische Topografie) dienen.

Lyrische Texte

Da die Gattung *Lyrik* den Schwerpunkt eines der sieben verbindlich vorgeschriebenen Rahmenthemen bildet (Rahmenthema 4: Vielfalt lyrischen Sprechens), sind alle wichtigen Grundlagen zur Lyrik im Kapitel „Basiswissen zu den Rahmenthemen" enthalten. Bitte schlagen Sie auf Seite 138 ff. nach.

Dramatische Texte

Da die Gattung *Drama* den Schwerpunkt eines der sieben verbindlich vorgeschriebenen Rahmenthemen bildet (Rahmenthema 2: Drama und Kommunikation), sind alle wichtigen Grundlagen zu dramatischen Texten im Kapitel „Basiswissen zu den Rahmenthemen" enthalten. Bitte schlagen Sie auf Seite 119 ff. nach.

Literarische Texte in Prüfungsaufgaben

Epische, lyrische und dramatische Texte in Prüfungsaufgaben

Die Analyse eines Romanauszugs, eines Gedichts oder einer Dramenszene kann prinzipiell in drei unterschiedlichen Aufgabenformen vorkommen:

- Textinterpretation
- literarische Erörterung
- gestaltende Interpretation

Aufgrund der Vergleichbarkeit der Prüfungsleistung ist es eher unwahrscheinlich, dass eine Aufgabe gestellt wird, in der eine Szene oder ein Textauszug aus einem der Texte entnommen wird, die obligatorisch im Unterricht behandelt werden mussten. Wahrscheinlicher ist, dass ein anderer literarischer Text ausgewählt wird und erst in einer weiterführenden Aufgabe dazu aufgefordert wird, Bezüge zu einem der im Unterricht behandelten Texte herzustellen. Im Zusammenhang mit einer vergleichenden Textinterpretation oder einer literarischen Erörterung ist es auch möglich, dass ein Auszug aus einem unbekannten Roman, ein unbekanntes Gedicht oder eine Szene aus einem unbekannten Drama analysiert und dabei im Hinblick auf bestimmte Inhalts- oder Gestaltungsmerkmale mit dem Anfang oder mit einem Textauszug eines bekannten Romans, mit einem bekannten Gedicht oder mit einer Szene aus einem der bekannten Dramen verglichen werden soll. Denkbar ist auch, dass im Rahmen einer Textanalyse zunächst ein Sachtext (Rezension zu einem literarischen Text bzw. einer Inszenierung, ein programmatischer oder theoretischer Text) zu analysieren ist (→ S. 184 ff.) und im nächsten Aufgabenteil Bezüge zu den bekannten Werken hergestellt werden müssen.

Kompetenzen

Der Prüfling muss bei der Bearbeitung zeigen, dass er
- epische, lyrische und dramatische Texte anhand unterschiedlicher Präsentations- und Darstellungsformen unterscheiden und zentrale Merkmale der jeweiligen Gattung bestimmen kann,
- ein Inventar an Begriffen und Methoden zur Untersuchung von literarischen Texten kennt und korrekt anwenden kann,
- Elemente und Strukturen als Möglichkeiten der Handlungsführung erarbeiten, raum-zeitliche Verhältnisse analysieren, Motive erschließen kann,
- Motive und Absichten, Haltungen und Verhaltensweisen, Entwicklungen und Diktion von Figuren erschließen kann (bei Lyrik nur bei Figurengedichten),
- unterschiedliche Redeformen (Dialoge, Monologe, Chorlieder im Drama, Erzählerbericht, Beschreibung, Reflexion, lyrischer Sprecher) unter Berücksichtigung kommunikativer und sprachlicher Aspekte untersuchen kann,
- verschiedene Typen des Dramas, des epischen Textes, des Gedichts bestimmen und unterscheiden kann.

Prüfungsaufgabe: Textinterpretation

Bei dieser Aufgabenart wird erwartet, dass Sie – ausgehend von einer Interpretations- bzw. Deutungshypothese – mithilfe analytisch-interpretativer Verfahren sowohl formale als auch inhaltliche Aspekte des gegebenen Textes herausarbeiten. Dabei ist es von besonderer Wichtigkeit, dass Sie die Form und den Inhalt eines literarischen Werkes stets aufeinander beziehen. Der Auftrag kann zum Beispiel „Interpretieren Sie das Gedicht von XY", „Analysieren und interpretieren Sie das Gedicht von XY" oder – mit einem besonderen Akzent versehen – „Interpretieren Sie den Romananfang/den Romanauszug/die Dramenszene von XY unter der Berücksichtigung von ABC (dem historischen Entstehungskontext/der Personenkonstellation/der Schauplatzgestaltung/der Verwendung eines bestimmten Motivs usw.)" lauten.

Im Anschluss an eine Textinterpretation ist – auch als Teilaufgabe – eine gestaltende Interpretation ebenso denkbar wie eine Erörterung als argumentative Stellungnahme.

Beispiel- und Originalaufgaben in *Finale*:
→ S. 28 ff., 34 ff., 40 ff., 46 ff., 54 ff., 63 ff., 89 ff., 97 ff.

Prüfungsaufgabe: Literarische Erörterung

Ausgehend von der analytischen Erschließung eines Textauszugs bzw. eines kompletten kürzeren Texts sollen Sie sich bei dieser Aufgabenart mit bestimmten inhaltlichen oder formalen Aspekten der Vorlage erörternd auseinandersetzen. Vorstellbar ist dabei etwa, dass Sie anhand der Analyse der Textgrundlage die Verwendung eines spezifischen Motivs erarbeiten sollen. In einem zweiten Schritt würden Sie diese Motivverwendung mit der Darstellung des Motivs in anderen Ihnen bekannten Werken zu vergleichen haben. Es wäre aber auch möglich, über die Erarbeitung von Textmerkmalen eine begründete Zuordnung des entsprechenden Texts zu einer Epoche vorzunehmen oder auch generelle gattungspoetische Fragen zu erörtern. Eine mögliche Aufgabenstellung könnte lauten „Erörtern Sie, ausgehend von dem vorliegenden Gedicht, inwiefern das Thema ‚Sehnsucht' charakteristisch für die Literatur der Romantik ist".

Beispiel- und Originalaufgabe in *Finale*:
→ S. 28 ff., 89 ff.

Prüfungsaufgabe: Gestaltende Interpretation

Bei dieser Aufgabenart wird mit großer Wahrscheinlichkeit eine Szene bzw. ein Textauszug aus einem der obligatorisch zu lesenden Texte als Grundlage ausgewählt. Im Anschluss an die Wiedergabe oder die aspektorientierte Analyse der Textgrundlage soll in einem zweiten Schritt eine Leerstelle interpretativ ausgestaltet werden. Dabei ist zu beachten, dass die eigene Textproduktion stets im Hinblick auf inhaltliche und formale Aspekte der Textvorlage nachvollziehbar-plausibel zu gestalten ist und somit keinesfalls als völlig beliebig erachtet werden darf. Wesentliche Textsorten der gestaltenden Interpretation sind Brief, Tagebuch, (innerer) Monolog, Dialog und Rollenbiografie.

Im Anschluss an eine Aufgabe zur gestaltenden Interpretation ist eine Gestaltungsreflexion denkbar, in der – auch unter besonderer Akzentuierung – die Wahl bestimmter gestalterischer Mittel oder inhaltlicher Entscheidungen begründet werden soll.

Die Aufgabenstellung für eine solche Aufgabe könnte lauten:

1) Analysieren Sie die Szene aus dem Drama XYZ im Hinblick auf die emotionale Situation des Protagonisten.
2) Verfassen Sie anschließend einen Tagebucheintrag, in dem er seine aktuelle Gefühlslage darlegt.
3) Erläutern Sie wesentliche gestalterische Entscheidungen im Hinblick auf inhaltliche und sprachliche Aspekte.

<u>Beispielaufgabe in *Finale*:</u>
→ S. 54 ff.

Sachtexte

Was ist ein Sachtext?

Unter Sachtexten versteht man in der Regel alle nicht fiktionalen Texte. Das heißt, Sachtexte beziehen sich direkt auf Sachverhalte aus der Wirklichkeit. So ist für den *Reisebericht* der Bezugspunkt das Land, das er beschreibt, für die *Gebrauchsanweisung* der Gegenstand, den sie erklärt, für die Analyse eines *fiktionalen Textes* der Text, den sie untersucht. Damit haben Sachtexte in praktischen Handlungskontexten einen Gebrauchswert.

Sachtexte umfassen ein breites *Textsortenspektrum*. Dabei kann es sich um geschriebene oder gesprochene Sachtexte handeln (z. B. Nachrichten, Wissenschafts- oder Kultursendungen). Darüber hinaus unterscheidet man zwischen *kontinuierlichen* Sachtexten (Fließtexten) und *diskontinuierlichen* Sachtexten (Diagramme, Schaubilder, Tabellen usw.).

Hilfreich ist es, bei der Klassifizierung von der (vermuteten) Intention des jeweiligen Verfassers und der damit verbundenen Funktion des jeweiligen Sachtextes auszugehen.

Welche Funktionen können Sachtexte wahrnehmen?

informieren darstellen instruieren	**argumentieren erörtern**	**appellieren**	**regulieren**
Typische Textsorten – Nachricht – Textanalyse – Wissenschaftliche Untersuchung (z. B. literatur- oder sprachtheoretische Texte) – Gebrauchsanweisung – …	**Typische Textsorten** – Kommentar – Leserbrief – Rezension – Kritiken – …	**Typische Textsorten** – Werbung – Flugblatt – Wahlrede – …	**Typische Textsorten** – Gesetzestext – …

Hinweis

Die meisten Textsorten umfassen sowohl informierende, argumentierende als auch appellierende Elemente. Bei jeder Textsorte steht jedoch eine Funktion im Vordergrund. Wer einen Leserbrief schreibt, will vor allem seine Haltung zu einem Sachverhalt darlegen und nicht in erster Linie sachlich informieren. Dennoch enthält ein Leserbrief selbstverständlich informierende und evtl. auch appellierende Elemente.

Sachtexte – Ein Überblick über wichtige Textsorten

Folgende Textsorten werden im Unterricht der Sekundarstufe II häufig behandelt. Dabei hängt die Wahl der Textsorte maßgeblich von der Intention des Verfassers ab.

Abhandlung (in wissenschaftlicher und populärwissenschaftlicher Form): insbesondere literaturwissenschaftliche oder literaturhistorische Texte, sprachwissenschaftliche oder sprachhistorische Texte, Darstellung von Modellen (z. B. Kommunikationsmodelle)

Essay: geistreiche, anspruchsvolle und persönlich gefärbte Abhandlung zu einem allgemein-gesellschaftlichen Thema

Glosse: satirisch witzige, manchmal auch bissige Auseinandersetzung mit einem aktuellen gesellschaftspolitischen oder kulturellen Thema; die Grenze zwischen Glosse und Kommentar ist fließend

Kolumne: regelmäßig – zumeist unter einer festgelegten Überschrift – erscheinender, kommentierender Kurzartikel, der zu einem aktuellen Problem Stellung nimmt

Kommentar: subjektive, oft analysierende Stellungnahme zu einem politisch-gesellschaftlichen oder kulturellen Thema, Kommentare sollen zur Meinungsbildung anregen

Leserbrief: subjektive persönliche Stellungnahme von Leserinnen und Lesern zu ausgewählten Artikeln und Kommentaren einer Zeitung

Rede: insbesondere politische Reden mit allgemein-gesellschaftlichen bzw. kulturellen Themen

Rezension und Kritik: kritische subjektive Auseinandersetzung mit einer zumeist aktuellen kulturellen Leistung, z. B. Buchbesprechung, Theater- oder Filmkritik; die Sprache der Kritik richtet sich nach dem Adressatenkreis, die Rezension eines Popkonzertes hat einen anderen Stil als eine Theaterkritik

Texte der neuen Medien: insbesondere Auszüge aus Chats und Blogs, in denen mehrere Personen über ein Thema diskutieren; interaktiver Charakter

Elemente von Sachtexten

Die Textstruktur von Sachtexten ist durch immer wiederkehrende Bauelemente gekennzeichnet.

- Bei *informierenden Sachtexten* werden ausgehend von einem Aufhänger, der die Aufmerksamkeit der Leser binden soll, die verschiedenen Teilbereiche eines Themas nacheinander entfaltet. Die Teilbereiche werden häufig mit Zwischenüberschriften gekennzeichnet.
- Bei *argumentierenden Sachtexten* stellt der Verfasser seine Position zu einem bestimmten Thema mittels Thesen, Argumenten und Beispielen dar. Dabei bezieht er mögliche Gegenpositionen und damit verbundene Argumente in seine Überlegungen ein.

Die Übergänge zwischen informierenden und argumentierenden Sachtexten sind fließend. Die Fachbegriffe werden auch bei der Sachtextanalyse zur Kennzeichnung der einzelnen Bauelemente eines Sachtextes unter Angabe ihrer Funktion verwendet.

Informierende Sachtexte	Bauelemente von Sachtexten	Argumentierende Sachtexte
Information über das Thema des Textes	**Titel**	Information über das Thema des Textes
mögliche Eingrenzung des Themas auf einen Aspekt, z. B. eine spezielle Forschungsfrage	**Untertitel**	Verdeutlichung der Position, die der Autor gegenüber dem Thema einnimmt
Aspekt, der die Aufmerksamkeit der Leser binden soll, z. B. ein Zitat	**Aufhänger**	Aspekt, der die Aufmerksamkeit der Leser binden soll, z. B. ein Zitat
	Aufbau	
Abfolge des Gedankenganges, Aufeinanderfolge einzelner Aspekte (roter Faden)	**Makrostruktur**	Formulierung der These und evtl. der Antithese, Darstellung von Argumenten und Gegenargumenten nach ihrer jeweiligen Gewichtung und ihren thematischen Zusammenhängen
Detailinformationen der einzelnen Sinnabschnitte bezogen auf das Thema	**Mikrostruktur**	Detailinformationen zu einzelnen Argumenten, Veranschaulichung durch *Beispiele*
Bündelung der Ergebnisse	**Zusammenfassung**	Bekräftigung der These mit Hinweis auf die gewichtigsten Argumente
Ableitung von Folgen aus den Arbeitsergebnissen	**evtl. Schlussfolgerung**	Ableitung von Folgen aus den Arbeitsergebnissen

Die sprachliche Gestaltung von Sachtexten

Die Aussageabsicht, der Adressatenkreis und damit verbunden die Wahl der Textsorte (→ S. 185) bestimmen die sprachlich-formale Gestaltung eines Sachtextes. Der Leitartikel einer Tages- oder Wochenzeitung, der wesentlich zur öffentlichen Meinungsbildung beitragen soll, verlangt eine andere sprachliche Gestaltung als ein populärwissenschaftlicher Artikel, der über die neueren Entwicklungen auf einem bestimmten wissenschaftlichen Gebiet informieren soll; ein literaturwissenschaftlicher Interpretationsansatz folgt anderen sprachlichen Gestaltungsnormen als eine Rezension.

Der gezielte Einsatz ausgewählter sprachlich-formaler Gestaltungsmittel verstärkt die jeweilige Aussageabsicht. Deshalb müssen die sprachlich-formalen Gestaltungsmittel immer mit Blick auf ihre Funktion beschrieben werden.

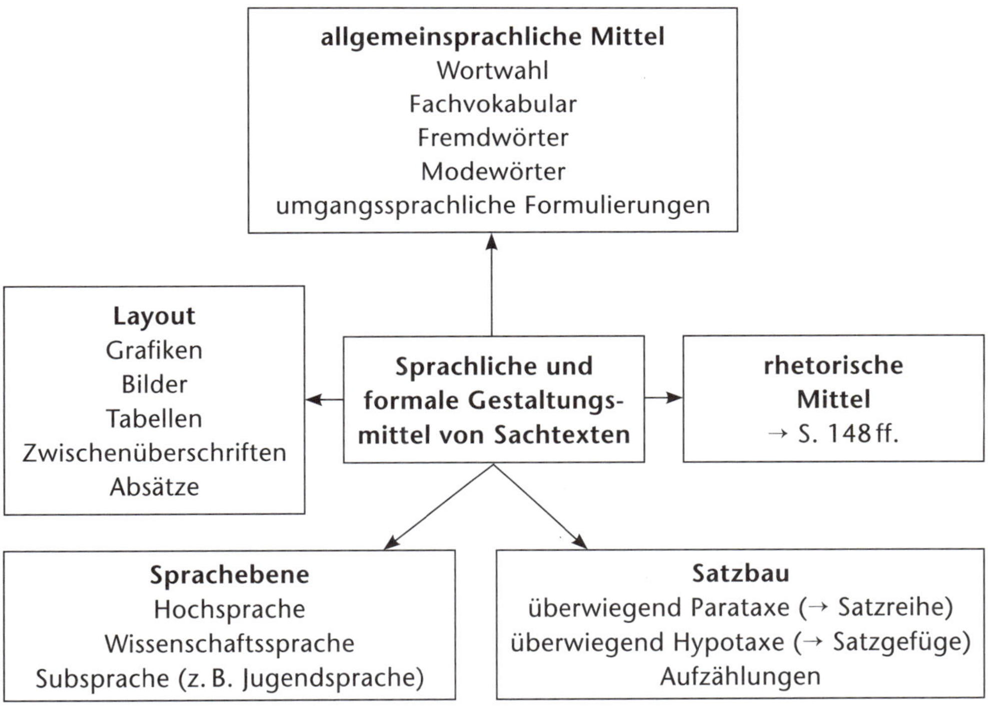

Sachtexte in Prüfungsaufgaben

In den Prüfungsaufgaben für das Abitur im Fach Deutsch finden Sie Sachtexte, die eine informierende, argumentative oder appellative Funktion als Schwerpunkt haben.

- Bei hauptsächlich *informierenden Sachtexten* handelt es sich in der Regel um literaturtheoretische oder literaturhistorische Analysen bzw. um wissenschaftliche bzw. auch populärwissenschaftliche Darstellungen zu kulturellen, gesellschaftlichen oder philosophischen Themen, die in der Qualifikationsphase angesprochen worden sind.
- *Argumentative Sachtexte* sind häufig Rezensionen oder Kritiken, die auf im Unterricht behandelte fiktionale Texte Bezug nehmen, oder Kommentare, die Position zu einem im Unterricht behandelten Thema beziehen.
- *Appellative Texte* sind häufig Auszüge aus Reden, deren historisch-gesellschaftlicher oder kultureller Kontext aus dem Unterricht bekannt ist.

Inhaltliches Vorwissen zu einem bestimmten Themenbereich erleichtert außerordentlich die Auseinandersetzung mit dazugehörigen Sachtexten.

Grundsätzlich unterscheidet man drei Aufgabenarten:

- Textanalyse
- Texterörterung, auch als freie Erörterung
- adressatenbezogenes Schreiben

Kompetenzen

Der Prüfling muss bei der Bearbeitung der Prüfungsaufgaben zeigen, dass er

- Sachtexte sowohl mithilfe von Texterschließungsstrategien selbstständig erschließen als auch Sachtexte mithilfe von Schreibstrategien eigenständig verfassen kann,
- verschiedene prüfungsrelevante Textsorten erkennen und anhand ihrer textsortenspezifischen Merkmale unterscheiden kann,
- Informationen aus Sachtexten bezogen auf eine bestimmte Aufgabenstellung entnehmen, ordnen, vergleichen, prüfen, beurteilen und durch eigene Kenntnisse ergänzen kann,
- Text- und Argumentationsstrukturen erkennen und verbalisieren kann,
- Zusammenhänge zwischen der Intention der jeweiligen Autorin / des jeweiligen Autors, der Textsorte und der sprachlichen Gestaltung des Textes und der möglichen Wirkung auf die Leser aufzeigen kann sowie
- zu einem aufgezeigten Sachverhalt und dessen Darstellung sachlich fundiert und argumentativ schlüssig Stellung nehmen kann.

Prüfungsaufgabe: Textanalyse

Bei einer Textanalyse wird von Ihnen erwartet, dass Sie einen informierenden, argumentierenden oder appellierenden Sachtext im Hinblick auf seine zentralen Aussagen, seine Argumentationsstruktur und seine Machart analysieren können. An eine Textanalyse kann sich eine Stellungnahme Ihrerseits zu der Position der Autorin / des Autors anschließen; diese kann auch mit einem produktionsorientierten Auftrag in Form adressatenbezogenen Schreibens verbunden sein (z. B. einen Vortrag verfassen, einen Leserbrief schreiben).

TIPP

Es ist hilfreich, die Ergebnisse der den Leseprozess begleitenden Textanalyse in Form eines Rasters festzuhalten.

Zeilenzähler	Makrostruktur: Gliederung des Textes in Sinnabschnitte und Angabe ihrer Funktion	Mikrostruktur: Detailaussagen der Sinnabschnitte und ihre Funktion	Sprachliche Gestaltung und ihre jeweilige Funktion
Welche Zeilen umfasst jeweils ein Abschnitt?	In welche Sinnabschnitte ist der Text unterteilt? Welche Funktion haben die Sinnabschnitte? (z. B. Textaufhänger, These, Argumente, Beispiele …)	Welche detaillierten inhaltlichen Aussagen enthalten die einzelnen Sinnabschnitte?	Mit welchen formalen und sprachlichen Mitteln wird der Argumentationsgang unterstützt?
	Welche Wirkung soll damit beim Adressaten erzeugt werden?		

Beispiel- und Originalaufgaben in *Finale*:
→ S. 69 ff., 82 ff., 104 ff.

Prüfungsaufgabe: Texterörterung

Ausgehend von einer zuvor von Ihnen analysierten Textvorlage sollen Sie bei dieser Aufgabenart eine in der Vorlage thematisierte Problemstellung argumentativ erörtern. Dabei ist es das Ziel, dass Sie, Pro- und Kontrapositionen gegeneinander abwägend, zu einer begründeten Stellungnahme gelangen. Als Grundlage hierfür können neben pragmatischen Texten auch bildliche Darstellungen, wie Grafiken, Schaubilder und Karikaturen, oder auch Statistiken und Tabellen dienen. Im Gegensatz zu dieser „text- bzw. materialgebundenen Erörterung" ist als Variante auch eine „freie Erörterung" möglich, bei der ggf. nur ein Problem oder auch ein kurzes Impulszitat gegeben werden, mit dem Sie sich dann thematisch auseinandersetzen sollen. In beiden Fälle ist besonders darauf zu achten, dass der von Ihnen eingeschlagene Argumentationsgang in sich schlüssig und anschließend auch nachvollziehbar ist. Eine mögliche Aufgabe wäre: „Erörtern Sie, inwiefern Sie den schulischen Literaturunterricht für sinnvoll erachten."

Beispiel- und Originalaufgaben in *Finale*:
→ S. 69 ff., 82 ff., 104 ff.

Prüfungsaufgabe: Adressatenbezogenes Schreiben

Ziel des adressatenbezogenen Schreibens ist es, dass Sie einen zuvor analysierten Sachtext durch eine gestaltende Antwort argumentativ erschließen. Denkbar wäre hierbei etwa, dass Sie zu einem vorgegebenen Text eine Antwort in Form eines Leserbriefs verfassen, in dem Sie sich dann mit bestimmten Positionen der Autorin / des Autors der Textvorlage intensiv auseinandersetzen. Andere Textsorten, die bei dieser Aufgabenart möglich wären, sind Rede, Interview, Kommentar, Glosse, Essay, Rezension und ggf. Interview und Debattenbeitrag. Die Wahl der entsprechenden Textsorte wird Ihnen durch die Aufgabenstellung vorgegeben, in der die jeweilige Kommunikationssituation, der fiktive Verwendungszweck oder auch die angenommene Adressatengruppe Ihrer Textproduktion angegeben werden. Wichtig ist hierbei, dass Sie neben der überzeugenden inhaltlichen Auseinandersetzung auch darauf achten, die entsprechenden Textsortenmerkmale umzusetzen. Wie bei der gestaltenden Interpretation gilt es zumeist auch beim adressatenbezogenen Schreiben in einem zweiten Schritt die eigene Textproduktion hinsichtlich inhaltlicher wie auch formaler Aspekte (etwa den Argumentationsgang, die Sprachverwendung usw.) zu reflektieren. Eine diesbezügliche Aufgabe könnte lauten: „Verfassen Sie einen Leserbrief zu dem von Ihnen zuvor analysierten Artikel von XY. Erläutern Sie anschließend wesentliche gestalterische Entscheidungen Ihrer Textproduktion."

Stichwortverzeichnis